149

新知
文库

XINZHI

At Peace
Choosing a Good Death
after a Long Life

Copyright © 2018 by Samuel P. Harrington, MD

This edition published by arrangement with Grand Central Publishing, New York, USA.

All rights reserved.

如果不得不离开

关于衰老、死亡与安宁

［美］萨缪尔·哈灵顿 著　丁立松 译

生活·讀書·新知 三联书店

Simplified Chinese Copyright © 2022 by SDX Joint Publishing Company.
All Rights Reserved.
本作品简体中文版权由生活·读书·新知三联书店所有。
未经许可，不得翻印。

图书在版编目（CIP）数据

如果不得不离开：关于衰老、死亡与安宁／（美）萨缪尔·哈灵顿著；丁立松译．—北京：生活·读书·新知三联书店，2022.1
（新知文库）
ISBN 978 – 7 – 108 – 07288 – 7

Ⅰ．①如…　Ⅱ．①萨…②丁　Ⅲ．①临终关怀　Ⅳ．① C913.9

中国版本图书馆 CIP 数据核字（2021）第 218794 号

特邀编辑	刘　莉
责任编辑	王　竞
装帧设计	薛　宇
责任校对	龚黔兰
责任印制	张雅丽
出版发行	生活·讀書·新知 三联书店
	（北京市东城区美术馆东街22号 100010）
网　　址	www.sdxjpc.com
经　　销	新华书店
印　　刷	河北鹏润印刷有限公司
版　　次	2022年1月北京第1版
	2022年1月北京第1次印刷
开　　本	635毫米×965毫米　1/16　印张18.5
字　　数	224千字
印　　数	0,001 – 6,000 册
定　　价	45.00元

（印装查询：01064002715；邮购查询：01084010542）

新知文库

出版说明

在今天三联书店的前身——生活书店、读书出版社和新知书店的出版史上，介绍新知识和新观念的图书曾占有很大比重。熟悉三联的读者也都会记得，20世纪80年代后期，我们曾以"新知文库"的名义，出版过一批译介西方现代人文社会科学知识的图书。今年是生活·读书·新知三联书店恢复独立建制20周年，我们再次推出"新知文库"，正是为了接续这一传统。

近半个世纪以来，无论在自然科学方面，还是在人文社会科学方面，知识都在以前所未有的速度更新。涉及自然环境、社会文化等领域的新发现、新探索和新成果层出不穷，并以同样前所未有的深度和广度影响人类的社会和生活。了解这种知识成果的内容，思考其与我们生活的关系，固然是明了社会变迁趋势的必需，但更为重要的，乃是通过知识演进的背景和过程，领悟和体会隐藏其中的理性精神和科学规律。

"新知文库"拟选编一些介绍人文社会科学和自然科学新知识及其如何被发现和传播的图书，陆续出版。希望读者能在愉悦的阅读中获取新知，开阔视野，启迪思维，激发好奇心和想象力。

生活·讀書·新知三联书店

2006 年 3 月

谨以此书献给我的父母,
是他们让我理解了何为生活的
美好与如何平静地离开;

献给我的姐妹,
是她们共同的付出让我们的
父母得以平静地走完了最后一程;

献给我的妻子,
是她的鼓励让我在不甚完满的行医
生涯之后重新找到了自己。

写在前面

书中讲到的几乎所有医疗情境和事例都来自我从医生涯中接触过的病人们。有些例子来自多个病人的综合情况，我将这些称为"假设的"或"有代表性的"例子。

所有提到的病人都已隐去真名以保护其隐私。

这本书并非试图给出明确的医疗建议或法律建议，而是鼓励和启发上年纪的病人及其家人能够从自身角度来看待衰老、病痛与死亡等医疗现状所面临的挑战。因此，本书也有意要就那些可能会影响人们临终决定的医疗与法律问题引起关注。任何医疗决策，你都必须与自己的医生商量，而涉及法律的任何决定都必须听取你的律师的意见。

目 录

Contents

1 前 言

第一部分 医疗的局限与失败

13 第一章 关于死亡：好与坏与更优解

23 第二章 美国医疗保障：弃老年人于不顾

41 第三章 拒绝衰老：美国的永生神话？

65 第四章 中位数说明一切

第二部分 病症解读

81 第五章 不同的疾病，同样的死因

111 第六章 临终场景：死亡如何到来

129 第七章 父亲的最后几周

139 第八章 分辨终期诊断

第三部分 实践：为告别做好准备

163 第九章 预后的价值

179 第十章 最艰难的对话

199 第十一章 临终关怀

219 第十二章 自愿绝水绝食

235 结语：关于死亡的反思与建议

249 简略年表：母亲与父亲最后的日子

253 附录一：预立指示

267 附录二：老年痴呆

277 致　谢

前言

> 死亡是生命最好的发明。记住自己即将死去,给了我最有力的帮助,为我指明了生命中重要的抉择。
>
> ——史蒂夫·乔布斯

差不多十年前,我就萌生了要写下这样一本书的念头。那天,我坐在我父亲的洒满阳光的公寓里,俯瞰密歇根湖的辽阔水面。当时,父亲已经是八十五岁高龄,身体状况也与他的实际年龄相吻合。我们正在讨论要如何治疗他的血管膨胀问题,以及长在腹腔的一个主动脉瘤。他的医生建议就外科手术方案进行会诊,三位不同的外科医生都主张通过标准手术程序一劳永逸地解决这个问题。对此我表达了自己的顾虑,因为尽管我父亲看起来身体状况还不错,但是这样一个腹腔手术消耗极大,由此带来的漫长的术后恢复过程很有可能会干扰到他现在独立生活的状态。我还很担心手术会引发疝气,再说再过六个月他的第一个曾孙辈后人就要出世了,我真的很希望他能好好活到那个时候。因此我建议还是做个门诊手术就好:置入强化支架，让动脉瘤起码在五年内都能稳定。

父亲的一个问题却把我噎住了，这个问题几乎一语道破了我在最近几年从医生涯中一直在反复思考的诸多想法："为什么我要治好这个能让我像自己期望的那样离开人世的东西呢？"显然他已经把话说得十分清楚了，万一他的动脉瘤破裂了，他可以吃止痛药，拒绝紧急手术，然后因持续几小时——或者一天，至多两天——的内出血而去世。他想说的是，他不想在弥留之际徘徊太久，因此他认真地认为动脉瘤破裂不失为一种好的死法。

更重要的是，他的问题还有更多更深层次的含义。首先，这个问题显示了他对自己死亡的一种愿景，即他自己和他的家人，可以参照这一愿景来考量他去世前需要面临的种种决定。第二，这个问题也说明了他愿意进一步了解自己所患的疾病。第三，这一问题还表明，他已接受了死亡必将来临的现实，如果他能为此在策略上有所准备会让他觉得自己起码可以掌握一点主动权。最后，他的问题让我对包括我自己在内的医生们给走到生命终末的病人们的种种建议进行了反思和质疑。

最终，我的父亲接受了我主张的门诊手术，也如愿见到了初生的曾孙女。

又过了一年，我和我的姐姐通了电话，她正打算去探望我们的父亲。她十分关切父亲的身体状况，这让她心理上也饱受压力，毕竟她是我们几个兄弟姐妹中的老大。她想亲自照看父亲的起居，但由于父亲一再强调希望离世的时候能够在自己家里，尽可能不要被送到养老院之类的地方去，她更想把父亲去世前的方方面面都安排好。父亲总是说："你可想不到（养老院）那些地方有多乱。"他并不需要那些过度的医疗看护。我的姐姐会让父亲住在自己的公寓里就能够得到足够的帮助，我们都会尽力在这段日子里照护好他的生活。

我们的母亲在这之前三年就已经去世了。当时我们都以为，父亲会因此而悲痛消沉直至离开。然而事实出乎我们的意料，他挺了过来。在接受血管瘤门诊手术后一年，独自生活变得对他不再容易，而他也开始思考那个自己即将面对的日子。难道是心有灵犀吗？他也很想见到自己的女儿。

电话里，我的姐姐忍不住抛了一连串"万一如何怎么办"的问题过来。我回答说，如果放弃治疗意味着能对自己的死亡有所把握，那么可以说父亲心意已决。

"万一他中风了怎么办？"她问我。

"那就给我打电话。"我回答说。

"万一他肺部感染了呢？"

"给我打电话。"

"万一他摔倒了可怎么办？"

"要是摔伤了或者痛得厉害，就打急救电话；要是还好就给我打电话。"

"万一我过去的时候发现他已经去世了……"

"那就确认他真的已经不能再回来了，然后打急救电话。"

"好吧，我想我还应付得来。"

当时我们都没想到，在那之后又过了五年，父亲方离我们而去。

这本书讲的是退出机制。它确实是关于临终的书，但并非告诉人们临终如何得以升华。它只是告诉人们，临终可以不那么痛苦。这本书不会告诉你该如何延长生命，也不会告诉你如何延长"更优雅的临终生命"。这本书告诉你的，是如何免遭痛苦的临终煎熬和已经徒劳的医疗救治。这本书并非关乎生命价值所在的哲学论述，而是以现实的眼光去看待日渐衰微的身体状况，老迈与虚弱。如果人们想要尽量降低"不明就里就死去了"的可能性，并尽可能地让死亡来得"好一点"，这本书也给出了许多切实的选择。

这本书与医生协助自杀、临终医疗救护或"有尊严地死去"毫无关系，不过在本书的第十二章里我也会提到相关的话题。这本书说的是，我们如何形成自然死亡的愿景——自然而然地死于疾病或衰老，而免受医疗技术的过度干预。

在这本书里，我并不会过多从道德层面来探讨临终选择，但我会阐明富有责任心的医疗工作者们在仅能为病人维持生命体征的治疗中所应坚持的道德立场。维持病患的生命与减少病人的痛苦，都是医生的职责所在。当二者发生矛盾的时候，医生必须要尊重病人自己的意愿。

这本书亦与掌控无关。在我看来，认为我们能掌控自己的死亡的观点太过单纯，而且几乎与谎言无异。任何形式的死亡都是一种失控。在衰老与病痛的自然规律面前，我们可以不去控制，我们也可以放手让医生去做治疗处置。我们永远都不可能完全掌控这一切。

最后，这本书要说的是接受。所谓接受，并不仅仅局限于伊丽莎白·库伯勒-罗斯在其著作《论死亡与临终》一书中所说的人在面对死亡所带来的失落与哀痛时要经历的第五个阶段，即情感上的接受。[1]情感上接受仅仅是其中的一个方面，我主张的是人们也要从知识和理解上接纳死亡。

本书希望勾勒出疾病的过程或轨迹，并点出那些可以将医学处置后死亡的几率减到最小，并极大提升平静离世的可能。

我所说的疾病轨迹，指的是经诊断的疾病的一般进程；医学处置

---

[1] Elizabeth Kübler-Ross, *On Death and Dying: What the Dying Have to Teach Doctors, Nurses, Clergy and Their Own Families*, Reprint Edition（New York: Scribner, 2014）.（中文版书名为《下一站，天堂》，译林出版社，2014年。——译注）

后死亡，则是指那些重症监护下或养老院中处于半意识状态的病人，在接受了背离其个人意愿甚至违背常识的医疗救治后死亡的情况。因此我想重申一下，这本书旨在通过疾病轨迹相关的知识来找寻疾病进程中的某一点，可以让病人考虑停止激进治疗，并意识到姑息疗法才是更好的选择。

史蒂夫·乔布斯的那一句"死亡是生命最好的发明"听来有几分无畏。有不止一家的临终关怀机构曾引用这句话以引起人们的思考。[1] 光看这句话会让人觉得，乔布斯早已看透了人终有一死，而他自己好像也早已接受了死亡的命运。但这不过是人们的断章取义罢了，在看这句话的时候，人们却没有好好看他说了这句话的演讲全文，以及他说出这句话时的人生状态。

2005年，乔布斯在斯坦福大学毕业典礼上做了演讲。当时他刚刚被诊断出患上了一种罕见的胰腺癌，最终又活了6年，于2011年去世。"记住自己即将死去"的念头对他的商业决策产生了尤为关键的影响。但这并未改变他在就医上的选择。"乔布斯从未消极接受自己即将走向生命终点，也并不接纳姑息疗法。"《乔布斯传》的作者沃尔特·艾萨克森这样写道。[2]

我之所以详细叙述了这一点，是因为我从乔布斯的傲慢中看到了我自己。我意识到，告诉人们应该如何死去是何等傲慢，告诉人们能够掌控自己命运是何等傲慢。然而，有许多上了年纪的人临终前饱受过度医疗的折磨，如果他们能不那么执着于与死亡抗争到最后一刻的

---

[1] Maine POLST (Physician Orders for Life-Sustaining Treatment) Coalition, info@mainehospicecouncil.org.

[2] Walter Isaacson（author of *Steve Jobs*）, personal email, June 23, 2015.（中文版书名为《史蒂夫·乔布斯传》，中信出版社，2014年。——译注）

话，或许会好过很多。

我们姑且也稍微从哲学角度想一想吧。究竟是什么让人类忘记了凡人皆有一死呢？为什么每一代人都觉得自己一定会比上一代人活得更久更好呢？我们为何对自身的疾病如此抗拒，坚信人类必定能够"战胜"生老病死呢？

或许这就是人类永不熄灭的生之渴望吧。或许这就是宗教中虔信永生的新世纪版本——俗世中的长生不老。或许这是人类面对死亡时的无尽恐惧之下的应对机制。又或许这正是数百年来科学与魔法都永远无法解决的难题。

无论哪一代人中，都会出现所谓的"永生者"。这个世界上总有一些江湖骗子兜售永葆青春的药方。以让人回复元气和续命为其终生研究目标的科学家们总是宣称"大功即将告成"（却不再说有待长期研究）。

如今人们沉迷于追逐年轻，因为年轻总是很"吃香"。节食、食品添加物、健身计划、健脑计划都表示对衰老敬谢不敏。那些有一定年纪（化妆也越来越重）的明星们，展示着所谓的美貌与健康；占领了各大服装杂志的精修封面，仿佛在显示这些人能永不衰老。

这本书会告诉你，人们应该明白死亡是必然的，就算这本书以后不存在了，这一点也不会改变。它还会告诉你，人们应该认识到，现代医学在延长人类预期寿命上始终都是有其限度的，明知死亡不可避免却仍不断试图续命，所付出的金钱与情感代价都会十分高昂；人们应该意识到，何时最终面对死亡关乎的是病人个人的意愿，而非他人的意志。

这本书主要面向以下几种读者。首先也是最重要的，本书是写给那些年长且患有慢性疾病，并希望在生命终末得到一些建议与帮助的读者。其次，是写给那些家里有或一直照顾着老年慢性疾病患者的人们，这些人作为病人们的代表与沟通的桥梁，有时会需要在病人走向生命尽头之际做出艰难的抉择。第三则是写给愿意长远看向未来，提前考虑死亡将至，并认为与其听天由命或听凭过于激进的医生执掌生死，不如自己有所准备的那些人。

但是，这本书并不适合那些正在与尚处早期的癌症或其他病症斗争的年轻病患。或许这些病人也能从本书中获得些许帮助或建议，但我并不认为在患病早期就有必要轻易给自己下结论。我写这本书的目的是希望不同的读者都能从自己的角度出发，发现有价值的地方。

书中大部分内容都致力于让病人了解自己的状况，并鼓励他们做出更为明智的决定。有些时候，当我们要做一个决定，必须首先接受这个决定本身。可能有读者会认为，接受就意味着放弃，我不同意这种看法。我认为，当人们接受这样的决定时，人是在"主动选择消极的方式"。抓住做决定的权力，别让医生替你做决定。斟酌他们给你的建议，但不要照单全收。

我也知道，主动消极这种话听起来还是像放弃，但并非如此。主动消极的意思是你要把你能掌控的那件事握在自己手里，那就是你自己的感受。当你发现自己已经无法掌控自己的日常起居与身体机能了，你就应该主动采取消极的方法。当你（通过本书）发现你的疾病已经无法控制，与病魔抗争不过是让自己成为它的俘虏，你更应该主动去消极应对。你要意识到，一旦启动强化治疗，它所带来的强大推力与后果就会极大超出你所能控制的范围，而拒绝这种程度的干预则会让你回归到对自身局面有所把握的状态。

本书大体分为三个部分。

第一部分就什么是"更好的死亡"给出了定义，并揭示了美国医疗体系的某些真相。政客们表现着无尽的乐观，广告商散播着虚假的希望，医疗服务提供者们言过其实的承诺有待事实的检验。人们在情感和精神上都怀有强烈的想要活得更久的愿望，而又从理智上拒绝承认人一定会死。人们之所以想要永远活着，原因之一就是人类自欺欺人地相信人即将实现永生，以及美国医学必将战无不克的虚妄信念。

第二部分描述了不同疾病的进程及其临终阶段的状况。舍温·努兰在其经典著作《死亡之书》中对诸多疾病与死亡场景做了详述。[1] 他用优雅的文笔，通过不同的临床场景，冷静而诚实地描写了人的身体如何一步步瓦解，并在随机与混乱中走向衰弱、病痛甚至死亡。我书中所写到的这一部分，与努兰书中所表现的相吻合，并希望进一步传达给读者的是，尽管在临床上每个病例都不尽相同，但其中仍有一些相通的地方。我对急性病和慢性病都做了描述，并对造成大多数成年人死亡的六种慢性病的病程做了详细的介绍。

我会告诉大家，尽管生病过程中存在着随机性的因素，但仍有模式可以识别。就算谁都无法预料最后会发生什么，罹患慢性疾病的病人还是能够采取一定的行动，并对疾病本身施加影响。

在第三部分当中，我会和大家探讨当人们需要做出必要的决定时，如何有效展开这些令人难以启齿的话题。在不同的章节中，我们会讲到预后、临终对话、临终关怀、自愿断水断食等等，并在最后加以总结，给出参考路径。

最后，我们还可以通过附录来了解一些预立指示和细节，以及痴呆症可能会给人带来的难题。

我的父亲是在做了动脉瘤固定手术五年后去世的。这五年里，有

---

[1] 原书全名是 How We Die: Reflections on Life's Final Chapter，曾入围普利策奖，并荣获美国国家图书奖。作者舍温·努兰（Sherwin Nuland，1930—2014）生前在耶鲁大学教授外科和医学史。他在从医生涯中写了很多书，并为多家媒体撰写非学术文章。2018年该书推出中文版。——译注

三年他的状况还不错，另外两年则饱受煎熬。好一点的那几年，他还能坚持活动，独立生活。到了不太好的时候，他变得越来越虚弱，行动也变得十分困难，时时都不得不依赖他人的帮助，这本来是我父亲无论如何也不肯接受的。但回过头来从他当初关于做动脉瘤切除手术所提出的那个问题便可以看出，我的父亲从那时起就对家人和照顾他的人们表明了他对于自然死亡的愿景。而这一愿景一直在他后来的所有治疗决定中得以延续。

亲爱的读者，我衷心希望你能投入地阅读本书。阅读中你一定会对现今美国的医疗体系及其过度营销、言过其实，乃至服务提供者的动机本身有所质疑和思考。我也很希望你能够对疾病进程以及何为更好的选择有更深刻的理解，更愿你能与家人探讨你的所思所想。

如果人们能够理解疾病如何发展，尊重自然死亡的过程，对有意施加过度治疗的系统提出质疑，并能做出切实可行的临终抉择的话，弥留的病患就更有可能获得最后的安详与平静。

第一部分

医疗的局限与失败

第一章

关于死亡：好与坏与更优解

1 凡事都有定期，天下每一事务都有定时。
2 生有时，死有时；栽种有时，拔出有时。

——《传道书》3，钦定本[1]

我父亲在家中去世的时候，走得非常平静。当时的他再有一个月零一天就要过94周岁生日了。他嘴里总是说着"我已经很能活了"。本来我也一直这么以为，直到他去世的那一刻，我忽然希望，他能活得再久一些。

我的父亲是"善终"的，自然死亡。而且因为他是逐渐衰弱直到去世的，所以我们每个子女都有充分的机会去探望他，去思考和缅怀，回忆那些与他共同度过的点滴时光。

我在四个孩子当中排行第二，有一个姐姐和两个妹妹。我们每个人都在父亲的生命中占有一席之地，每个人都经历了他慢慢老去的过程。在这个过程中，我的姐姐负责事务沟通和父亲的日常起居，我能在医疗方面提供支持，

---

[1] 此处采用《圣经》和合本修订版中文译文，原文为詹姆斯国王钦定本（King James Version）。——译注

我的大妹妹是我们几个人中最早退休的，因此在我父亲还能自由行动的时候几乎随时全面照顾着他。我的小妹妹工作时间比较紧张，但她能让父亲保持心里踏实，从她这里获得鼓励。

我的母亲也是善终的。

母亲把我们一个个抚养长大，在父亲去世前七年半，她就因为肺癌离开了我们。她在家中度过了临终的时刻，平静而安详。虽然在医疗方面我给了他们俩很多建议，但我并未左右他们的选择。尽管后来我的母亲有些许老年痴呆，但她还是尽力让我们了解了她的心愿，并与父亲一起商议了她的临终抉择。

母亲八十岁的时候，身心都已经十分虚弱了。她一生中经历了诸多疾病的折磨，但有很多回我都不知情，他们也没有来问我的建议。我母亲是一个坚忍而又冷静的新英格兰人，关于她自己的疾病，什么原因、怎么治、遗留问题等等，她都很少提起。但她颈上的手术疤痕、多重应力性骨折、矫正鞋、畸形乳房假体，以及她生命末期出现的短暂失忆，都表明了她此前所经历过的种种病痛：甲状旁腺腺瘤、骨质疏松、退行性关节炎、乳腺癌，以及轻度痴呆。

去世前十个月，她正和我父亲在加利福尼亚的我大妹妹家里过冬时，被诊断出了肺炎。当时她的身体状况就已经比我父亲脆弱许多了。那时的父亲已经八十六岁，但依然很健壮，坚持每天活动，还去上法语课，弹钢琴，一边照顾我母亲，一边活跃在当地的老年社区里。母亲每天还能烹饪些简单的餐食，做做家务，但若长距离移动或去机场就得用"代步轮椅"了。

一般到了她这个年龄，肺炎都是肺癌合并肺部感染。[1] 我已经不

---

[1] 肺癌引起肺炎十分常见。这是因为肿瘤的生长会使支气管树变窄，从而易发生肺部细菌感染。如果感染引起咳嗽或发烧，病人必须就医。首张 X 光胸透就呈现出云雾状阴影，就说明已有肺部感染。进一步透视后 X 光片上的阴影变清晰，看见的就是肿瘤包块了。

记得他们是怎么回到密尔沃基的家里，在哪儿做的 CT 或者活组织检查了，但我仍清楚记得，最终诊断结果是非小细胞肺癌四期。

我也清楚记得，确诊后一个月，我和她当面谈了这件事。我给她解释了她所患肺癌的生存中值是确诊后 10 个月。[1]"妈妈，这个意思就是说，如果你的房子里有一百个确诊了同样问题的病人，首先房子里会十分拥挤，其次有一半的人会在 10 月份去世。但这一半人是哪 50 个，并不能确定。"但我自己心里明白，以我母亲当时的年龄和脆弱的身体状况，她很有可能活不到生存中值。

她看着我，问我说："你是说我就要死了吗？"

"是的，妈妈，但我并不知道你还有多少时间。"

父亲就沉默地坐在一边。他显然已经悲痛万分。他退休后的二十年是他们两人最亲密的一段时光，甚至几乎是他们结婚以来最美好的日子。但父亲也很清楚，母亲不是那么要强的人。在他们两人的婚姻关系中，担任主导角色的一直都是我父亲。在他们都步入暮年后，我父亲不仅身体上要更结实，心理上也比母亲坚强。有些家庭中，比较坚强的一方会努力求生，好支撑较软弱的一方活下去，但很少有较软弱的一方尽力延长自己的生命来陪伴更坚强的那一方。我明白，母亲是不会为了和父亲在一起的日子再多一点而接受激进治疗的。

我的父亲母亲仔细研究了治疗选项，以及他们自己的时间安排和生活方式，决定还是选择不接受过多治疗。他们自然而然地做出了决定，父亲会照顾好母亲，好让她能够在自己的家中平静离世。

---

[1] 生存中值是指在同一诊断下，50% 的病人生命结束所经过的时间。在我母亲的实例中，肺癌四期的生存中值是 10 个月。一半的病人会在确诊后 10 个月内去世，另一半则会活过 10 个月。通常来看，活过 10 个月的肺癌病人大约还能再存活 2～3 个月，活得更久的就已经是生存曲线末端的极少数了。

母亲选择了低剂量化疗，因为她心里还有个目标，就是想亲眼看到自己的长孙在四个月后的婚礼。这是孙辈孩子们中的头一个婚礼，母亲已经打定主意要力争活到那个时候。她已经本能地将其作为了自己的目标。她仿佛早已知道预后会是何等残酷，并清楚意识到了自己何时可以放手。做护士的职业经历让她学会了面对现实，并尽可能让走的那一天好过一些。

去参加 5 月份的婚礼之前，她得到医生允许，在家中接受临终关怀，并获准了"拒绝心肺复苏术"（Do Not Resuscitate，简称 DNR）的资格。父亲罕见地真情外露，坚决不让母亲把 DNR 手环戴在手腕上，而坚持放在他的钱包中。

婚礼回来后，母亲就停止接受化疗了，并在家里度过了夏天。到了 9 月份，她问："我是不是好起来了？"没有人诚实地告诉她说"并非如此"。

又过了几个礼拜，母亲在家中安然长辞。虽然她已接受了临终关怀，但那几周她并没有一直卧床不起，还是会起身到桌边吃饭，在客厅喝茶或小酌，在自己原先的床上就寝。如此说来，她离开得虽然挺突然，但也算是有福，因为她并未遭受肺癌并发症的折磨。

我跟几个姐妹都以为，很有可能父亲也会不想独自活下去，恐怕过不了多久也会去世。事实上，他跟别人的接触确实少了，身子也日渐虚弱。然而他又缓过来了。

在他去世之前五年，他已经需要他人协助才能正常生活了。他的公寓有管理员每周去做些清洁和杂务，他给自己安排好了日程，每天吃些简单的早餐，中午是三明治，有时候去饭馆，有时候打扫一下剩菜，偶尔还会和朋友一起共进晚餐。但诸如洗衣服、刷盘子、加湿、照顾花花草草等就比较有困难了。我们雇了一位年轻女士每天来几个小时帮他做这些事。父亲则开始把想要"睡一觉就过去了"的愿望挂在嘴上，为此姐姐跟我谈了好几回。

尽管父亲并未得什么要命的绝症，但他还是为自己申请了DNR。我们两人商量之后，跟帮忙的那位女士说，如果她某天早上过来发现父亲失去意识（但并无痛苦），不必打急救电话，打给我就可以了。

我们原以为，在这种虚弱状态下，父亲可能坚持不过一年，但我们渐渐发现，这个日渐虚弱的过程变得极为漫长。我们原以为他可能会在衰老到极度虚弱之前就放弃继续活下去的念头，但他还是坚持了下来，只不过他确实越发地虚弱了。

相较于母亲离世，父亲走向死亡的过程要缓慢得多，但两个人走得都很安详。他们俩都明说了自己不想要什么样的救治，并要自己掌控最终时刻的来临。他们都没有遭受痛苦。他们始终都有家人陪伴左右。他们信任护理自己的人，也了解自己所患的疾病。

尽管在时间推移中，他们对临终时刻的憧憬也有发生变化，但他们都坚持不要在住院治疗或养老院中离去。

并且，他们都没有斥资接受高端医疗来勉强维持一息生命。

医疗化的死亡

你希望自己离世的时候是怎样的？你会想在痛苦中死去吗？你会想要自己最后的意识感受到的是急救医师在胸部挤压中让你的胸骨与肋骨分离吗？你会想要自己人生在世最后一眼看到的是气管插管叶片送到嘴边，紧接着管子就直接插进你的肺里吗？你会想要被人匆匆将大口径针管插进脖颈或腹股沟处尚堪一用的静脉里吗？

你会想要最终死在重症监护室里，带着呼吸机，毫无知觉地躺着，浑身浮肿，面目全非，疮口和毛孔渗着脓液，身体上凡是开口的地方都插着根管子，却完全无法与家人朋友说出半个字吗？此番情形绝非夸张。要将人从死亡的悬崖边上硬生生地拉回来，就是这样的。心肺复苏术（Cardiopulmonary resuscitation，简称CPR）远比人们能了解到的要残酷许多，但有效性却比传闻要大打折扣。如果病人尚且年轻，且还有翻盘的机会，那么尽管这一手段粗暴痛苦，姑且可以接受。但若病人已经老迈虚弱，或者已经绝症缠身，再做CPR就太过折磨了，而且回报甚微。这种情况下，活下来并最终出院的可能性仅为0～8%。[1] 神经完好无损地回到家中的几率更是微乎其微。

我们再换一个场景：你会想要无助地死在养老院里，周围全都是虚弱不能自理的老人吗？你会想要饱受褥疮之苦，哀求人来给自己换个尿布，让人一勺一勺喂饭或是靠管子进食吗？你会想要接受虽然出发点很好，但人手不足、报酬过低的护理服务吗？

上述画面所描绘的正是近五十年来支配了医疗与病人期望的所谓"医疗化"的收治后死亡，也成为了不惜一切代价延长寿命的标准手段。总有一些人会想效仿格鲁乔·马克斯"要么永生不死，要么至死方休"[2]。对于那些年纪轻轻就过早罹患绝症的病人来说，争取一切可能的治疗是可以理解的。但对于已经年迈的病人，尤其是已经超出了

---

1 无论多少种慢性疾病发展到最后，都有可能出现重症监护室里的这一幕，或在病人出现严重衰竭并接受心肺复苏术后出现。电影电视里面出现的心肺复苏术场面总是快速高效，往往还能成功。但在现实世界中，这一手段则会给人留下痛苦的创伤，而且很难奏效。如果我们用出院来定义心肺复苏成功率的话，那么比较研究得出的总成功率会在8%～18%之间。不幸的是，这一成功率在高龄虚弱病人当中仅有0～8%。William J. Ehlenbach, *et al.*, "Epidemiological Study of In-Hospital Cardiopulmonary Resuscitation in the Elderly," *New England Journal of Medicine* 361（2009）：22–31；Christoph H. R. Wiese, *et al.*, "Prehospital Emergency Treatment of Palliative Care Patients with Cardiac Arrest：A Retrospective Investigation," *Supportive Care in Cancer* 18, no. 10（2010）：1287–92.
2 格鲁乔·马克斯（Julius Henry "Groucho" Marx，1890—1977）是一位美国戏剧艺术家、作家和影视明星，因其幽默机智与充满睿智的话语而受人爱戴，很多精彩格言经常为人们所引用。他曾说过"I intend to live forever, or die trying."被作者以字面意思引用在文中。——译注

"平均预期寿命"的那部分人，还要这么做就不太合适了。[1]因为这一人群很有可能会在前文描绘的重症监护场面中结束生命。很多人选择了大几率在救护车、急诊室或重症监护室的抢救中（痛苦不堪地）死去，我尊重他们的选择。也有人选择在发生膀胱感染、肺炎、心力衰竭后接受重复干预，最终在养老院里孤独地等待死亡降临。这些老人都选择了与病魔搏斗到最后，并希望人们知道他们曾为此艰难抗争。但如果他们知道他们将为自己的决定付出的巨大代价，我只能说祝他们好运，因为他们可能因此而失去与家人告别、弥补遗憾以及毫无痛苦地平静离世的机会。

大多数人都不想陷入无止境的抗争，而是希望死去时能痛快些。我的父亲在经历了我母亲去世的悲痛后，希望自己能"睡一觉就过去了"。去世前好几年他就表达了这个愿望。但事实上，只有很少数的人能够如此幸运地善终。这当中存在着偶然，而我们自己无法对其加以控制。事实上，近几十年来医疗技术上的进步使得心脏病发作和中风的比例已经降低了。这些进步，加之创伤治疗、呼吸道治疗及低创手术等方面的进步，都使得急性死亡的绝对人数有所减少。由此产生的影响则体现在，人们不再突然或意外去世，而是活到更老，活得更久，身体各部分的功能日渐退废，身体机能也不断衰弱。所有问题都来自于"年迈"，活够了也死不了几乎成了我们对自己疏于规划的一种惩罚。

死亡的更优解

说到这里，你是否愿意考虑其他的临终经验呢？这本书要讲的正

---

[1] 美国人的平均预期寿命在 79 岁左右。女性的寿命一般要比男性长 5 年左右。目前美国男性平均预期寿命约为 77 岁，女性则为 82 岁。在人口统计学上人们的实际寿命则呈现出一些不同，受过良好教育和富裕的人群，预期寿命要稍高一些，反之则稍低。

是刹住一味治疗的冲力，拥有应得的关怀。

大多数人并不想要接受那些无效且痛苦的治疗。而大多数老年人都会表达想要死在家里的愿望，但若变成长期处于衰退状态，需要人24小时照料，就很难负担得起了。如此一来，养老院——本应是在需要康复和临时专业护理时才停留的中转站——成为了这些老年人的长期住所。很不幸，如果病人在没有有效预先指导的情形下入住到养老院或疗养院当中，那么他们就会对这些机构提供的照护产生依赖。随着老年人的失能逐渐加剧，身体独立性逐渐丧失，这些疗养院居民就会陷入由系统有计划提供的无限治疗陷阱之中，而疗养院本身也会因此被越来越多久卧不起的人所占据。

但是，如果你在尚且康健的时候就准备好临终抉择的各种文件，让你及早登记注册临终关怀，并约定营养保障、住院、激进治疗等方面的限制，那么也许你就能免于经历难受、孤独且漫长的养老院生活。

只要你想，还是有很多人能够负担得起在家度过几天甚至数周的临终时光的，前提是你能够把养老院当作一个只需短暂停留的中转，并且在临终看护的指导下，你能够接受自己已经接近生命的终点站，你可以怀着积极的心态（后面我还会讲到这一点）度过自己最后的时间。

我倾向于认为，如果不是出于（文化或宗教上的）个人信仰而坚持认为人就是要受苦的话，人们还是愿意做出我所说的这种选择的。我希望告诉人们，你可以做出计划，尽量让自己临终的时候有朋友和家人的陪伴，尽量少遭点罪，免于无效的医疗干预，（如愿或争取）在家中告别人世，享受最后的安详。

好，更好，和最好

究竟何为"好的死亡"，我无法给出一个能让所有读者都满意的定义，每个人对此也都会有自己的见解。这些见解不仅具有高度的个人色彩，而且在一个人的病程中也会不断地发生变化。但通过相关研究你会了解到，善终包含了掌控、舒适、终止、肯定、信任、理解和沟通。[1] 从我作为一名执业医生的个人经验来看，这些属性通常都与关系到激进治疗的收治后死亡存在着矛盾。

或许我们从何为"最好的死亡"来看要更容易理解。在我看来，最好的就是一个人能在睡梦中自然而然悄无声息地逝去，且此前不久还曾与所有的家人齐聚一堂，一起享受美味的食物，彼此互赠小礼物，与他们共同回望自己美好的一生，感谢他们作为家人为自己所付出的一切。离去时的年龄最好与平均预期寿命相当或往上。若是期待比这更好的情形，那恐怕就不太现实，也不那么好实现了。

如果我们无法确保自己能够享有这"最好的"，那么我们起码要朝着"更好的"去努力，至少要争取比住院治疗和收治后死亡更好的情况。

因此，我想象中的"更好"要回到比"睡一觉就过去了"更早的时候，打电话叫救护车之前。这个时候，人必须有足够清醒的意识，明确自己已经不想继续接受治疗了。这意味着你明白医疗并非无所不能，而且你也不想依赖医疗介入让自己没完没了地活下去。如果你不想叫救护车，也不一定能实现梦中离去的愿望，那么你必须要事先规划好，让自己的意见得到最充分的表达，并尽可能地将无效且多余的医疗介入限制在最小化范围内。

---

[1] 注册护理师凯伦·凯尔等人在《走向安详：善终概念之分析》一文中就"好的死亡"的概念做了详细分析（Karen Kehl, RN, *et al.*, "Moving toward Peace: An Analysis of the Concept of a Good Death," *American Journal of Hospice and Palliative Care 23*, no. 4（2006）: 277–286）。她总结说，善终，其属性（按照重要程度由高到低）包括能够掌控、感觉舒适、有完成感、有尊严、对看护自己的人怀有信任、认识到死亡临近、尊重信仰、尽可能减少负担、改善与他人的关系、适当利用技术、留下遗产、接受家人的关怀。

在后面的章节中我还会详细展开，这一策略并非所谓"有尊严地死"，也不是协助自杀。这一策略是（在医疗知情情况下的）医疗被动、临终关怀、明确预立指示，以及基于个人选择的临终愿景的结合。这一策略关系到对必然情况的认识和接受，以及——最重要的——对可能情况的设想。

我的父母都是自然离去的，他们离开得都很有尊严，因为他们对这一刻都有所设想，并因此而预判了这个过程。

记住并思考

- 想一想你心目中"好的死亡"是怎样的。
- 想一想你能接受何种程度的医疗干预。列一下你的目标与期望。
- 趁还能做到的时候，与朋友和家人交流你的目标与期望。
- 要记住，将激进治疗进行到底很有可能是徒劳且痛苦的。
- 找机会多了解一些不那么激进的治疗方法。

第二章

美国医疗保障：弃老年人于不顾

> 医学成为了一门生意，我们也就失去了道德的指针。
>
> ——史蒂文·尼森，医学博士[1]

美国的医疗保障体系在全世界都是最昂贵的。跟人均消耗第二高昂的国家相比，美国的人均数字要高出一倍，可保障效果却相当糟糕。美国公众并不理解或无法相信的事实是，这正是最有权势的商业与政治联盟通过大量广告与政治游说一手造就的。2015年，美国医疗保障支出就占了当年美国国内生产总值的17.8个百分点。[2]

---

[1] 史蒂文·尼森（Steven Nissen，1948—）是美国的一位心脏病学家，主张维护病人利益。他在2012年的纪录片《逃生火》（*Escape Fire*）中说了这句话。该纪录片试图揭露美国医疗保障系统存在的问题，指出这一体系是以医药获利而非提供健康保障为目的而存在的，片中还讲述了若干人的亲身经历，以及很多人是如何为了改变这一体系而付出努力。片名"escape fire"的本意是指在野火迎面烧过来又没有退路的情况下先把自己周围的易燃物都烧光的一种自救方式，但这种方法是否有效则缺乏根据。——译注

[2] 数据来源于美国医疗保障与医疗补助服务中心官方网站CMS.gov在2016年12月6日发布的《国家医疗保健总费用》（National Health Expenditure Accounts）一文。

《新英格兰医学杂志》的编辑阿诺德·芮尔曼（Arnold Relman）在 1980 年的一篇专刊特稿中用"医工复合体"（the medical-industrial complex）来形容这些强有力的势力，这一说法由此流传开来。芮尔曼先是说到美国前总统艾森豪威尔的"军工复合体"概念驱动了 20 世纪 50 年代美国的军事战略方向，继而指出，医工复合体则驱动着医疗卫生支出的方向，也使得医生跟病人都无法正视医疗实践的真正原则为何。制药公司与医疗器械公司一直在为包括医学院、继续医学教育，以及向供应商与消费者传播医学知识等跟医学研究与教育相关的方方面面投入资金。自 1960 年到现如今，这些以盈利为目的的公司及其股东们已经通过促使关怀服务商业化和用利益冲突来蒙蔽供应商而驱控了美国的医疗保障系统。[1] 也正是这些公司使消费者对接受过度医疗深信不疑，让病人们相信无论他们得的是什么病，一定都能得到治疗，却忽略了年迈病人真正需要的是有同情心的、靠得住的、体贴周到的关怀。

因此那些有年纪的病人，以及照顾他们的人，病人的家人与朋友，病人的代理人应该注意，盲目期望过高的时候，需要放缓心情，对照现实去仔细思考。较为高龄的病人——我指的是 65 周岁以上同时又患有慢性疾病的人，或年龄已经超出其所在地方人口平均预期寿命的人——应该试着明白，尽管社会上总是有人大肆鼓吹医疗救治的

---

[1] 医工复合体及其在医学研究与制定临床决策上的影响促使两个重量级医学期刊的编辑做出了如下声明："许多已经发表的临床研究已经变得几乎不可信，仰赖有信誉的医生或权威医学指导方针的判断也几乎成为不可能。在《新英格兰医学杂志》做编辑二十年，我不情愿地一步步靠近真相，最终得出这样的结论，我本人对此并不乐见。"——Marcia Angell，医学博士，《新英格兰医学杂志》前主编，2015 年。

"许多科学文献，很可能有一半，都是不可信的。小样本体量、微弱的效果、无效的探究与分析，以及公然的利益冲突，再加上痴迷于追逐一些可疑价值的广泛趋势，都使得研究本身产生了扭曲，我们的科学正在步入黑暗。"——Richard Horton，《柳叶刀》杂志主编，2015 年。

神奇效果，但他们并未真正痛失什么灵丹妙药。平均预期寿命的增速已经进入放缓趋势，那些人们最熟悉的慢性疾病也仍未获得一劳永逸的解决方案。

对医疗持乐观态度的美国人，大多是因为听信了种种夸张的承诺。如果有一位高龄病人认为自己能"神奇康复"，那他/她多半只是艰难维持生命而已。如果人们相信，只要再修复一个关节或一个心脏瓣膜就能让自己被岁月蹂躏的身躯重返青春，他们一定会不惜代价，并愿意为此而接受要想获得这个结果所必需的种种医疗手段的折磨。如果人们认为，一个政治家承诺的致力于个人癌症治疗的诺言能在他们此生兑现，他们一定会奋不顾身地坚持活下去。哪怕那些疗法看起来就没什么效果，他们仍然会争先恐后地去尝试，结果只会让自己承受不必要的痛苦与煎熬。

联邦医疗保险[1]系统存在的问题

从病人的角度来看，联邦医疗保险曾是十分有用的医疗保险支付体系——比商业保险要有效、亲善许多。然而在过去的三十年中，政府赔偿逐年减少，使得联邦医疗保险提供方对待投保病人的视角也发生了改变。

最初设立联邦医疗保险是想要让老年公民获得安全保障，而它在事实上成了按服务收费的医生们的金矿。购买了联邦医疗保险的病人十分受重视，因为政府为此支付了可观的费用，而老年人又总是有治

---

[1] 联邦医疗保险，或者美国国家老年人医疗保险制度（Medicare）是美国自1966年开始实施的单一给付国家医疗保险项目，目前由美国联邦政府管理，对象为65岁及以上的老年人，以及部分身体有残疾或重症的65岁以下人群，参保费用依据保险福利内容不同而有所区别。——译注

不完的病。到了 20 世纪 90 年代，保险补偿减少，对老年照护服务的看法也随之发生了改变。如今，美国的医疗行业对待老年人与对待商品无异。为保证收益流，基础医疗机构与高龄病患的接触变少了；在效率的名义之下，程序导向的专科医生如胃肠病医生、心脏病医生、外科医生都不把医保病人当回事，匆匆将其推到流水生产线一般的医疗程序当中应付了事，连起码的考量与咨询都懒得提供。

一旦有更年轻、能付更多钱的病人出现，高龄病人就没有容身之地了。但若过度治疗就能让医疗机构得到更多的钱，高龄病人就会被丢到医疗系统中，把浑身上下的钱甩个干净。医院能得到的赔付越少，老年人就越不受待见，直至干脆被人视而不见。

当技术遇见衰老：高科技手段与流水线医疗

现代医疗的失败之处不光表现在他们大肆宣传炒作、滥用公关手段和在政治上惺惺作态，肆意夸大人们能够获得的治疗救助，还体现在对癌症化疗、免疫疗法、关节置换术、心脏辅助装置等各种先进技术上则总是含糊其辞和不作为。

医疗费用极为高昂的原因之一就是，包括医院、手术中心、实验室、放射性设备在内的种种医疗设施生产严重过量，亟待被利用起来。在美国，要想做个髋关节置换手术根本不需要等。我们有数不尽的骨科专家、大量的 MRI 设备、用不完的手术室以及许许多多的物理治疗设施。基于同样的原因，心脏手术也能想做就做。在做择期手术和半择期手术方面，美国可以说是最为便利的地方了，至于那些费用昂贵的手术，美国更是理想的选择。

"压榨"老年消费者的一个微妙的例子就是服务专门化的日渐发展——所谓服务专门化，用医院商业发展管理者的话来说，就是实现产品一条龙或服务一条龙。在我曾经就职的那家医院，我们就将关节置换手术打造成了一条专门的产品线，用以吸引病人来做手术。不同的医院也会在心脏病、肠胃病或肿瘤等科目上打造不同的一条龙服务。

打造这些一条龙服务需要开发相应的治疗规程、雇用辅助服务人员（医师、护士、社工、理疗师等等），并做一定程度的推广和宣传。服务要有意识地专注于专业化、提高标准化治疗的效率，并通过规模来实现收益。不幸的是，这种打造产品线或所谓"精品服务"的推广方式不仅使得人们的预期变得更高，让人逐渐接受了一种流水生产线的模式，而且还让一些医生变成了销售人员，把毫无防备的病人变成了消费者，从而使传统的医患关系也发生了扭曲。

平心而论，在对病人选择进行严格控制的前提下，那些做得好的治疗流水线确实能够减少并发症，并提高医疗质量。对那些病情复杂的病人，额外的"院派医生"诊治服务也确实提升了医疗救治的效果。[1] 但是，仍然有若干非主观故意的后果出现。第一，正如高速公路能够让司机以更高的速度驾驶一样，更好的治疗效果也诱使医生试图将一些治疗手段用于年龄更大、身体更加虚弱的病人。第二，通过提供更多的院派医生服务来应对医疗并发症，在排除那些可能没有多大收益或有较高并发症风险的病人方面投入的内科或外科医生资源也会变得更少。第三，对于那些一心要享受无止境医疗保障的病人，医生不会多想就会尽力满足他们的愿望，而不会多花些时间去告诉他们，医疗系统并不能让人随心所欲。

---

1 院派医生（hospitalist）指的是医院或医疗卫生机构所雇用并在此工作的全职医生。简单来说，病人住院时，他们扮演的就是病人家庭医生的角色。院派医生专门处理住院病人遇到的问题，病人在急诊室与病房、病房与重症监护室间进行转移时的急救等等，他们还必须对医院的电子病历系统、出入院手续等方面非常熟悉，从而能够有效地提高病人的就医效率。

流水线医疗的后果

流水线医疗的后果之一就是，部分病人是在不完整或片面意见的建议下就医的。在我就职的医院所在科室——骨科，那些接受选择性关节置换术的病人应该事先得到这样的建议："我可以帮你做股关节置换，但这个手术对于你的年龄来说风险过高。"或者是："股关节置换可能会给你的其他关节带来更多负担，而且你的行动依然会因背部的孱弱状况而受限。"再就是："我明白这个关节问题让你处处受限的感受，但你去适应它比冒风险做手术是更明智的选择。"

这么多年来，我看到越来越多抱持不切实际的乐观心态的病人来进行骨科手术、心脏手术、胃肠道手术（有些手术由我操刀），乃至选择激进的化学疗法，因为有人让他们相信生存质量必定是在提高的，并相信我们这些做医生的一定知道怎么帮他们实现这一点。在术前协商中，人们几乎不会花时间去探讨有些病人做了手术依然状况很糟，或者有些病人不做手术也能恢复得不错。这一切都使得流程下游的老年病人中有越来越多的人在手术后收益微小、出现术后并发症、住院时间更长，甚至必须要安置到养老院中。

而且大多数病人并不会事先获悉，高龄病人以任何理由被收治入院后将会遭遇的是什么：那就是一定程度上整体状况的进一步恶化。

当老年病患要做复杂的择期（或半择期）手术，他们必定会接触到大量的抗生素和麻醉剂。他们平常的用药规律一定会被打破。卧床休养期间，他们极有可能要用到血液稀释剂来防止生成血栓，也极有可能因强制性的缺乏运动而产生体质上的下降。

在我从医期间，我亲眼目睹了许多老年人遭遇到的大量并发症，而如果不接受择期手术或其他激进治疗的话，这些并发症并不一定会出现。我看到了数十例因为使用非类固醇抗炎药（NSAID）和血液稀释剂而发生的肠胃出血。我眼看着无数病人接受插管手术后不得不卧床静养,手术使他们的身体变得虚弱不堪,还并发肺炎。还有那么多的病人,因为过度麻醉而饱受肠道麻痹的折磨。

与其评说医疗手法是否糟糕,倒不如说这正是一个根本没有对老年人的整体需求予以关注的系统所产生的后果。外科手术只重技术不重视人,紧急关头医院里只有内科医生伸得上手,医院本身的行政管理,以及一次只能解决诸多病症中的一个关节、一根血管或一处癌症表现的流水线心态,都一再地忽略了作为一个完整个体的高龄病人本身。

从医生会诊和病人选择阶段开始,这种流水线式的思维定式就应该避免。只有到了病人做好准备被推进手术室的执行阶段,生产线流程才有其价值。

慢性疾病、急症治疗与言过其实的疾病筛查

美国的医疗保障系统中还存在着其他结构性的弱点。

这一精心设计的系统是用来应对紧急情况的,比如手腕骨折、阑尾炎、肺炎,或者初次心脏病发作和中风等。无论是技术还是资金,这个系统都足以让这些急症快速顺利地得到扭转。但是,就算肺炎得到了治疗,引起肺炎的肺部疾病、心脏衰竭、痴呆、中风、糖尿病或癌症等慢性疾病却无法获得相应的救治。

超过 65 岁的人们必须认识到,决定自己未来寿命的那些疾病很有可能是在这之前数年,乃至数十年就已经开始存在的慢性疾病。关于这个命题有三点要知道:第一点,对慢性疾病的急性并发症加以治疗,并不会让病人从疾病中"痊愈",反而会延长慢性疾病的病程。第二点,本已虚弱不堪的病人还要一再因复杂的症状而

接受大量治疗，只会让病人面对更大的风险、更多的并发症，并加速病人的衰弱。第三点，患有慢性疾病或高龄孱弱的病人为非活动期疾病而接受筛查检测（例如结肠镜检查或乳腺放射成像）对他们的寿命绝无帮助，因为真正限制着他们寿命的是其自身现有的活动期疾病。

简单来说，美国的医疗保障系统并非是关注罹患慢性疾病患者——主要是老年人——的长期治疗的。既然急症总是有应对的手段，那么慢性疾病的治疗就也应该有恰当的规划与管理。这就需要医疗卫生系统本身具有整合、支持与交流的属性。这样一个系统所需的可盈利模式也有待医疗市场去进一步发现。眼下，我们还是回到慢性疾病并发症的短期治疗上来吧。

我们都知道，预防疾病远比治疗疾病要划算得多。但是我们忘记了，真正要做到预防疾病，要做的是从生活方式上就避免接触有害的化学物质、杜绝不好的生活习惯和不摄入过多的热量。然而，总是有各种各样的声音告诉我们，什么疾病只要发现得早，就能及早治疗和解决掉。由此而来的结果就是在一个逐利的医疗保障系统之下，医疗服务提供者已经深谙一个事实，那就是尽管建议人们养成健康的生活习惯是对人真正有价值的，但疾病筛查才是来钱的利器。

实事求是地说，即使是对普通疾病的筛查也没有那么简单。[1] 在乳房造影筛查和睾丸癌血检筛查方面的争论始终都存在。而一般人进行小概率疾病的筛查究竟有什么好就很难讲了。对于慢性疾病和高龄病人，筛查小概率疾病很有可能会产生事与愿违的效果。举个例子，

---

[1] 医学博士 H. Gilbert Welch 曾写过《过度诊断：以健康的名义让人生病》[*Overdia-gnosed: Making People Sick in the Pursuit of Health*（Boston: Beacon Press, 2011）]，对美国卫生行业的过度医疗现象做出了极好的总结。他是以疾病筛查作为预防医疗策略存在的风险与益处方面的研究专家。

让没有任何症状的老年人做结肠镜检查以降低罹患结肠癌的风险，有可能会带来若干不同的后果。大多数情况下结果是正常的，做这项检查顶多也就是浪费了时间。有些人会在检查中切除结肠息肉，但这东西通常并不会影响病人的寿命，所以这也是浪费时间。仅在很少很少的情况下，结肠镜检查会发现确有癌症。这会让手术过早进入预定日程，而后续的治疗也预示了病人的死期。

还有另外一种后果：带来并发症。比方说，有许多老年人无法做好充分准备并顺利完成检查，做这个检查就也是一种浪费。有时候，身体虚弱的病人还有可能在准备过程当中昏厥甚至受伤。个别情况下还有可能发生更为严重的后果。

亲历医疗的局限

我在胃肠病专科开始了我的执业生涯，专心致力于消除结肠癌。我曾想让结肠镜检查尽可能地做到最彻底、最完整。我曾下定决心要在自己的努力下，让所有病人都不会遭结肠癌的毒手。而良性息肉不断生长并最终转化为结肠癌的转变进程，正是干预病程将其打断的最好案例。

当我最开始着手实践的时候，推荐做结肠镜检查的年龄是50岁，之后每五年做一次。如果检查过程中发现息肉，当年就必须再做一次观察检测，此后每三年就要检查一次。过了三十年，推荐的检查间隔时间已经延长到了十年，观察检测间隔则变为了五年，但是病人来医院就诊却要频繁得多。光学仪器的进化使得新一代的结肠镜能发现更小更不起眼的息肉。技术的发展水平已经大大走在了前面，给人们的医疗指导已经落后了。结肠镜制造商资助的研究明确了标准观察监测范围外的新型息肉同样有可能带来潜在的威胁。结果就是，医生们很早就被灌输了这样的观念，即病人必须更为频繁地接受复查。[1]

到了我结束行医时，我们的技术已经能够找到直径小于 1 毫米的息肉了，放大效果甚至能让流动其中的红细胞都清晰可见。然而，结肠癌的死亡率却并没有显著地降低。

在我个人的经历当中，我发现并摘除了无数的癌症前息肉。我发现，很多癌症肿瘤都深藏在结肠壁的里边，甚至有些太过微小，都够不上长成一个可见的息肉——恰与人们一般认为的只要摘除所有息肉就能预防一切结肠癌的观点相左。我印象中至少有一位病人在两次筛查的间隔期结肠发生了严重的癌变。是我上一次给他做筛查的时候漏看了吗？还是说肿瘤生长太快，超出了一般速度？所幸的是，他顺利地做了手术，无须进一步放疗或化疗。

随着时间的推移，我也经历了越来越多的意外情况和并发症，实践似乎也与指导建议发生了一次又一次的矛盾，我意识到，定期结肠镜检查能看到的只是结肠癌发生的路径之一。而且就算做再多次价格不断飙升的检查，我们能做的也仅仅是减少，而非消除结肠癌的发生。因此，我对医疗系统及其承诺也逐渐丧失了信心。

令我记忆最为深刻的并发症出现在一位看起来十分健康的 78 岁女士身上，当时她刚在我这里做完筛查测试。她从未默许过要做结肠镜检查，但她的家庭医生想方设法说服了她。一般观念都会认为，无论什么年龄的人，一个简单的初检总没什么坏处，但一般并不会将她脾脏和结肠之间附带的瘢痕组织（粘连）考虑进去。检查让她的脾脏发生了撕裂，她几乎因持续出血而丧命。最终外科手术救了她的命，

---

[1] 美国胃肠病学协会、美国胃肠内窥镜学会、美国胃肠病学院、美国预防疾病服务工作组以及其他机构，都曾发布过结肠癌筛查与预防的相关指导。他们在检查和检查间隔方面给出的指导建议都各不相同。营利性机构资助下的不同研究机构所进行的诸多研究经常会对这些指导建议的正确性提出质疑。

我始终悬着的心也放了下来。

每 10 万次结肠镜检查就会有一例脾脏破裂。发生这种情况与肠镜操作者无关。在上面的实例中也并非由我造成。真正的原因在于先天性的脾脏与结肠粘连就已经决定了这一结果的发生。在检查过程中，结肠一定会被校直，而脆弱的脾脏就会因此而被撕裂。"有收获就得有代价嘛。"经历过了患者并发症之后，我的一些同僚这么说。而我对检查会带来这样的后果感到万分绝望。我还记得自己目睹一位同僚在外科手术中终止了一次能要人命的出血。我也见过一位曾经有活力的病人回到家后就变得虚弱，几天后不得不进医院住了几个星期，起因不过是因为做了一次纯粹只是理论上有好处的筛查。

失控的抗生素

虽然我父亲并未遭受什么来自美国医疗保障系统的磨难，但他确实曾在 89 岁高龄的时候遇到过一些抗生素引起并发症的小问题——并发症之所以发生，恰恰是因为美国医生数十年来滥用抗生素。由于他遭遇的问题进入了我的专业领域，糟糕的结果最终得以避免。但他为此所经历的一切，正体现了本来无关紧要的小毛病在激进治疗之下可能会铸成何等大错。

那是在他去世前五年的春夏之交，父亲计划好了要去参加他去世弟媳的追悼会，以及二孙子的婚礼。这两件大事都会在马萨诸塞州操办，前后不过相隔几星期。虽然他那时仍能独自出门，但腿脚已经很不方便了，走不了多远的路，上下楼梯也很吃力。他需要在机场用轮椅行动，还随身携带了一根拐杖。我们还帮他在酒店预订了行动障碍友好房间，在街上找好了方便行动的车位。

就在制订这一系列出行计划的过程中，他做手术切除了一根变形的脚趾。手术的初衷是希望这样能让他的脚保持良好的功能，走起路来更稳当一些。手术时间定在他参加追悼会的数个星期之前，这样等到实际出行的时候，脚上的伤口应该就已完全愈合，不影响穿鞋走路了。标准流程要求他在术前阶段服用一些对抗皮肤污染物的抗生素，术后也要在一段时间内口服抗生素，防止最为常见的足部感染出现。本来这个手术只要辅以防腐清洗就可以完成，并不需要系统性地摄入抗生素，但是服用"预防性"抗生素已经是规范操作了，因为一般来说病人都不能很好对待术后的伤口。[1]

出发前一个星期，他的粪便变得十分稀软。过了一两天，他惊恐地发现自己竟然拉裤子了。我就是在这个时候注意到了发生在他身上的问题，因为没有什么比失禁更让人担心自己是不是已经必须要依赖他人了。了解了他的症状之后，我知道，他感染了艰难梭菌（*Clostridia Difficile*）。这是一种细菌，健康人群中有3%～6%的人会携带它。通常来说这种细菌是不致病的，因为存在于人体内的多种不同有机体会压制这种细菌的活动。但是，如果一个健康人的身体里有抗生素，那么他身体里的有益细菌就极有可能损失惨重，从而无法对艰难梭菌保持压制的状态。艰难梭菌大量繁殖会释放出毒素，进入到结肠当中，不仅会造成腹泻，还会杀伤结肠细胞，这就是艰难梭菌结肠炎，也叫作抗生素相关性结肠炎（antibiotic associated colitis，简称AAC）。如果结肠遭到了严重的伤害，可能会发展成结肠坏疽，那可就致命了。这种疾病本来是比较罕见的，但毫无节制地过量使用抗生素，使得这种疾病的患病率有所提升。到我结束行医之前，艰难梭菌感染已经成了我从医经历中所知的最常见的腹泻原因。

---

[1] 至少有两种流行病是因抗生素滥用而引起的。一种是细菌对抗生素的抗药性，比如葡萄球菌对甲氧西林的耐药性；另一种就是本来无害的有机体在人体内的过度繁殖，酵母就是一种，在我父亲的例子中则是艰难梭菌。

经过一番讨论，我给父亲开了万古霉素，一种专门针对此种感染的抗生素解毒剂。此时距离父亲要参加的追悼会只有三天时间了，而一般来说人在服药后也要三天才能起效。

父亲总算好起来了。他顺利参加了追悼会。他还高兴地参加了之后的婚礼。这一回，他也有了教训。

当他又一次需要做脚部手术的时候，医生给他做了局部消毒防腐处理。后来他做口腔手术的时候完全没有服用任何抗生素。尽管他之前这段因为系统性滥用抗生素而遭遇并发症的经历，让他不仅花了钱，遭了罪，心理上也挺受打击，但毕竟没有更糟糕的事情发生。要知道，在2011年，有29000人因艰难梭菌结肠炎而丧命，这当中的绝大多数都是老年人。

热衷治疗的美国人

美国人对治疗的热衷，无论在全球横向比较，还是在历史上纵向比较，都难有匹敌者。事实上，美国人在医疗上所花的钱足足是医疗支出排名第二国家的两倍。这些钱当中很大一部分都花在了病人临终前的最后六个月上。而推动此种狂热的原因有很多。

莎伦·考夫曼教授在《常规医疗》一书中解释了美国的医保系统是如何推动老年医护产业的增长的。[1] 美国医疗保障系统创立之初，是由仲裁来决定什么可以赔付的，因此在服务提供方和病患心中，医保成为了医疗是否得当的参考标准。结果就变成了如果有新治疗手段出现，那么它只是有可能得当的，但若医保覆盖到了此种新手段，则

---

1 Sharon Kaufman, *Ordinary Medicine: Extraordinary Treatments, Longer Lives, and Where to Draw the Line* (Durham and London: Duke University Press, 2015).

它一定是得当的。

推动美国人执着于治疗的动力还有什么呢？其中一个就是美国例外论。这是一种根深蒂固的观念，即美国和美国公民，不仅是与众不同的，而且是最棒的，不仅拥有最棒的，也要做到最棒，享受最棒。所以大多数美国人都分外自豪地坚信，美国的医疗水平也是全世界最棒。抱持这种想法的美国人可就大错特错了。跟世界上其他发达国家相比，美国的医疗除了贵得离谱，太容易获得，还总是自吹自擂之外，水平也就普普通通。至于那些关键的指标——预期寿命、婴儿死亡率、65岁以后的生活质量等等，美国在一众发达国家中只排在后三分之一梯队，甚至是倒数第一。然而，美国例外论也无声地影响到了病患的选择，如果你拒绝治疗，那你就是不爱国。再加上医疗提供者所普遍持有的"利益高于原则"心态，这种对治疗的热衷也带来了医疗化死亡。

不仅如此，不同医疗系统之间的竞争也催化了人们对治疗的热衷。我们不幸看到，克利夫兰诊所、梅约诊所、约翰斯·霍普金斯医院及研究机构之间所竞争的，并非是谁做得更顾及道德且心怀悲悯，而是谁能够做到技术上最先进、经济回报上拔得头筹。这一点从某次我和塔夫茨大学的一位心脏移植专家的对话中就可见一斑。他说到，有许多老年人都接受了左心室辅助装置（left ventricular assist device，简称 LVAD），可以为他们日后做心脏移植做准备，并承认这其中存在着道德问题。[1] 但下一秒，他就十分自豪地说起，他们每年置入左

---

1 左心室辅助装置其实是一个电池动力泵，一部分佩戴在体外，一部分则被置入患者的心脏和主要血管中。这个装置的作用是能够加速血液从心脏最重要的泵室中流出。它起到的是"搭桥"的作用，当病人处于心脏衰竭的最晚期，它存在的意义就是让病人存活下去，从而有机会进行心脏移植。对很多病人来说，在还没有合适的移植器官捐献出来之前，先用泵搭个桥就成了一个接下来随机应变的解决方案。

心室辅助装置的量有80%的增长，从而使得如今他们做心脏移植的数量已经超过了他们的邻居兼对手哈佛大学。

医保系统的赔付方式、美国例外论、医疗系统的内部竞争，再加上媒体对民众的影响，这一切加在一起，构成了老年人不得不面对的灾难。

世界上只有两个国家，一个是新西兰，一个是美国，允许直接面向消费者的药物广告存在。药物广告带来的是药品消费增加，以及对医药不切实际的期待。由此催生的便是不恰当的治疗方案。[1]

我结束从医生涯之前三年的时候，曾遇到过一位患上了晚发溃疡性结肠炎的老年病人。这位80多岁的老人精力十分充沛，本身就是一位活力四射的社会名流，所以随病而来的腹泻和几近失禁让她格外难以接受。我也十分同情她，而且跟她一样对标准治疗带来的反应深恶痛绝。病人通过广告了解到了英夫利昔这种药（infliximab，品牌名叫"类克"，Remicade），这种注射液能够改变人的免疫系统。考虑到她的年龄，我很犹豫（因为关于高龄病人用药后表现的相关研究非常有限，而且药品本身就对她所处人群的用药有诸多警告），但她和家人都十分坚持。我们又咨询了一位炎性肠病专家的意见。我本来希望的是，能有第三方支持我的建议，从而让病人避免这一复杂的治疗方法，而逐渐适应她自身已经有所缓解的状态。而且状况多少还会有自发的缓和。

不幸的是，这位专家支持并要求她开始使用这种新疗法。对于这位专家来说，直截了当地把病人插到流水线中，可比跟病人反复解释你为什么应该拒绝要轻松省力多了。病人接受第一次注射后没

---

[1] 美国医学协会一直都坚持，直接面向消费者的医药广告应该受到约束。直到最近，这一强调才引起关注，但并未有任何实际的约束发生作用。

多久，就表示说自己的肠道症状大大缓解了。又过了两个星期，她却被送进了重症监护室，因为被削弱了的免疫系统未能压制住的一种微生物使她双侧肺部出现感染。她在重症监护室中挣扎了两个星期，去世了。

这位病人的遭遇就是一个典型的例子。每一剂英夫利昔注射液要4000美元，如果没有医保赔付，病人几乎是无法承担的。广告夸大了这种药的效果，却极力回避存在的风险，而病人对广告的说辞深信不疑。她相信，即使在她这样年事已高的情况下，生命依然不会也不应该为疾病所困。结果却是，她过早地离世，成为了医疗化死亡的牺牲品。

要活到最后，不要挣扎到死

因为有了综合医疗产业的存在，整个美国都沉浸在一种认为这个时代的恶疾即将被各个击破的观念当中。在我们有一定能力治疗急症并延缓死亡的情况下，这种想法促使人们去追寻那些终究徒劳的治疗手段，为此甚至甘冒过度医疗干预后经历漫长挣扎甚至痛苦死亡的风险。讽刺的是，人们活得越久，慢性疾病就越发成为人们难以摆脱的痛苦。

治疗心脏衰竭的技术进步（心脏起搏器、除颤器、心脏泵、人工心瓣）延长了人的寿命，但也让不想依赖机械设备的人在情感上十分难以接受。

当年婴儿潮中出生的人群已经步入老年，阿尔兹海默症正在成为人类的劲敌。虽然我们在癌症研究上取得了诸多进展，但与癌症的战争依然胶着。当然，进展也是方方面面的——现在已经可以通过识别不同肿瘤的DNA片段来进行的所谓"个体化癌症治疗"了。人们的收获确实是递增的，为此增加的支出也必将是指数级的，难以预见的并发症也会随之出现。

那么，当叠加出现在慢性疾病病程中的种种急症发生，有什么可以替代那些由此而来的无休止的治疗呢？除了让过度激进的医生接手控制病人，还有什么其他的方法吗？有，那就是树立一种观念，明确慢性疾病的最终走向，并想清楚如何可以更好地离开这个世界。这个观念中，变老和走向死亡都是自然的规律，但人们仍可对此加以规划。不要太过热衷于获得治疗，你就能免于被无效且痛苦的治疗所折磨。安排好你能受到的照顾，你就能从医疗机构拿回对自己的控制权。对变老和死亡有所准备，你活着的时刻也会更有奔头，活得更舒坦，而不是在无尽的折磨中徒然挣扎。

记住并思考

- 美国的医疗系统是关爱病患与谋求利润的矛盾体。
- 流水线医疗能够提高医疗效率和质量，但却忽略了对人的同情。
- 谨记，所有的住院治疗，包括择期治疗，都存在让人逐步虚弱和发生非故意后果的风险。凡事先问个为什么。
- 有些药物和治疗方法风险高，收效低，癌症晚期患者接受化疗，或高龄病人使用免疫调节疗法都是如此。
- 强行治疗往往会让人忽略了并无疗法的事实，甚至延误了舒适护理。

第三章

拒绝衰老：美国的永生神话？

The Denial of Old Age: Immortal in America?

> 但是我们的机器已经运行了七八十年，它们已经磨损了，这儿一个枢轴，那儿一个轮子，这会儿一个小齿轮，那会儿一个弹簧，我们也都知道，老机器必将会让路；不管我们怎样修补让它们再挺上一段时间，机器最终都会停止运转。
>
> ——托马斯·杰斐逊[1]

人们热衷治疗的原因并不止于上一章讲到的那几点。诚然，活下去的欲望才是人们坚持治疗的根本。希望，及其另一面——抗拒，共同构成了生存欲望的核心，关于这一点，我会在第十章详细讨论。不过现在，还是让我们把目光聚焦在我们的固有希望与后天生成的过高期望一起组成的内外混合推动力上面吧。

美国例外论与媒体操纵的交汇点上，还存在着一个独一无二的结合了希望、乐观、预期与期待的美国特性，由于我们的社会始终都在

---

[1] 这段话来自美国第三任总统托马斯·杰斐逊在 1814 年 7 月 5 日写给同为美国开国元勋与前总统的约翰·亚当斯的一封信，当时杰斐逊 71 岁，而亚当斯已经 78 岁了。两人都于 1826 年 7 月 4 日离世，前后相差不过几个小时。——译注

强调年轻、名望、消费，再加上医疗先进水平、保健产品以及政治许诺的大力推广，夸大其词便给了此种乐观心态生长的空间。

2014年10月的《大西洋月刊》上，以西结·J.伊曼努尔发表了一篇颇具煽动性的文章，为形容这一特性而造出了一个新词："美国式永生"（the American immortal）。[1] 他形容拥有这一特性的人都痴迷于运动、益智游戏、节食（只摄入果汁、坚果、浆果、蛋白质）和维生素（抗氧化剂之类）。正是美国例外论，以及坚信自己只要活得健康长久就能免于失能和丧失独立生活能力，从而在不经意间没有痛苦地离世，造就了这些人的一系列举动。在这篇名为《为什么我想在75岁的时候离开人世》的文章中，伊曼努尔细数了人们被误导从而痴迷于追求长寿的理由，以及为何这些永生追求者们的举动有时反而会事与愿违，甚至种下自毁的种子。

事实上，伊曼努尔本人并不是真的打算活到75岁就告别人世（文章名称是编辑起的），但他确实表达了拒绝非缓和性医疗救治的强烈观点。他的理由是说得通的，但当中包含了很多价值判断（比如，活得太久会影响你留在他人记忆中的形象；75岁以后人就丧失了创造力；活得太久也是给子女造成负担等）。人们往往对此有不同看法。他还提出了若干尚未能引起人们重视的观点，比如长寿的人去世很令人惋惜，但并非悲剧；有些人相信无脑延长生命毫无意义；以及活得太久本身就是损失与悲伤。

我对于"到某个岁数人就到头了"的武断说法并不赞同，但我接受他的其他一些论断。他给我的启示是，如果我们不能掌控自己的晚年生活的话，那么我们的家人或提供老年照护的服务者就会出于善意

---

[1] 以西结·伊曼努尔（Ezekiel Emanuel），医学博士、肿瘤学家、生物伦理学家，就任于宾夕法尼亚大学，同时也是一位医学伦理与临终问题的思想倡导者。

而接掌控制权。更要紧的是，创造了"美国式永生"的种种流程都会促使人坚持治疗到最后。

无论在哪个时代，任何文化背景下，都有永生论者的存在，美国的"婴儿潮"一代则呈现为一个十分庞大，却又被单独归类且过度乐观的群体。这一人口统计学高峰上的人们，最早的一批已经到了73岁左右，离美国人的平均预期寿命已经没有几年了。曲线后端则在很长时间里都对他们高龄父母的终末抉择产生持续影响。

以年轻态活到最后：数据定义下的理想生活

在定义美国式永生上，伊曼努尔引入了"发病率压缩"这一概念。这是一个1980年由詹姆斯·弗里斯创造的科学概念，意思是说我们现在比以前的人寿命更长更健康，弥留时间更短，也更少遭受失能的痛苦。[1]

弗里斯写到，人类刚迈入20世纪时，平均预期寿命只有47岁，那个时代不仅传染病横行，肺结核竟是人类的头号杀手。但等到了20世纪晚期，因这些传染病死亡的人数已经比之前下降了99%，医学的进步已经将人类的平均预期寿命拉升到了73岁（男性70岁，女性77岁）。现如今的平均预期寿命则已经到了79岁。

不光这样，更重要的是，他还充分论证了人类这一物种的寿命从生物学上也得到了修正，并指出"数据显示，在良好的社会条件下，

---

[1] 詹姆斯·弗里斯（James Fries），医学博士，在其作为恺撒永久健康计划（Kaiser Permanente）研究员和就职于斯坦福大学时曾写过一篇名为"Aging, Natural Death, and the Compression of Morbidity"的文章，发表于 New England Journal of Medicine 303, no. 3 (1980): 130–5。这一概念在他后来发表在 The Milbank Quarterly 83, no. 4 (2005): 801–23 的文章中做了进一步的提炼和更新。

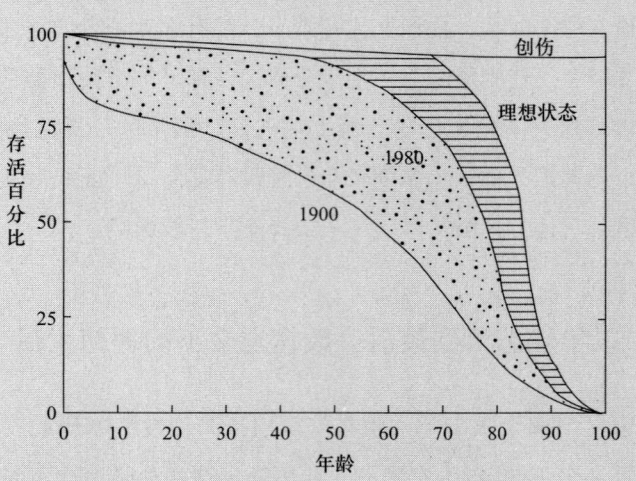

表1. 弗里斯发表在《新英格兰医学杂志》的文章中的曲线图，显示出呈现为矩形化的存活曲线。根据这一图表，1900年时有50%的人口在55岁左右去世，1980年时则是78岁左右。图表经《新英格兰医学杂志》许可引用

（人类的）平均寿命接近85岁"。他总结说，将不断增高的平均预期寿命与修正后的绝对预期寿命放在一起看，我们可以得到一个"矩形化的存活曲线"，表明越来越多的人寿命加长，并在高龄时承受更短时间的失能后快速去世。

这就是过度的健康意识引以为证据的科学基础和数据解读，有着这种意识的人们凭直觉认为他们执着的生活方式就能够将医生们诸如"尽可能以年轻态活到最后"等言不由衷的鼓励变为现实。[1] 科学理论也强化了美国式永生的假设，即主动让自己保持健康的生活状态（就像媒体宣扬的生活方式和产品所能带给人的那样）的话，人就能一直

---

1 恩斯特·温德（Ernst Wynder），医学博士、美国流行病学家，研究吸烟对人体健康的消极影响，并曾这样写道："医学的作用应该是帮助人们尽可能以年轻态活到最后。"

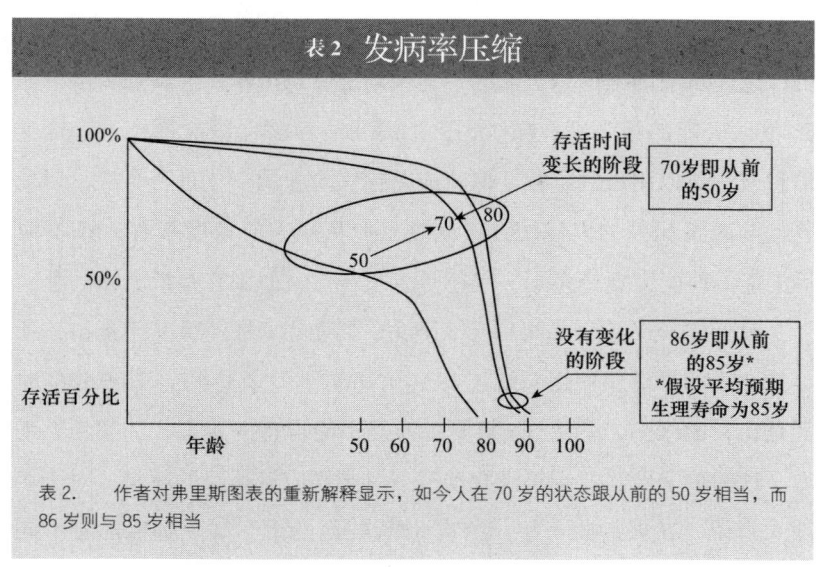

表2. 作者对弗里斯图表的重新解释显示，如今人在70岁的状态跟从前的50岁相当，而86岁则与85岁相当

健康地活到最后一刻。果真能如此的话，那临终计划就根本没有存在的必要了。这一结论有个问题，就是如果我们保持健康的生活一直到老，临去世时身体依旧很健康，那么离世时的岁数是合适的但生理上似乎就过早了。

但这个图表真正所显示的则是表2中所呈现出来的情形，即健康与存活的最大程度的提升出现在人50～70岁这一阶段。相比之下，75～90岁阶段的变化就微乎其微了。换句话说，如果现今的70岁就是从前的50岁的话，那么现在的86岁就是从前的85岁，有幸能活到80岁以上的人，其所面对的存活率（以及失能的状态阶段）跟几十年前并无差别。

65岁以后的失能时光

人到了65岁以后、预期寿命结束之前，有多少个年头是健康的、多少个年头会失去自理能力，这对研究者和决策者来说都是十分重要的课题。目前的结论是，人的平均预期寿命每十年就会增加一岁，而65岁后失能的年头则在减少，大约是每十年就会减少两个月。这类信息或许可以用来判定社会保障或医疗保险上的变化是否合适，以及其他与政策相关的人口统计学问题。但从病人的角度来看，65岁以后失能的时间究竟是多了一点还是少了一点，似乎有些纸上谈兵了。

我们应该了解，如果一个人到65岁的时候身体状况还不错，那么这个人的平均预期寿命就还有19年左右，这其中约有10.5年的时间是比较健康的，剩余8.5年则可能是不能自理的状态。从实际上来看，这些数字已经几十年没有动过了。同样应该了解的就是，对于美国人来说，在去世前一年，约有80%的人的生存状况都伴随着不同程度的失能。[1][2]

后一种情况让人感到安慰的是，我们能够由此认识到我们并没有死得太早。但前面一种情况则应引起我们的重视。那些认为人能够永生，执着于"以年轻态活到最后"并看重65岁以后失能年限些

---

1 Michael Chernow 和 David Cutler 这两位哈佛院士，曾就美国人65岁以后非失能预期寿命撰写综合性评论文章。他们将失能定义为任何日常生活活动能力（activity of daily living，简称 ADL）上的减弱，或需要辅助以实现日常生活活动。他们总结发现，1994～2009年间，美国人65岁以后预期存活寿命从17.5年增长到了18.8年。非失能年限从8.9年增长到了10.7年，失能年限则从8.6年降低到了8.1年。他们还总结道，非失能预期寿命加长的"显著表现"之所以存在的原因是急性心脏病发作和中风获得了更好的治疗，以及白内障手术更加普及后视力问题有所减少。非失能寿命的加长与其他慢性疾病之间的关系则基本没有发生变化。（"Understanding the Improvement in Disability Free Life Expectancy in the U.S. Elderly Population," *National Bureau of Economic Research*, June 2016.）

2 Eileen Crimmins 博士曾发表大量关于公共卫生问题、衰老和失能方面的文章。最近她曾总结说，在过去的四十年间，一般人的预期寿命有所加长，但生活不能自理的日子也变长了。"有各种证据表明，婴儿潮一代的人正在步入老年，而他们的健康状况并未见得比老一辈人变得更好。"但她也肯定，65岁以上健康人群失能年限在预期寿命中的比例确实有微小的降低，也是"发病率有所压缩"的一个体现。（Crimmins, E. *et al.*, "Trends Over 4 Decades in Disability-Free Life Expectancy in the United States," *American Journal of Public Health* 106, no. 7（2016）: 1287–93.）

微减少这一趋势的美国人,对于衰老和死亡都十分抗拒。他们忽略了随着变老日益临近的失能可能,并下意识地推论他们的健康能够长长久久。

尽管目前最高龄的那些病人基本上都属于"最伟大的一代",抽烟喝酒都比现在的人要多得多,但婴儿潮一代的人除了可能患慢性肺炎的几率低一点之外,在衰老退化与要人命的慢性疾病上的表现与老一辈并无多大差别。[1] 与人们关于健康的一般认知相左的是,科学证据显示抗氧化剂并不能预防癌症,锻炼也不能保证人不会患心脏病,数独游戏不能预防老年痴呆症,松弛压力也并不能造就完美无瑕、牢不可破的免疫系统。

只要我们活得够久,就必定要面对生活不能自理的那一天。

健康生活习惯打不了包票

若问死于癌症的营养学家(阿黛尔·戴维斯)或死于心脏病的长跑健将(吉姆·费克斯),我们都说得出几个名字来。[2] 人人都知道,

---

1 最伟大的一代(the Greatest Generation)是美国记者 Tom Brokow 在其同名书中提出的概念,基本是美国大萧条发生后出生的,也是主要构成"二战"参与者的世代,大体包含1901~1927年间出生的美国人;婴儿潮一代(Baby Boom Generation)一般被认为是1946~1964年间出生的一代人。从社会卫生角度来看,美国在这十几年间有7600万新生儿,时至今日压力已经在美国的医疗保障体系中体现出来。有机构统计,从2010~2030年,美国65岁以上人口数将增加73%,到时每五个美国人中就有一名是老年人。——译注

2 阿黛尔·戴维斯(Adelle Davis, 1904—1974),美国著名营养学家,倡导通过补充营养来调节健康。1973年,她被诊断罹患多发性骨髓瘤,次年因此而去世。吉姆·费克斯(Jim Fixx, 1932—1984)是畅销书《跑步人生》(The Complete Book of Running)的作者,也是美国健身运动的先驱,将跑步运动推而广之,并亲身示范定期慢跑对健康的益处。52岁那一年,他在一次慢跑中心脏病突发去世。有学者研究其死因发现,费克斯不仅有家族心脏病史,本人也有先天性心脏肥大,而且开始跑步前生活很不健康,种种因素综合起来可能是他心脏病突发的原因。——译注

智力训练能够促进大脑机能并让人保持敏锐,但并不能改变老年痴呆的基本进程。且不论所有人都会因某个原因而去世这一不可改变的事实,至少有一点很明确,即某些特定的活动与一些疾病的致病因素刚好相反,就能够降低发生这些疾病的风险。但特定活动也没有能力让人在长寿的情况下依然不患上任何退行性疾病,也不能明确阻止任何特定疾病的发生。

过于强烈的健康意识驱使之下的行为,以及由此而做出的种种决定,有可能会给个体带来不同的伤害。举具体的例子来说,人们会摄入不合适的复合维生素与营养剂,还会参加诸如排毒或跟风减肥等不健康的运动。运动过度还有可能会造成骨骼和关节过早退化(退行性关节病或关节炎)。更重要的间接影响是,"健康运动能够无限预防死亡"的想法会占领人们的思想观念,阻止人们对终将到来的死亡有进一步的认识。

大量盲信的患者,再加上那些规划饮食与补充营养的夸大作用,使得误解产生,即躲避死亡不算什么难事。大概在十五年前,我在从前工作过的医院参加过一次专题讨论会,会上一位营养学家、一位结肠镜专家(我本人)、一位外科医生以及一位肿瘤学家分别表达了每个人在结肠癌的预防、发现、切除及治疗等方面的看法。

大家发言完毕后,讨论进入了问答环节。研讨会的听众基本都在65岁以上,还有不少是结肠癌患者,大家的问题基本都是提给营养学家的。最典型的一个问题就是:"我每天吃多少蓝莓才能预防结肠癌呢?"答案显而易见,如果蓝莓真的能够预防结肠癌,现在这种疾病应该早就绝迹了才对。诸如此类的问题显示出了一种与已经发生在与会病人结肠上的现实相悖的天真的愿望。我很同情这种想要探寻捷径的愿望。然而不幸的是,吃点蓝莓并不能够扭转美国人数个世代以来所形成的饮食习惯,而且这显然不是人们想听到的答案。

  人们能够达成共识的一点是,不健康的生活习惯会缩短人的预期寿命。比方说,每抽一根烟,这个人的预期寿命就缩短 7～10 分钟。但是,特定的生活习惯能够明确延长人的平均预期寿命这一点,则没有足够的证据能够证明。人们应该认识到的是,健康的生活方式之所以值得提倡,是因为其所主张的"无论什么方面都要适度"是有可能降低早逝几率的,但同时也会增加衰老而死或慢性疾病的可能性。生活方式狂热者们是时候摘下眼罩看清楚了,而且也必须要为自己的那一天有所打算才好。如果你希望活得足够久,那么你就必须明白,衰老是必然的,而要想走得舒服些,也必须事先对自己有所规划和考量。

  当然了,所谓美国式永生也只是一种讽刺的说法。但此种夸张的说法也为我们展现出了一个事实,那就是人们对治疗极度积极的态度背后过高的期望值对人们所产生的影响是何其巨大。不仅如此,人们对医疗系统所承诺的信任也已深深植根于大多数病人的心中。过高的期望让人们想要活下去,拒绝死亡,从而寻求无止境的治疗方案。这些治疗方案拉长了死亡的进程,延长了失能后的煎熬时日,也增加了在医疗救治中受苦的风险,而到头来终究一无所用。

75 岁以上老人的就医实例

  美国的男性平均预期寿命是 77 岁左右,女性则是 82 岁。我们必须注意,在参照种族、财富状况和受教育程度等人口学统计因素后的这组数字都各不相同。但如前面我们已经说过的,如果一个人到 65 岁以后依然健康状况良好,那么这个人平均还能再活 19 年以上。反之,如果一个人65岁左右的时候已经罹患慢性疾病，那么其预期寿命也会相应降低。无论是哪种情况（65岁以上有慢性疾病还是超过80岁依然很健康），面对激进的医疗手段时都应当慎之又慎。个体在达到平均预期寿命后，激进治疗给人带来的风险就高过收益了。高龄与慢性疾病人群因此而受到伤害的可能性提升，长期受益可能性下降。

说到追求永生的人，我就会想起自己从医生涯中的几个现实案例。有一个病人，他是一位成功的说客兼顾问。他形容自己是一个滑野雪的狂热爱好者。然而他的滑雪生涯不得不因多处背部手术与关节置换而终止。在步行器甚至轮椅的桎梏下，他的身体机能注定了开始走下坡路。除了对滑雪运动的痴迷，他还无比顽固地坚信，健康饮食能够让他的慢性（结肠）憩室炎得到控制，这一观念蒙蔽了他的双眼，让他完全无视我关于择期手术的建议。他选择了紧急手术，结果不得不再去做结肠造口术，也加剧了他失能的进程。

当有些高龄病人不无自豪地告诉我说，他们仍然享受着网球、自行车、滑雪或划船等运动的乐趣时，我都很想跟他们说："别那么冲动，做点水中有氧运动不好吗？"但结果我说的却是："你还在打网球啊，双打吗？说真的，还是小心些，万一摔倒摔坏了什么可就不好了。"

我有几位病人活过了100岁，最长寿的一位活到了107岁。他时不时就得来医院一趟，因为他的结肠总是发生扭结。虽然我能通过结肠镜快速解决这个问题，但也只能解决一时。他年岁过高，不宜做根治手术，但拜他先天的优良基因所赐，他就在这样的状态下一直活了下去。[1] 我却并未因此而为他感到庆幸，因为他所失去的是自己的尊严。无论医院里的护士和检查人员，还是他所在的养老院，对待他就

---

[1] 乙状结肠扭结是指发生在结肠末端的自发扭转，从而造成肠阻塞。通过结肠镜将扭转的地方校直能够将阻塞解除一段时间——有可能是几天，也有可能是几年。

像对待一个宠物或可爱的怪物。相较于说实话,人们更容易让那些屈尊俯就的话脱口而出:"卡梅隆先生,您已经107岁了,您还打算这么来回跑到什么时候啊?""这一招不好用的时候,咱们就得想点儿别的办法了。"

还有一位坚强的病人在100岁的时候去世。他并不像那些典型的永生追求者一样怀着不切实际的乐观,他就是单纯的顽强不屈,与多种疾病奋力搏杀到最后。96岁的时候,他把我的建议放在一旁,还是更换了新的人工心脏瓣膜。我感觉,他花了两年进行术后恢复,仿佛都是在力图证明我之前的建议是错的一般。当然我很高兴他康复了,但这个过程中,有时候就连他都会怀疑,自己是否真的做了正确的选择。

更好的离开

寻求更好的离开策略,是我们尽可能对人生最后阶段有所掌控的努力中十分重要的一环。其要点在于我们要乐于接受这样一个事实,即已经超出平均预期寿命的人当中几乎没有人能够继续长葆青春。当你所剩的时间变得越来越少,你要明白自己的存活已经不能继续参照大数据得出的发病率来计算了。跟慢性疾病殊死搏斗一番也许看起来英勇,但一场恶斗的结果很可能是像我的某位高龄结肠病人那样在医疗救治中死去(参看第二章)。

如果你发现,自己或你爱的人已经处于衰退状态,越发接近成为一个年事已高且慢性疾病缠身的人或年老体弱的人,你就要对任何承诺有益的干预加以考量了。同时也请你考虑并发症的可能性以及相应所需的应对方案。预先讨论好如果出现并发症要怎么办,并事先立好一条界线:不是等某一次大寿过后,而是当疾病、衰弱与身体机能综合达到某种情况时,你将只接受临终关怀。

我的父亲在他还差一个月就过 94 岁生日的时候去世了，他在差不多 90 岁的时候就退出了任何积极的医疗手段。从那往后，他只寻求某些医疗救助，并最终完全不再看医生和接受其他任何医疗手段。去世前三个月，他就不再服用任何药物，并在停药前三个月开始在家接受临终关怀。我坚信，消极医疗不仅使得我的父亲在最后阶段的生存质量得以保持，他的生命也在无意间有所延续。更为要紧的是，他没有遭受任何痛苦却徒劳的医疗救治。

父亲最后的日子

直到 89 岁之前，我的父亲一直都处于精力极为充沛的状态。他走路从来不用拐杖。他开车送邻居去犹太社区中心做水中有氧运动。他走起路来就停不下来，根本不会在意每天运动量是否达标之类的小事。他从来不用可穿戴运动设备。他把自己的事情都安排得井井有条。公寓里的家务事他也都自己处理。然而，年龄的影响最终还是在他身上慢慢显现出来。

去世前五年，父亲在厨房里摔倒了。这真的令人十分意外。他的头磕破了，但并没有失去意识，后腰也有擦伤。万幸的是那时我的小妹正好去看他，不然我们兄弟姐妹几个都不会知道发生了什么。小妹叫我们几个过去，四个人一起商讨了一番。

我们探讨了这次摔倒有什么物理上的原因。我们发现，父亲的脚在逐渐失去感觉。这是一种末梢神经病变，主要是年龄增长和饮酒造成的，即使脚已经接触地面，他也没有实感。没有感觉的脚穿了一双羊毛袜，踩在滑溜溜的油毡地板上，诸多因素加在一起让他摔倒在地，也让我们看清了摆到眼前的现实：看似结实的父亲，已经没有从前那么健壮了。我们明确地认识到，父亲不只是一位"老人"，他正在日渐衰老。

当月,我的姐妹们时常去看望他,照料他的日常生活,给他准备一些简单的饭菜,帮他洗衣服、浇花。父亲雇来的头一个看护是一个年轻的艺术生,她想要这份工作来补贴生活。事实证明,她是父亲退休以来雇到的最重要的帮手。这个女孩一直照料父亲到最后,直到父亲离世前都在为父亲提供恰到好处的帮助。

当然了,自打我的母亲去世,我们全家就一起探讨了协助生活方案以及养老院方面的选择。父亲是个老顽固,他更想要凑上几个人一起住到自己的公寓里来,找人协助起居,而拒绝搬到附近的养老院或某个子女家附近去住。"我可付不起养老院的钱。"他这么说纯粹就是找借口。

他最抗拒的就是搬到养老院去,他会尽一切可能避免这种情况发生。

但是显而易见,这一次摔倒让他真正进入了老年失能的人生阶段。他需要通过物理疗法让摔倒造成的腰腿无力慢慢恢复。他开始拄拐走路了。又过了几年,他用上了步行器,接着是推行座椅,最后是轮椅。照顾我母亲的那些年,他早已对哪里有台阶和楼梯熟稔于心,现如今他自己也要数着步子走了。他不再去那些不方便行动的餐馆、剧院和商店。他的活动范围变小了。他不能再像从前一样独立生活。眼看着他的这一切变化,我心痛不已。

有个关于他个人独立性的画面依然历历在目。那是我送他去机场飞缅因州的时候,也是他最后一次去缅因州。我们办理完托运行李,一位服务人员推着轮椅送他过了安检,一直送到登机口。父亲把拐杖末端搭在轮椅的脚踏板上,双手交叠握住杖头。他把自己整个人都缩在了椅子里。服务人员问我要不要陪父亲一起过安检并等他上飞机。"当然,谢谢你。"我回答说。

"不用了，我没事。"父亲坚持道。他不想让我继续看到他那勉强的状态。他为自己不再独立而感到悲伤，他意识到自己的衰弱真正意味着什么：他已经很老了。

就这样过了几年，我们又说起了每每父亲变得更加衰弱、恢复就变得越发缓慢和困难这一现实问题。一次物理治疗中，父亲拉伤了腿筋，光是明确诊断出这个问题就已经让人心力交瘁，而父亲的腿也足足疼了好几个星期。这之后，父亲就比较抗拒物理治疗了。就像我对很多病人讲过的那样，我告诉他，亨利·艾伦在他1930年代的一首布鲁斯中说得好："你会好起来，但永远不会完全好起来。"

"别跟我说什么布鲁斯，"父亲说，"你还不如引用这一句：'你曾是架好马车，如今已破烂散架咯！'"[1]

托马斯·杰弗逊写下本章开头引用的给约翰·亚当斯的信的时候，就表明了他已经意识到衰老让他失去了什么。

我父亲也悟到了这一点，那年他91岁。

老年失能

如何判断一个人是否失能？有什么量化标准来判断呢？这是计算一个人的病程以及衰老进程的时候必须要考虑的问题。在探讨这个问题的时候，我们必须把对失能的一般理解加以扩展，将人的衰老也纳入考量。以此为前提，我通常会用"衰弱"来形容高龄所带来的身体

---

[1] 亨利·艾伦（Henry Allen，1908—1967），人们也叫他 Red Allen，是美国爵士歌手和小号手。作者引用的这句话是他在1930年一首同名歌中的歌词。作者父亲的这一句则是被认为是最早的一首拉格泰姆音乐（一种早期爵士乐）的歌名，由美国音乐家与创作人本·哈尼（Ben Harney，1872—1938）在1895年创作，他可以说是爵士乐的先锋人物之一，绝对是亨利·艾伦的老前辈。——译注

（或心理）上的弱化。

　　失能有很多种表现。当我们看到为残疾人预留的专用空间时，可能会想到这是给坐在轮椅上或推着步行器的人使用的。但很多随着年龄增长而出现的失能并非如此一眼可见，却同样影响着人的行动自由——听力下降、视觉退化、肌肉量减少、敏捷度降低、神经损伤、循环变差带来的运动耐力减退、牙齿稳固性下降等等。明确地说，衰弱就是由疾病或变老而带来的虚弱，最终让我们无法继续独立生活，不得不依赖于轮椅甚至卧床不起。这种衰弱是无论什么样的治疗或恢复手段都无法改善的。

　　老年人会遭遇的失能，不一定是多急剧的变化，但都是很要紧的。虽然不再穿皮鞋而只穿尼龙搭扣拖鞋并不意味着衰弱，但这确实是手脚灵活度降低了的一种体现。腿脚、关节、视力、听力上的功能障碍，甚至龋齿，都能成为影响生活质量的关键因素，并最终让人体力下降。体力持续下降，就是衰老的体现之一。体力如何，可以通过能走多远的路、能爬多少楼梯或坐多久不会觉得麻来判断。这些判断都是可以量化的，将过去和现在进行持续的比较观察，就能看出衰退的程度如何。

　　美国的相关部门和监管机构用日常生活能力（activities of daily living，简称 ADLs）和工具性日常生活能力（instrumental activities of daily living，简称 IADLs）来确定人们因疾病限制（比如中风后麻痹）或日益衰老而产生失能及其所需帮助的等级。日常生活能力包括洗澡、穿衣、吃饭、上厕所、上下床或起身坐下这几项生活活动的自理能力。[1] 工具性日常生活能力指的则是做饭、食品采购、财务管

---

[1] 日常生活能力是判断身体机能的一项指标，这一定义是西德尼·卡茨（Sidney Katz，1924—2012，美国医学家，老年护理的倡导者和先行者。——译注）在 20 世纪 50 年代提出的。基础日常生活能力标准可以用来判断一个人是否能够自理洗澡、穿衣、（转下页）

理、打电话、简单家务这几项活动的自理能力。如果一个人陆续失去了其工具性日常生活能力，那么他/她在生活中就需要更多协助或帮手。而一个人如果陆续失去了日常生活能力，他/她就需要有人照料才行。若是完全失去了自理能力，那么就必须有专门的陪护，甚至考虑后事了。[1]

65 岁以后的生活质量：人从何时开始变老？

我们必须要分清楚：有身体障碍但预期寿命还很长的年轻人（比如骑摩托车发生车祸造成脊柱损伤的情况），与因年龄而失能衰弱的老年人是不一样的。对前者来说，复原计划是能够来带改善的，适应身体上存在的障碍能够有效提高生活的质量。但后者则不同，复原所能带来的帮助十分有限，接受和适应只能让人越发失去自理能力，加速衰弱，并让人更加难受。

想要"高质量的后 65 岁生活"并非易事，而人们对什么样才算是"好"也一直都没有一致的结论。发达国家的人群会希望自己在 65 岁以后仍能有好的生活质量。每个人都对何为"好"有自己的定义。如果一个有一定受教育和收入水平的美国人买下并阅读了这本

（接上页）上厕所、在床和椅子间自主移动、自主可控和进食等活动。工具性日常生活能力看的则是买东西、做饭、打扫、记账、自主服药、打电话、使用交通工具方面的能力。理疗师和职业治疗师会评估病人的体力状况，来制订康复计划。

[1] 我想通过这本书实现的是鼓励读者以一种通俗且客观的方式看待自己的疾病和身体状态。想知道为什么这样做有助于你了解自己的临床状态及相关预后影响，可以通过老年医学专家或一些有老年人专科的医院做更加正式的《综合老年评估》（*Comprehensive Geriatric Assessment*，简称 CGA，是一项能够帮助尤其是个人状况较为复杂的老年人制订合适健康方案的评估，这一评估是在过去几十年的实践中逐渐完善的，也不断加入新的知识，能够从老人的身体、心理、环境、功能、社交等方面进行综合评估。——译注）测试，从而获得效果更好的护理建议。

书，有可能说明跟那些不那么走运的美国人相比，这个人的生活质量还不错。但这并不意味着好日子就一定能够持续，也不能说明是美国的医疗体系得以让你活得好。如果你年事已高，美国的医疗保障系统可能从中起到了一些作用，但更关键的还是在于你有着健康的基因，受过良好教育，拥有不错的社会经济地位，而如果你没有那些要命的糟糕生活习惯就更棒了。但无论你的生活质量和独立生活状况如何，美国的医疗体系和你的基因最终都会要了你的命。如果你没遭遇急症，那就只能活到失能的那一天了。这时候你该考虑的，是你会如何衰弱，以及你将如何应对。

我们怎样才能意识到，自己虽未老态龙钟，但已经算得上是高龄人士了呢？是我们不能自己做饭洗衣的时候吗？不见得。那么，是我们没有人帮忙就无法自己洗澡或上厕所的时候？要么是我们滑倒或摔在地上自己爬不起来的时候？要不然就是哪怕老伴儿来拉自己一把，却还是站不起来的时候？当这些情况真的发生了，千万不要认为这只是自己遇到了一些不便，注意一下就好，而要认真意识到，人到了这一步，就已经回不到从前的状态了。[1]

无论一个人之前是天天窝在沙发里看电视还是到处跑马拉松，都有可能因为疾病或年龄的缘故而遭遇失能。疾病和失能的程度也会随着年龄而增长。统计学数据显示出的压缩曲线在50～70岁的年龄段上或许还是可靠的，但这并不能让在家中或养老院里日渐衰弱的老年人感到安慰。人不一定会英年早逝，但是到后来一定会失能终老。

到最近，"疾病压缩理论"的支持者弗里斯也肯定了这一点，即

---

[1] Leonardo Barbosa Barreto de Brito, *et al*., "Ability to Sit and Rise from the Floor as a Predictor of All-Cause Mortality," *European Journal of Preventive Cardiology* (2012): 1–7. Jane Fleming *et al*., "Inability to Get Up after Falling, Subsequent Time on Floor, and Summoning Help: prospective Cohort Study in People over Ninety," *British Medical Journal* (2008): 337.

现如今我们正处于一个慢性病（动脉硬化、肿瘤、肺气肿、糖尿病、肝硬化和退行性关节炎等）时代，而我们未来还要面对另一个时代。他认为，这个时代就是衰老时代，那时"衰老进程本身，在不受制于任何特定疾病的情况下将会成为美国人的主要病因"。[1]

无论是因为疾病还是衰老，老年失能都会带给人难言的种种痛苦，人们因此而逐渐丧失了自理能力。

我的父亲也饱受衰弱的摧残，他觉得自己是在缓慢地死亡。打从他意识到自己的体力状况需要居家辅助之后，他在这种状态下又生活了三年。有一年他的状态还不错，但其余两年都很不好。我母亲去世时走得不算慢，但也不算快。她进入自己疾病的终末期后活了九个月。在这段时间里，人们来看望她，我们也做好充分的准备与彼此告别。她在这个漫长的卧床过程中逐渐衰弱下来。可能她后来比较突然的离世是因为血栓、心律紊乱或又一次膀胱感染，我们并不确定。但无论怎么说，她能在病痛十个月后没被折磨太久就走了，也算得上一种幸运吧。

为什么只有少数人能像我母亲一样突然去世——当然也不完全是意料之外——而却有那么多人要挣扎很久很久，这个问题也许对有些人来说很难理解，但我在这一点上看得很明白。我敢肯定，如果我们为母亲检查一下是不是有潜在的血栓、是不是有心率不正常、是不是有膀胱感染，我们肯定会有所发现，并能想办法暂时延缓最终一刻的来临。但如果这样做了，我们也就将她置于了无效治疗的风险当中，从而让她失去平静离世的机会。

但我还是没能想清楚，为什么我的父亲已经主动断绝了医疗救治，在仅接受家庭护理的状态下仍然在衰弱中活了那么久。或许这就

---

[1] J. Fries, "The Compression of Morbidity," *The Milbank Quarterly* 83, no. 4 (2005): 801–23.

是他的命运吧，命运让他慢慢地贴近死亡。

让我感到欣慰的是，他们最终都是在自己家中去世的，而且走得都比较平静、自然——没有过度的医疗干预，疾病最终将他们带去了另一个世界。

多少检查才合适？

可能有人会觉得，对老年人来说，护理越多就越好。他们病得越来越重，身体也越来越虚弱，我们就必须仔细照顾他们，一定要更密切监视他们的状况。

我有一些同事，收入大部分来源于给人做综合年度体检。我刚开始行医的时候，年度体检就是医疗保障系统的基础构成。从1990年代开始，年度体检就被冠以追求利润的恶名，但并未影响人们对它的热情。有研究显示，年度体检及其相关检查项目推高了这些检查的成本，但并没有让人们的发病率和死亡率有所降低。公众忽视了这一点，而给人们做"体格检查"的医生们则是有意忽略了这个事实。

为什么说每年体检做一些不必要的（因此是过度的）检查会对身体有害，或最起码并没什么好处呢？我来举个例子。在距我结束行医还有好几年的时候，我遇到了一位可爱的80岁老妇人，她跟同样可爱，但身子骨要虚弱很多的姐妹住在一起。她来做年度体检的时候，兢兢业业的内科医生发现她的血细胞指数略微偏低，粪便中也检测出有一丝血迹。血细胞指数偏低在老年人中很常见，而且通常都是无害的。血迹检测也常常会出现假阳性的结果。但是，她的医生告诉她，希望我能给她做结肠镜和胃镜检查，从而排除严重疾病的可能性。这位医生说这位老妇人是个特别"有活力"的人，这当中的潜台词就是让我竭尽全力，千万别让她在到他这里看诊期间因为胃肠恶性肿瘤而离世。两个老姐妹跟我谈了很久。我注意到她们对这件事很上心，但两人都十分虚弱，身体的很多功能都已经脆弱不堪。

我说服了老人家不做结肠镜检查。过去十年中，已经有另一位医生给她做过结肠镜检查，并在那个时候极力夸大了她做肠镜（在数据上）能获得的好处。我担心检查的准备工作就会让她压力倍增，而且不见得真能有什么帮助。我还很纠结的地方在于，如果她是因为已经患有结肠癌而发生了贫血的话，现在就已经太晚了，而对这个肿瘤进行治疗（节段性结肠切除术加化疗）就会要了她的命。

我们决定做一个上消化道内窥镜检查，来排除良性缺血病变，并希望不会发现什么未知的胃肠恶性肿瘤。然而不幸的是，我在她的十二指肠内曲壁上发现了一个中等大小、形状扁平的良性生长物。活组织化验显示这个生长物有癌变的可能。我个人的看法——我跟她说这既是我的专业建议也是我带有倾向性的一己之见——是尽量不要管它。病变的地方确实有继续生长和出血的风险，但应该说这个风险并不大。理论上，这个病变正说明了为什么病人的粪便中会检测出血迹，以及为什么她会出现失血性贫血。如果积极将其处理掉（即切除），就是要么手术（对老妇人的年龄来说太过激进），要么通过一系列的内窥镜探入将病变处零碎取出（当前的标准治疗方法）。每次做内窥镜都会带来虽然不大但是累积性的出血风险、穿孔风险、麻醉风险以及其他的并发症风险。考虑到她已经是 80 岁高龄，或许最好的选择就是我们往好的方面考虑去忽视它，所以我对她说："如果你是我的母亲，我一定会建议咱们什么都不做。当然万一事情没有像我预期的那样去发展的话，我母亲是会原谅我的。"

我和老妇人与建议她做检查的内科医生三人一起谈过后，又从另一位激进派研究型内窥镜医师那里得到了不同的意见。病人还是做了数次内窥镜，最终将病变生长物取了出来，也没有发生严重的并发症，但她一次又一次来看门诊却让她的姐妹遭受了巨大的压力，结果她的姐妹在医院里摔倒了，还摔裂了骨盆。有了这样的教训，她们拒绝了研究型内窥镜医师的建议，不再定期复查以监控是否可能复发了。

显而易见，此种治疗计划的最终受益者只能是那位内窥镜医师。

我成长为了一名肠胃病专家后，只要患者的结肠癌状况还有得救，我就会全力投入。渐渐地我发现，大多数医生和病人都对影像检查和相关检测能起到的作用抱有无止境的期望。什么时候需要筛查，什么时候不再需要，是医疗科学必须定期优化和再定义的基本问题，但医生和病人都不接受应对此有所限制。我则一直都清晰地感觉到，人到了某个年龄以后，做这些筛查只是有害无益。

在我从医的这片地区有好几家研究机构。有一家做了不少广告，宣扬结肠镜检查能救人一命。他们还会每年召开教育会议以推广他们是如何应用这项技术的。他们在广播电视上精心营造的姿态和学术会议表现的都是，结肠癌会发生在所有年龄的人身上，而结肠镜检查能带给人无限的好处。拥有内窥镜制造技术和相关设备的公司为支持这一观点的研究提供了资助。这家医院从不拒绝任何人，似乎也把老年群体拉入了永无止境的结肠镜检查当中。

但另一种更为人道的观点也在崛起。这种观点认为，人到了一定的年龄（具体数值还有待研究），高龄属性本身和其他的疾病会让一个病人更可能因尚未病发的结肠癌之外的某些原因而去世，这当中先发检查就难辞其咎了。

在我行医的最后五年里，我时不时就会劝说人们不要做结肠镜筛查了。我对他们说，先发检查不一定真的有帮助，还可能有反效果。[1] 绝大多数病人都会接受建议，回去的时候跟我说："谢谢你，大夫，我愿意接受这个建议。要是有什么症状了我再跟你联系。"

武断决定 vs. 愿景规划

尽管实际做起来很难，但有时候你必须顶住治疗的压力。我建议我的病人和她的姐妹不必接受仅在理论上可行却缺乏现实益处的治疗。但是她的姐妹以及她的内科医生，还有后来那位顾问都坚决推进了治疗日程。"医疗推力以及家庭的力量意味着我们几乎没办法不接受（检查或治疗）。"伊曼努尔博士这样写道。

他写到，即便医院力主，他也不会在 65 岁之后还去做结肠镜检查，他还会拒绝治疗癌症、植入心脏起搏器、做心脏手术、做透析，更不会在 75 岁之后服用任何抗生素。但他文章所表达的真正含义并非建议人们到了某个年龄就要拒绝医疗救治。他真正想表达的是，面对种种治疗手段时，人要有所思考，而不能武断地照单全收。

我那位乐天派的高龄病人在 96 岁时做了心脏瓣膜置换术。那前后，每次见到他我都很高兴。我永远都会记得，那天他回去的时候，走出房间后又在门口探身回来，隔着等候室对我的助理大声说："告诉哈灵顿医生，我感觉好到飞起！"他如此用词，来形容自己的状态不由吊起了其他病人的胃口，都跑来问我对他做了什么。

---

[1] 当老年人被推荐做结肠镜筛查的时候，我就会建议他们说，根据我所知道的数据，一个从未做过结肠镜筛查的人死于结肠癌的几率是五十分之一，而过去十年里做过一次结肠镜并死于结肠癌的几率是一百分之一。如果我现在给你做一次结肠镜（就像前面内科医生建议的），这两个几率可能分别变成一百分之一和二百分之一。在如此微小的收益面前，很多老年病患就会决定不做筛查了。当然，如果他们是因为有腹痛或粪便潜血的症状而要做结肠镜，就另当别论了，我会慎重仔细地给他们说明。

在这之前，当做出不接受我的建议而是接受心脏手术的选择时，他并未盲目下决定。他和我在术前进行了一次长谈，商议如果发生了并发症，到时要做什么，不要做什么。他已有了一个预期愿景，我们照此制订了一套计划。我很高兴他术后没有遭遇并发症，因为就算我们有了万全的计划，当你面对一位治疗态度激进的医生，即他那位心脏外科医生时，想要退出也是很难的。医生是不会在他们自己的统计数据上妥协的。但如果事先不做任何计划，也不约定任何底线的话，你就必然会在事实上受到过度治疗，从而面对更大的住院后死亡的风险。

记住并思考

- 记住你是凡人，你不能长生不老。
- 请谨记，从均数上看，如果你能幸运地活过75岁，你便很有可能在接下来的八年中面临各种各样的身体失能。
- 认清自己的年龄，了解自己的病症诊断，随时确认自己的失能关键点及身体机能状况。
- 理解这一点，即随着年龄的增长，治疗带来的风险也会增长，而效果则会降低。
- 事先考虑好，当你的疾病、衰弱与身体机能的综合状态到何种情况时，你会决定不再寻求积极治疗。
- 不要通过内镜筛查去找各种潜在问题；有目的地去处理身体正在发生的病痛。

第四章

中位数说明一切

The Median Is the Message

科学一直被视为通往魔法奇迹的道路——人们相信，当人类的意志有了知识的武装，便一切皆有可能。科学与魔法在人们心中难以言说的关系，绝非将小病小灾一招解决那么简单。这种关系在现代世界也逐步升级。死亡成为了长生不老之路的绊脚石，因为在它面前人的意志竟然止步不前。

——约翰·格雷《不朽大业》[1]

父亲和我曾两度探讨生病后的生存中值。一次是之前我们仨（父亲、母亲和我）在母亲肺癌诊断下来的时候，另一次则是在这之后几年，我跟他讨论他的腹部主动脉瘤。我的父母都很清楚，肺癌的生存中值是10个月，主动脉瘤破裂的生存中值则是6个月，但这都不意味着到了这两个时间他们一定会面临死亡，而

---

[1] 约翰·格雷（John Gray, 1948- ），英国哲学家，他在2011年出版的这本全名为 The Immortalization Commission: Science and the Strange Quest to Cheat Death 的书中探讨了现代科学试图将人类从死亡中解放出来，让科学变成了曾经用以和魔法对抗，却成为魔法之媒介的批判观点。——译注

是说，患有同样病症的人当中约有一半在经过这段时间后会去世，而他们很有可能就在这一半人当中。

我的父亲关注自己的病，并不是在意如何治愈，或如何康复之类。他把疾病看成自己必须面对的问题。父亲曾经想过，将自己的动脉瘤放在一边不管，若是破裂了自己反倒能得个痛快，这比在死亡边缘虚弱地徘徊不去要好得多。这并不是说他自己就放弃了，相反，他已经想好了自己不要再抗争下去，而是顺其自然地接受结果。因为当时他的第一个孙辈将在6个月后出生，我和我姐姐齐力劝说，他才决定先不要那么早就放手不管。

早几年，曾经有个被他的医生形容为"脾气坏，不随和"的病人，教给我很多如何看待衰老与走向死亡过程的视角。他叫阿尔弗雷德·D，当时来找我咨询结肠癌筛查的问题。他是一位退休的电气工程师，在一幢高级公寓过着清净舒适的生活。他喝酒太多，体重超标，还抽烟抽到呼吸短促，但他并不打算把这两个恶习戒掉。

"大夫，我会因为抽烟喝酒而送命——也有可能是心脏病突发。我可没打算在死之前改变这一点。"

每次建议他做个结肠癌筛查，他都拒绝，就连简单的直肠检查都不肯（他说"大夫，别查那儿了"），但他确实把常规治疗转移到了我的办公室，想来恐怕是因为我没有他之前的医生那么能长篇大论滔滔不绝吧。后来有一天，他出现了直肠出血。这恐怕不是他死于抽烟喝酒的计划内的状况，于是他同意我给他做包括直肠检查和结肠镜在内的全面评估。如果他早几年就做了结肠镜检查的话，说不定就能阻止结肠癌发展到当时那么明显了。

我向他道歉说，没能尽力说服他做肿瘤筛查，这让我作为结肠镜专家感到羞愧不已。"大夫，这都是我自找的。"他说道，并坚持他应该为自己当初的决定负全责才对。为了尽量避免做放疗或化疗，阿尔弗雷德决定接受大面积切除手术和结肠造口术（将一段肠管拉出腹壁固定在体侧）。[1] 他从未抱怨，也从未后悔。

他依旧坏脾气，依旧不随和。我也依旧是他温和的内科医生。他依旧抽烟喝酒。当他的心肺病和肺病严重到了他的妻子也难以照料的时候，我们给他在一家养老院安排了临终关怀床位，几个月后，他在平静中去世了，享年87岁。

我和他头一回见面时，曾觉得他所做出的决定单纯是出于自己坏习惯的病理表现。但他对待自己结肠癌的反应让我领悟到了一点：阿尔弗雷德预见了自己将会死于肺部疾病。他虽然固执，但对自己很诚实，对自己的状况也很有数。他的癌症手术让他意识到自己不想再住院了。他对过分的照顾持拒绝态度，很多年都是这样。最终，他如自己所预想的那样离开了人世。

超越生存中值几十年？

斯蒂芬·杰伊·古尔德（Stephen Jay Gould）是一位德高望重的古生物学家、进化生物学家、科学史学家，也是一位知名的科普作家，60岁时就因肺癌去世了。41岁时，他被诊断出有腹膜间皮瘤，这是一种罕见的癌症，预期寿命中值只有8个月。结果，他非但活过了中位数，还存活达19年之久。他在一篇名为《数字不能决定一切》的文章中描述了自己的经历，这篇文章被认为是探讨了数据、预后，以及从人道主义角度调和病人个体与统计学平均数之间关系困境的睿

---

[1] 阿尔弗雷德做手术的时候，化疗和放疗都还没有像今天这般精准，相比之下大面积切除手术要更为有效。但当时大多数人都会选择复发性更高的治疗方法，而不会像阿尔弗雷德一样主动选择接受结肠造瘘袋。

智佳作。[1]

被诊断出罹患罕见癌症后,他查看了腹膜间皮瘤病人的存活曲线,却并没有因为中位数的左半边很短且中位数本身只有 8 个月而就此放弃,而是依然保持了自己与生俱来的乐观态度。他在生存中值右半边的长尾存活曲线上做了笔记(见表 3)。他赞同进化生物学家们普遍接受的概念:"变化本身即自然唯一不变的本质。"他并没有在自己的论文中如此直言,但还是表达出了要活到长尾那一段的"决意"。

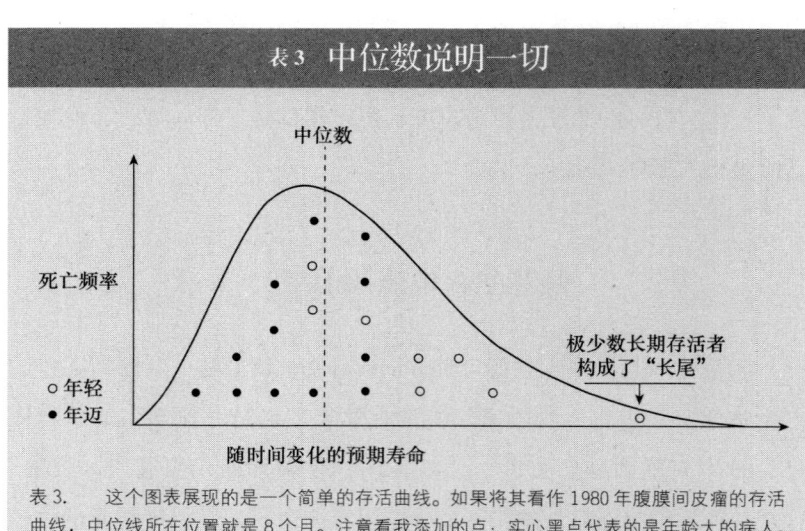

表3. 这个图表展现的是一个简单的存活曲线。如果将其看作 1980 年腹膜间皮瘤的存活曲线,中位线所在位置就是 8 个月。注意看我添加的点:实心黑点代表的是年龄大的病人,集中出现在中位线的左侧;空心圆点代表的是更年轻的病人,多出现在中位线的右侧。一个年轻病人出现在中位线右侧曲线的"长尾"部分。

---

[1] S. J. Gould, "The Median Isn't the Message," *Discover* 6(1985): 40–2. 古尔德教授在这篇文章中指出,存活曲线(一种统计学分布)是为特定研究服务的单一一组情况下的结果。如果研究中的所有人都是 41 岁,那么生存中值可能就会更长。这时我们要注意,41 岁的他身体健康,也足够年轻,足以让他在一种截然不同的实验规则下,出现在另一个截然不同的分布当中。因此,鉴于他选择了其他的治疗方法,他认为得出这种病的寿命中值只有 8 个月的结论的研究还是说明了问题的。

读一读迪伦·托马斯的诗歌《不要温柔地走进那个良夜》，或者威廉·亨利的名篇《不可征服》（"无论我将穿过的那扇门有多窄，无论我将肩承怎样的责罚，我是命运的主宰，我是灵魂的统帅"），我们就会看到，人类强大的生存意志是如何自我实现的。然而当科学与诗意相混淆，我们就必须关注现实。人的意志也是有局限的。

我不会建议年轻病人拒绝可能救命或延长生命的任何治疗。古尔德也是在很年轻的时候就被确诊的，没有必要用中位数做自己的参考而放弃与病魔抗争。但若说他是凭着顽强的意志才进入了存活曲线长尾部分，这只是一种诗意的臆想，而非实事求是的考量。

如果我父亲在90岁时被诊断出间皮瘤的话，我一定会劝他不要再接受任何激进治疗，而是接受临终关怀。这是因为，对于老年人来说，中位数就说明一切了。高龄、虚弱、衰萎的人是熬不过中位数的，而年轻体壮、再有点运气的人才更有可能活到生存曲线中位的另一边，甚至进入长尾。

在对待疾病和失能的问题上，意志确实能够起到很大的作用。一个人可以凭借自己的意志奋力挣扎，再多做一期化疗。一个人可以凭借自己的意志承受一根又一根针管扎进自己的身体，一波又一波痛苦的治疗流程。一个人可以凭借自己的意志让自己大胆接受一台艰难的手术。一个人可以凭借自己的意志让自己无视高度失能的羞辱，依赖他人照顾维持基本日常起居。但是，一个人并不能仅凭自己的意志就决定自己可以出现在存活曲线的什么位置。一个人也不能仅凭自己的意志就认为自己可以无限期地存活。

命运并不会屈从于人的意志。查看生存曲线，既能激发人的希望，也有可能让人陷入绝望。怀抱希望的人似乎比那些在绝望中放弃的人能活得久一点。但我们不能寄希望于让自己出现在曲线的某个特定地方。存活曲线是因某种疾病接受治疗的成千上万临床病例累积得出的数据，大多数病例都是顺利治疗，但任何一例也都有发生不幸的可能。与其单单去看曲线的形状与走向，我觉得更有意义的是去想想看，这样一条曲线是如何形成的。说到这里，我想到了落盘游戏（比如《价格猜猜看》节目里的筹码投奖板），这可能就是一个很好的视觉化类比。

筹码投奖游戏的启示

筹码投奖是老牌电视节目《价格猜猜看》（现在叫《新价格猜猜看》）里的一个附加环节，参赛选手从板子的最上方投下一枚筹码，希望能让筹码最终从板子最下方的某一个槽出来，槽的位置与选手所能获得的现金奖励直接相关。板面上均匀钉着一百多颗钉子，筹码就从钉子中间的空隙往下落。[1] 筹码从最下方的槽落下来，一定会经过 12 颗钉子，每经过一颗钉子，筹码都有可能在此处落向其左下或右下方的钉子，最后通过板子最底部的某一个槽落出板子。在这些电视筹码投奖游戏中，筹码落出的每个槽都代表了不同的奖金额。但如果让数百片筹码都从下面同一个槽落出，并允许累计计数的话，每个最上一行槽通过的筹码片数就会呈现随机分布的特征。

在我用来类比的"医疗筹码投奖游戏"中，最上面一行槽代表的是病人的诊断结果，钉子代表医学上的交互作用（手术、化疗、放疗、并发症、感染等等），筹码落出的最下面一行槽则代表病人的预期寿命，即表 3 中由左至右的那条存活曲线。

---

[1] 你可以在 Youtube 搜到关于《价格猜猜看》(*The Price is Right*) 和筹码投奖（Plinko）的视频。

如同筹码一片片被投进来，随诊断结果而来的就是各种随机分布事件。最终，每一个分布都会因为诊断而有可能一再出现，但代表个体的每一片筹码所经过的路径都各不相同。那么现在问题来了：每片筹码，即每个病人，都只有一次机会，而结果如何则要看命运的安排，而非个人意志。病人自身确实有可能影响其最初获得的诊断，即筹码最初从不同的顶槽进入。这种影响通常都有各种各样的负面效果，举例来说，吸烟会增加病人筹码最终从肺癌槽落下的可能性。

当然，医疗手段的目的就在于取得效果，所以任何医学上的交互作用，其风险收益比都是趋向于收益一侧的。但是，医疗结果所呈现出的随机性则可能让大多数病人都倍感意外。治疗并发症甚至有可能在任何常规治疗流程顺利完成后才发生。并发症的这种随机特征正像随机分布的筹码一样。

病人身上看似很容易治好的问题，既有可能因为罹患癌症，也有可能因为治疗，而将病人带往不可挽回的终点。而绝症晚期的病人也有可能活得很长久。但这些都是很罕见的情形。一般情况下，治疗获得的结果与其预期是相一致的。但高龄病人开始治疗某种疾病的时候就已经比病人平均状态要更衰老和虚弱，从而很难达到中位数所在的效果。

说到随机性的具体事例，我就会想起很多年前我所在医院的员工休息室里的两位同事。当中较年长（但岁数并不大）的是一位家庭医生，也是一个前烟民，他在梅约诊所接受胰腺癌手术后又活了好几年。另一位较年轻的同事则是一位很注意健康的胃肠病医生，从不吸烟且极少饮酒。年长同事去世后，我跟这位胃肠病同僚聊天说道，说不定梅约诊所给这位家庭医生做的手术还不错。年轻同事对此却不屑一顾，他认为这个胰腺癌诊断肯定是误诊："我那些病人可没一个能活这么久的。"[1] 讽刺且令人意外的是，这位年轻同事自己也被诊断出了胰腺癌，确诊后接受了各种各样的激进治疗，却只过10个月就去世了。

够不到中位数的高龄病人

从统计数据上来看，高龄的病人（再次强调一下，我指的是那些65岁以上的慢性疾病患者，或年龄已经超出其人口统计学平均预期寿命的一般病人）会在多种原因作用下聚集出现在某一种疾病的生存中值以下的区域：很多研究实验并非为了老龄病患而设计，或者并不包含大量老龄病患的样本；医疗的复杂性会随着年龄的增长而增加；杰弗逊将人的身子骨衰老破损如同机械停止运转的比方，放在人体内部器官上同样适用。[2]

一项研究启动后，就会有一批病人加入其中。研究对象通常都是陆续加入的成员，他们接受某项治疗，研究者对治疗结果进行观察。被选出来参加试验的病人也许岁数都很大，但却并不一定是病得最重、身子最虚弱、最饱受疾病折磨的那些。之所以会选择这样一些病人是因为他们没有多病缠身，并有可能存活更久，从而让研究者评估治疗受益情况。

---

1 我和同事说这些的那两年，一种胰腺病学的新概念正在兴起。病理学家注意到了一种新的疾病。自身免疫性胰腺炎本身是一种良性疾病，但在X光片中和胰腺癌看起来非常相似，手术中活组织检查时也会被误认为是胰腺癌。这使得一种说法开始流传，即那些活得久的胰腺癌病人其实并没有罹患癌症。

2 H. Sorbye, *et al.*, "Age-dependent Improvement in Median and Long-Term Survival in Unselected Population-Based Nordic Registries of Patients with Synchronous Metastatic Colorectal Cancer," *Annals of Oncology*, 24（9）（2013）: 2354–60. 就是高龄病患医疗收益减少以及生存中值降低的研究之一。

因此，如果一篇研究论文给出了一个明确的生存中值，这个数值并不适用于年老体衰的病人与临床医生探讨现有治疗结果的情境。[1] 还是说我母亲的例子，通过检索一系列的文献，我得知肺癌四期的生存中值是 10 个月。我也明白，以她的年龄和当时的虚弱程度，她恐怕无法挺这么长的时间。事实也确实如此，尽管她没有接受太多治疗，她还是在 9 个月后去世了。

医疗复杂性

当今时代，我们有必要也有理由对不良医疗后果有所关注。这些不利后果频繁密集地出现，但总是会被说成是医疗差错，而几乎不会提到这是按原计划进行的治疗手段本身存在的复杂性所致。根据医疗差错（比如截掉了不该被截掉的肢体）或不良事件（比如身体情况复杂且患有慢性疾病的高龄病人在接受心脏移植手术后死亡）的定义，每年有 10 万～40 万的美国人在接受治疗后死亡。[2] 40 万是把本不可避免的不良后果也考虑进去的数字，但这些也被归类为了医疗差错。

1950 年代和 1960 年代有一种说法，叫作"医学进步病"（disease of medical progress），这已经成为被人们所接受的诊断结论。这就是医学飞速进步从而使治疗本身呈现出复杂性的表现。[3] 现如今，人们

---

1 诸位可以回想一下我在第二章里讲到过的一位高龄病人，她坚持要使用免疫调节药物来治疗她的晚发溃疡性结肠炎。关于使用这样药物的研究中并没怎么提及她这样的高龄病人，而用药说明本身也给出了使用上的警告。
2 如果我们接受每年死于医疗差错的病人数是 25 万这个数字，那么医疗差错就是仅次于心脏病和癌症的美国人第三大死因（Martin Makary, et al., "Medical Error—The Third Leading Cause of Death in the US," British Medical Journal（2016）: 353.）。有研究者认为，每年约有 40 万美国人死于包括病人所接受治疗在内的不良医疗事件。
3 伊莱休·舒密尔博士在他那经典文章《住院治疗的危害》中，率先梳理了所有事项都正确进行的情况下，医疗护理仍然存在的风险。他之所以进行这项研究,（转下页）

对医疗复杂性的关注比以前要少。然而，医疗复杂性才是让那些不可避免的差错变得无法预知的真正原因。

人们凭直觉就能想到，一个病人身上的疾病种类越多，病情越严重，吃的药越多样，接受的治疗手段越激进，病人本身年龄越大，护理的复杂程度就会越高。

在重症监护病房环境中，病情最为复杂的病人在这里接受治疗，不可避免的不良事故经常会发生。研究显示，每四五天就会有严重情况发生，而这些负面情况中有一多半都是不可避免的，13% 是致命的，且大多数遭遇致命医疗差错的病人都是老年人。[1]

内脏也衰老

当看到杰斐逊那段关于人体机能退化的比喻，说这少一个轴承、那缺一个齿轮时（见第三章引语），人们大多联想到的是身体上的肌肉、筋腱或骨骼。现实中，我们确实会注意到身边的老年人肌肉萎缩，关节增大。然而我们一般不会看到或想到，人的内脏器官也发生着同样的损耗，而事实就是如此。

我们能够观察到老年痴呆带来的记忆缺失，但却无从想象微观视角下大脑内部神经细胞相连接的空隙之间累积下来的残骸。

有些内脏的情况越变越糟，与杰斐逊所描述的一模一样，但从外部却是看不出任何变化的。心脏的肌肉纤维死亡后被瘢痕组织所替

（接上页）是因为作者认识到，医学知识进步飞快，医疗护理也变得十分复杂，即便是得到最佳执行的最高级护理，也有可能发生无法预计的并发症。（Elihu M. Schimmel, *et al.*, "The Hazards of Hospitalization," *Annals of Internal Medicine* 60, no. 1（1964）: 100–110.）

1　Jeffrey Rothschild, *et al.* "The Critical Care Safety Study: The Incidence and Nature of Adverse Events and Serious Medical Errors in Intensive Care," *Critical Care Medicine* 33, no. 8 (2005): 1694–1700.

代，心脏也因此而变得衰弱。肾元（微观过滤器）一个又一个发生堵塞，肾脏就会发生沉积阻塞。毒素（通常是酒精和热量摄入过度带来的脂肪）引起的炎症使得肝脏的功能单位（腺泡）留下瘢痕，而肺中小小的呼吸囊（肺泡）也会因为刺激物质（吸烟或空气中的污染物）而变厚变弱。血管脉动了数十年后，瘢痕组织让血管壁增厚，从而变得僵硬脆弱。脂肪和胆固醇在动脉管道内部沉积，管道因此而日益狭窄，影响了血液的流动。

之前的医疗手段给身体造成的损害到以后仍然会继续给人带来困扰。放射治疗乳腺癌或淋巴瘤会让其附近组织（包括心脏组织）的动脉血管僵化，并在未来增加心脏病发作的风险。针对乳腺癌、血癌、膀胱癌和骨癌的化疗会削弱心脏、肾脏和肝脏的功能。这些影响通常都是滞后出现，却无法预期的。

这些看不见的变化所带来的结果，正是老年人生理机能上的不可预见性所在，它会使药物、医疗处理，以及手术等诸多治疗手段所能产生的结果变得无法预料。

我有一位好友，也是我从前的病人，在六十几岁的时候因为直肠癌接受了放射治疗，这使得他后来七十几岁接受睾丸癌手术时，直肠和膀胱之间留下了一个洞。尽管其他方面都很健康有活力，但他却在接受把这个洞补上的手术中去世了。

大多数老年人都会服用数种不同的药物。比如我父亲，在停止服用能延长寿命的药物之前，他参与标准治疗最为频繁的阶段，要服用8～10种药片，涂抹四种药膏。复方用药[1]的概念就是这么来的。简单

---

[1] 复方用药（polypharmacy）就是每当病人使用五种或更多种的药物（处方药或非处方药）时，药物之间会发生多少种交互作用是无法预期的，而且可能会引起并发症。肝脏是药物代谢的主要脏器。有些药物会加速其他药物在肝脏中的代谢速度。还有些药物则会降低其他药物的代谢。有些药物要通过肾脏过滤，也有的药物会对肾脏造成损伤。很多药物都会产生难以预测的影响或带来矛盾性的效果（即与目标或期望完全相反的效果）。

地说，多药疗法的意思就是用药品种越多，越难预期其交互作用下的收益或并发症。

不过，多重用药就是存在于我们所处的复杂医疗环境中的现实。如果一位70多岁，患有糖尿病、高血压、骨质疏松和哮喘的女士去看医生，甚至看好几位医生，她能得到的最佳方案就是服用12种不同的药物。而她立即就会处于药物并发症的巨大危险之中。

有些病人觉得，吃的药越多健康状况就会越好。殊不知医疗复杂性背后隐藏着多少危险！

中位数说明一切

诚然，我们在手术和治疗白血病、淋巴癌方面取得了巨大的进步，但是我们在应对乳腺癌和睾丸癌上还有相当长的路要走。我们在肺癌、肝癌、胰腺癌、卵巢癌和脑癌等实体肿瘤治疗上的进展则还很有限。自身免疫疾病和心脏病治疗的进步已经让人们受益，这一点毋庸置疑。然而我们的一切进步都无法让那些不可避免的事情发生改变，人终究会出于某个原因而离开人世。

中位数并非指向某一个体的固定结果。任何一组数据也不能直接应验在每一位个体的身上。但是，中位数是能够体现出人们所面临的可能性的。明白了这一点，你就能从中发现自身的优势所在。

如果你认为自己已经活到了一个"超值"的年龄，你便已领悟到现实显露出的暗示了。接受这个现实吧。此时推进激进治疗手段，既有可能延长你的寿命，也有可能让你的身体机能日渐衰减，而恢复能力越发削弱。向更加消极和接受的姿态过渡，主动拒绝姑息治疗以外的其他全部医疗手段，将会使你能把生命所余时间都尽可能地掌握在自己的手中。

从这个角度来说，中位数的确是能够说明一切的，这并不是什么异想天开。寻求更少的治疗并不意味着"放弃"，而是主动选择一种看似消极，但却更为自然而然的途径。意识到自己的希望是源于误导之后，并不一定就要因此而悲观失望，你也可以从中获得平静而坚强的意志。如果你真正意识到中位数对你来说意味着什么，那就好好把握今天吧！

善终的属性之一就是能够认清，人不仅终将死亡，而且人在达到一定岁数后撒手离去也是恰当的。[1] 卸下你家人的负担吧。与他们分享你决定不再与死亡抗争下去的那份平静。不要再心怀不切实际的幻想，坚持不懈地迎难而上必将会以失败告终。收起对未来的渺茫希望，以恰当的乐观心态，抓紧当下你所拥有的一切吧。

当我偶然读到法里什·詹金斯教授的讣告时，字里行间表达出他最终得体地离开，让我觉得十分欣慰。在我写本科毕业论文的时候，詹金斯教授给了我很多指导，那时他还是刚到哈佛任教的一位古生物学家。无论身材还是着装，他都给人一种活脱脱19世纪学者的感觉。他患了顽固型多发性骨髓瘤，一种发生在血液和骨髓中的癌症，还同时感染了肺炎，并因此在72岁去世了。当我读到他的讣告，很欣慰地看到他在学生和学科同僚中都留下了极好的声誉。讣告中有一段表达了科学、教育、经历以及宗教如何能够帮助人们正确看待事物的文字，让我十分感动。《经济学人杂志》曾报道过，在詹金斯教授接受癌症治疗期间，他力图化解探望者们的担心，对他们说："作为

---

[1] 卡伦·凯尔在其名为《走向安详：善终概念之分析》（Karen Kehl："Moving toward Peace：An Analysis of the Concept of a Good Death"，见第一章注释）的文章中列出了善终所具备的12种特征。我将其复述在此，以人们感觉其重要程度由高到低排列：有所掌控，感觉舒适，有结束感，作为将要离世之人的价值得到肯定，信赖护理，承认终焉时刻来临，信念得到尊重，负担最小化，人际关系改善，得体的离世，留下遗产，得到家人照顾。

一个古生物学家，我对消失这种事再熟悉不过了。"

我的父亲也一直很积极地生活，但他并没有积极应对自己的疾病。他考量了如何能够从疾病中有所收获，比如制定一个短期目标，让自己争取活到第一个曾孙女降生，或者一个自然目标，让自己能够在家中平静地离开。

记住并思考

- 想象一下自己去世时的场景。任何场景都可以，即便是想象自己因抽烟酗酒而去世，你也能够因想到这些而对未来有所打算。
- 内脏也是会老化的，从而带来医疗复杂性和不可预测的结果。
- 你可以下定决心忍受一切治疗手段，但你无从决定治疗结果将会如何。
- 千万不要异想天开。中位数是能够说明一切的。
- 当你得到一个情况严峻的诊断结果时，不要犹豫，和医生探讨一下生存中值吧。让医生好好讲讲你的情况。如果他们逃避这个话题，就试着通过其他医生来了解问题的答案。

第二部分

病症解读

第五章

不同的疾病，同样的死因

> 无论是因为生物化学过程的无序性，还是由于其反面——在基因遗传的精心编排下走完这一程——的直接结果，我们活到一定的年龄后就会死去，这是因为我们一生历经辛苦磨难，该放手时终将放手。
>
> ——舍温·B. 努兰，医学博士[1]

就算不学医，你也能见证到人的生与死。学习医学能够让你去理解人类生死的过程，但生命如何来去，对于观察并思考的人来说，时时就在我们的眼前。文献、科学期刊以及个人观察都告诉我们，人的一生必将走过一条由年轻到成人，再一步步贴近死亡的曲线。

这一章里，我会讲到疾病的轨迹是如何让人从曲线的高点逐渐往下走的。我会分别详述

---

[1] 舍温·努兰（Sherwin Nuland）博士是美国外科医学学会会员，耶鲁大学医学院外科临床教授（2009 年退休）。数十年的从医经验及学术经历让他将关注点放在了现代医疗环境下人类如何看待死亡这一话题上，并有多部相关著述出版，其中 *How We Die*（中译本叫作《死亡之书》）获得了 1995 年的普利策奖，并成为当年的美国年度最佳图书。他还关注历史、人类生物学、伦理学等广泛的话题。——译注

急性疾病和慢性疾病在临床上的病程。在慢性疾病这一大类中，六种疾病共同构成了90%的老年人去世的原因。我会对这六种疾病的进程逐一加以讲解，并描述每种疾病是如何将人推向死亡的，从而发现这六种疾病路径上的共通之处。这一章的目的是帮助读者认识这些疾病及其发展轨迹，方便你了解自己或亲人面临何种情况。

不过首先，还是让我从自己的父亲讲起吧。严格来说，他是在多处轻度脑卒中的情形下，逐渐丧失了体力、移动能力、敏捷性、独立性，并最终丧失了意志，身体机能严重受损，但最终没有痛苦地离去了。脑血管疾病（比如脑卒中——无论是多灶还是单灶脑卒中）是老年人的六大主要杀手之一。但如果抛开一切外在因素，他的去世还是因为他已经太老了。这种情形下，高龄（换个专用名词，即老化或者衰弱）本身这一原因却基本上被忽略掉了。事实上，人体自身为了延缓死于疾病，到了一定年龄以后就会变得逐渐虚弱，由此而来的结果就是我们的身体把自己耗尽了。所以，尽管我父亲当时已经是86岁高龄，他并没有像我们几个子女预想的那样，在我们的母亲去世后不久就跟着离开。他哀恸了很久，然后他挺了过来。

母亲去世后三年，父亲又回到了与以往差不多的日常活动当中（法语课、水中有氧运动、私教训练、偶尔参加一些社交活动、重要家庭聚会、读书、与人保持联系等等）。他还定期去观赏纽约大都会剧院的周六演出，那儿的票可不好订。他自己开车去上锻炼课程，还会捎上朋友和邻居。

更为重要的是，他并没有停止旅行，无论是就在附近还是出国游玩。渐渐地，他在旅行这件事上开始遇到一些问题。计划行程的时候，他得为火车站的月台怎么样，有多少台阶、多少楼梯要走，宾馆房间的位置以及各种无障碍设施的情况做充足的功课。乘坐长途飞机的话，他得穿上成人纸尿裤，机场里也得使用轮椅。

他最后一次乘飞机是在我母亲去世后五年多的时候。在我姐姐的照顾和陪伴下，他飞到加利福尼亚州，在我二姐家待了几个星期，之后又由我二姐陪他飞回家中。本来那年夏天他还想再次出门，但最终未能成行。

发生了什么问题吗？不过是因为，他越来越老了。

他只是老了

在我父亲人生的最后五年里，他没生过什么重大疾病，也没诊断出有什么严重问题。他只是根据自身情况服几种药，一种是调节血压的，一种是调节胆固醇的，还有几种说不好有没有用的抗抑郁药，再就是一些止痛和抗焦虑的药。他的慢性淋巴瘤一直在接受观察，直到他去世前一年的夏天都是不活跃状态。主要折磨着他的是疲倦，他的体能一直在走下坡路，行动能力也因此而日渐不佳，活动范围也就变得大受限制。

这种疲劳感被认为是多种原因综合形成的，但却无从得到进一步诊断。几年间，我们带他在他的几个医生那里做了各种检查。每次得到的结论都差不多，没有明确证据显示父亲抑郁。[1] 数次看诊和检查后，他的内科医生说，他的疲劳并非由代谢、炎症或激素问题引起。

---

[1] 抑郁是老年人中非常常见的问题。在制药业的资助和影响下，精神病学研究报告中列出了抗抑郁药的诸多好处。医生经常会给老年人开这类抗抑郁的药物，而在我的经验中，越是频繁开不同的药物越说明这些药物的效果十分有限，反而不是像研究中说得那么好。一般而言，抑郁可以分为情绪失调型的内在抑郁（intrinsic depression），以及由于某些外部事件而造成的情境抑郁（situational depression），比如至亲去世等等。前者是比较容易通过药物治疗获得改善的，后者则更需要来自他人的精神支持，且需要一定的时间。我认为，老年人的抑郁更应视为因情境而生发的悲痛，更需要通过支持与宽容去使其缓解。很多药物在试验期间并未显示出明显的益处，而且对老年人有很多副作用，人生的最后几年不应执着于通过药物来治疗抑郁。

第五章　不同的疾病，同样的死因

给父亲看肿瘤的医生也否认了疲倦是由淋巴瘤引起，因为他的淋巴瘤是处于休眠状态的。心脏病科医生则说，我父亲的心脏比他同龄人的平均状况要好很多。

最后我们认识到，这种循环往复的问诊模式指向的是一个无须问诊的结论，那就是高龄本身。我们终于接受了他缓慢下行中的生命轨迹，一切的努力终将通往的是他卧床不起、寸步难行的那一天。

父亲去世前大概五年的时候，我们开始给他雇家政服务。刚开始只是请人做点家务活，还有一些带他或替他出门跑跑腿的事项。后来，他去剧院看戏时我们也会请人陪同。到最后，还要再加上正规的上门护理服务。他的看护员（做兼职工作的20来岁男女青年）会带他预约看诊和就医，护士则会把就医过程记录下来，还要负责在他和医生间说明解释。护理服务还包含帮他开药，并把每日服用的药物分装到药盒里。最终，他上厕所和起卧更衣这些也都要有人帮忙了。

简单来说，人老了之后越来越虚弱这一点是很难明确的。食欲逐渐丧失，气力也越发不足，这些疲累的表现很容易让人归因于抑郁，更糟糕的情况下还会被归结为缺乏意志，但这不过是对疾病一窍不通的人也晓得的现实：衰老。"我太累了"听起来更像意志薄弱的表现，而不像是难以量化的病征。

这是我作为执业医生的时候时常就会见到的。但是和其他的专科医生一样，作为胃肠病专家的我并没有将注意力放在这一点上面。我可以把这些病人都打回到他们的全科医生那里去。"这个病人的肝病情况不足以说明他何以疲倦到现在这个程度。"我可以在询诊意见上这么写。内科医生就会再去咨询内分泌专家关于甲状腺方面的意见，或去找心脏病医生询问心力衰竭的相关问题。

这或许是因为，医生并不想在超出自己所知范围的情况下去做出诊断或予以治疗，而且人们也并不想接受"自己的虚弱疲惫是因为正常衰老造成的"这一结论。但是，我父亲坚持不懈地向我们表明这一点，证明了这就是确然存在的现实。

美国医疗架构当中，还是有一小部分意识到了此种疲劳的真正意义所在的。老年病学家们就明确指出，虚弱是以下三种或更多种症状的临床综合征：自我感觉筋疲力尽（父亲的"疲劳感"）、非故意的体重下降、乏力（比如握力下降）、步速缓慢、身体活动少。[1]

关于这一概念我们还务必注意，上述虚弱症状本身就预示着摔倒、逐步失能、住院治疗的可能性，甚至还有比不虚弱人群高 1～3 倍的死亡几率。

父亲去世前的两年，疲劳脆弱的状态与他独立生活的渴望产生了激烈的碰撞。我的几个姐妹给他约了每天早上 8 点到晚上 8 点的家庭照护服务。一年后，他因为夜里起来上厕所在一个星期里摔倒了好几次。这已明确说明，父亲已经无法独自生活了。家人们聚在一起商讨一番之后，我的姐姐安排了一套每天 24 小时的陪护日程，把原来的日间照护跟综合上门护理融合到一起，实现了全天候看护或照护，以及定期上门护理。

当时，父亲如果要出门就要用到代步轮椅，在家也得用拐杖或步行器协助移动。淋浴需要人帮忙，系鞋带需要人帮忙，把衣服穿利索也需要人帮忙。我们也坚持要求如果他要从床上转移到椅子里，必须有人从旁协助。他极偶尔会发生尴尬的失禁。他坚持自己在饭桌前坐着吃饭。

父亲自己也意识到了他在行动上经历的诸多困难，认为自己是时候不再去看医生了。他给每个仍有联系的医生打电话表示感谢，并不

---

[1] 在一个心血管健康研究中，参与其中的 65 岁以上老年病人群体里约有 7% 有这一综合征。（L. P. Fried, et al., "Frailty in Older Adults: Evidence of a Phenotype," *The Journals of Gerontology. Series A, Biological Sciences and Medical Sciences* 56（3）（2001）: M146.）

再预约就诊。我们也一起商量了是否继续使用那些非缓解性的药物。当时他选择了不再使用。又过了一个月，他接受了临终关怀。

凡人终有一死：疾病与临终的模式

在已过去的 20 世纪当中，人的生命曲线与死亡轨迹发生了巨大的变化。罗马帝国鼎盛时期，人们的平均预期寿命可能连 30 岁都不到。那个时候，在感染、营养不良、创伤及其他一些疾病的共同作用下，人的生命曲线很短，简直就像球体从悬崖坠落一般，年纪轻轻就急转直下。同样的轨迹也出现在我们当下的时代，比如遭遇急症或车祸之类的事故等等，任何年纪的人身上都有可能发生。（见表 4 的 a 曲线）

人活着就是在一步步接近死亡，而当疾病或创伤来袭，死亡更是会迅速应声而至。

在西方世界，随着营养学的出现以及公共卫生条件的不断改善，人的预期寿命也有了逐步增长。19 世纪晚期麻醉技术的进步和外科手术水平的提高，使这一数值又有了进一步的攀升。但人类预期寿命实现真正的显著增长，则是在抗生素、疫苗、诊断影像学、现代医学教育以及医疗信息传播之后才出现的。20 世纪的后几十年，发达国家的平均预期寿命几乎每过一年就会有两三个月的增长。然而这个增长速度到近年又降下来了，且没有证据表明目前的增长速度能够保持下去。[1]

在发达国家里，越来越少的人会因急症去世，而因慢性疾病而去

---

[1] Data 360 有一篇线上文献预测说，到 2050 年的时候，人的平均预期寿命将会从 79 岁上升到 84 岁，即每年增长 1.7 个月。这与人们所期望的寿命大大延长并不相符。可以在以下网址看到数字来源：http://www.data360.org/dsg.aspx?Data_Set_Group_Id=195。

表4 体力状态丧失曲线

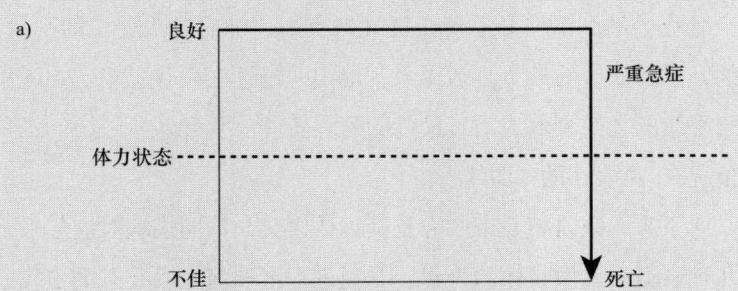

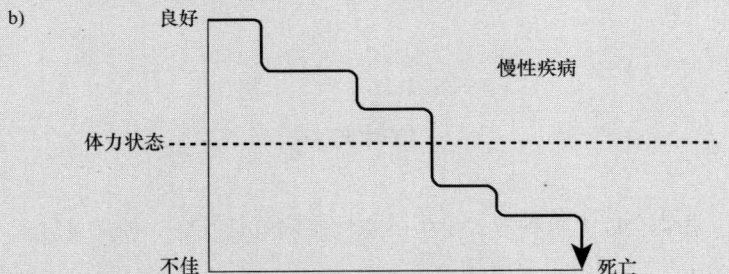

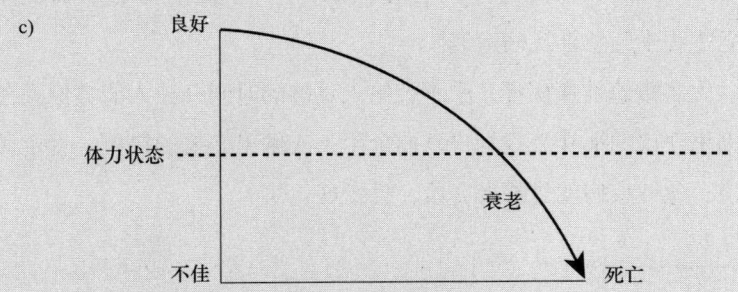

表4. 三种疾病类型的病程中体力状态逐渐衰退的曲线：a）严重急症；b）慢性疾病；c）衰老

世的人则越来越多。在这一转变之下，最为常见的死亡轨迹曲线从断崖式坠落变成了台阶式下落。(见表 4 的 b 曲线)

急症会顺利治愈并经历阶段性的衰退，随后进入稳定的平台期。最终，高龄病人的数量日渐庞大，他们的慢性疾病状况稳定，缓慢但趋于平缓的老龄衰弱成为了最终的死亡轨迹。我父亲所经历的正是这种情况。(见表 4 的 c 曲线)

接下来，我将把几个图表及其具体含义与不同疾病对应起来，对这几种衰退模式做具体的讲解。看到进程将如何发展，有助于我们对每个模式都有所了解，并通过它们认识到我们在未来将要面对的可能是什么。在心理上对未来有所准备，会激发我们去展开思考，并有所计划。

急性疾病

悲剧会以无数种形式发生。急性疾病就是其中一种常见形式（一道闪电、一场车祸、严重感染都是如此）；有的时候急性疾病看起来似乎进展比较缓慢，比如年纪轻轻就罹患癌症，或肌萎缩侧索硬化症（ALS，也叫葛雷克氏症）。[1] 但是偶尔，老年人也会在漫长而缓慢的衰老进程中与急性疾病遭遇。

大多数急性疾病都几乎不会给人足够的时间，让人能够像我在这本书里建议的那样去规划自己的余生，或做出必要的抉择。看定义就知道，急性疾病就是来得突然，且发展飞快。

---

[1] 肌萎缩侧索硬化症（amyotrophic lateral sclerosis）是一种运动神经元疾病，因美国著名棒球明星 Lou Gehrig 死于此疾病，而被称为葛雷克氏症（Lou Gehrig's disease），患此疾病者会逐渐肌肉萎缩和无力，成为人们俗称的"渐冻人"，科学家斯蒂芬·霍金正是因为罹患这种疾病而全身瘫痪和最终离世的。——译注

急性疾病包括噬肉细菌感染、脑膜炎、急性肺炎、（自然灾害、摩托车事故、枪支射击造成的）外伤、脑卒中或年轻时的突发心脏病等。大多数人可能都认识一两个经历急症后幸存下来的人。也有一小部分人会认识年纪轻轻就因为并非绝症的某些疾病而早早去世的人。如果你身边没有这样的人，就想想可米特青蛙的设计者吉姆·亨森吧。[1]

亨森1990年去世时53岁，死于肺炎并发症。我们一般会认为肺炎是能治且能痊愈的。抗生素确实能够做到这一点，但并不是什么时候都有效果。根据当时的新闻报道，亨森是在星期六发病的，看起来像是得了流感。报道后还没过一天，他就在纽约一家医院的重症监护室里去世了。据他的医生说，是一种攻击性极强的链球菌引起了肺炎，并扩散到了血液中（即败血症或脓毒症），随后引发了肝脏和肾脏衰竭。[2]

我能想象出，一般情况下重症监护室在几天里会如何应对，但亨森的情况则是还不到24小时一切就都结束了。病人的双眼被药膏和胶布紧紧封闭，喉咙里插着呼吸管，呼吸机发出嘶嘶的声音，以每分钟18次的频率鼓动；床头的心电监视器发出荧荧绿光，床脚立着移

---

[1] 作者举例的吉姆·亨森（Jim Henson）是美国著名的木偶师，全身绿色的可米特青蛙（Kermit the Frog）以及《布偶历险记》就是他的作品。他在53岁那一年（1990年）感染了酿脓链球菌后很快就去世了。——译注

[2] 当细菌通过肺部、尿路、胆管、皮肤或其他途径进入血液，它们会释放毒素，并带来诸多影响。身体会因此而激活免疫系统以对抗细菌在体内的增殖和破坏。起初，这些细菌侵略者涌入后，身体与之对抗产生的后果是人会变得迷糊、疲乏和虚弱。在这个当口上，单凭抗生素或许就能扭转整个局面。但是细菌对身体造成的一连串破坏仍有可能失去控制，细菌所释放的毒素以及身体产生的抗毒素共同对身体造成的破坏性影响能造成血压降低、血管破漏、肺部积水、肾脏停止工作、脑缺氧、心脏应变——甚至死亡。这种情况下，只有重症监护室抢救有可能逆转这一进程了。如果不接受重症监护治疗的话，病人可能悄无声息地就去了。脓毒症联盟（www.sepsis.org）致力于引起人们对这一诊断的重视，尤其是年轻病人如果能够更早得到诊断，就更有可能存活下来。

动式血液透析仪，血泵有规律地一遍遍将血液吸出，再泵回去；输液架悬挂着五花八门的袋子，各种液体和药物滴滴答答，顺着管子、颈部、锁骨下方的输液港进入大静脉；导尿袋就挂在床沿上，渐渐充满尿液，呈现出不自然的橘色；四肢被束缚在床架上，防止意外或反射性的挪动让插到身上的各种管子发生移动……这，就是ICU病房里最为常见的画面。

对于一个53岁的急症病人，这样去抢救是必要的。治疗必须不间断地进行下去，直至病人出现康复的苗头，要么随着突如其来的死亡戛然而止。这样的激进治疗也是恰当的。无论时间还是意愿都不允许此时此刻的治疗放缓脚步。病人尚且年轻，发病前还好好的，遇到了急症就要施以紧急救治。没有模式可参照，更没有理由停手。但是，若此种情况发生在已经身缠慢性疾病的老年病人身上，就另当别论了。

美国疾病控制与预防中心（CDC）发现，在65岁以上的美国人当中，约有10%是因为四种急症而去世的，分别是意外受伤（比如跌倒）、流感与肺炎（假如吉姆·亨森感染时已是高龄，那么就属于这种情况）、肾炎（比如肾衰竭），以及败血症（无明显病源的严重感染）。

80%的老人都曾有过不同程度或方式的摔倒经历，有人受了伤，有人幸好没有受伤。根据CDC统计的数据，老年人中约有3%去世的直接原因是受到外部创伤，这当中大多数都是跌倒受伤造成的。那些没有因此而去世但仍然受伤了的老人也都遭遇了不同程度的长期伤痛。

在第二章里，我描述了一位身患晚发性溃疡性结肠炎的老人家试图用免疫抑制药治疗结肠问题，最后却因肺炎在重症监护室去世的病例。从统计上来说，她会被归入到因流感与肺炎而去世的集群当中。

一般情况下，人们能够通过血液透析而免于因急性肾衰竭（肾炎）丧命。但如果病人年事已高，就不宜进行长时间透析了，约有

3%的美国老年人正是因此而去世。

再就是败血症，约有2%的老年人在休克状态下被送到医院，血液发生了意外感染，此时能给出的唯一诊断就是败血症，其他任何病症或感染源都无法明确解释这一情况。

在人们看来，这些老年人是因为急病发作而去世的。这些病人中的大多数都是在医疗救治过程中去世的，有些是在重症监护室，一边接受诊断和治疗，一边人就整个垮掉了。但是，如果他们事先有一定计划并能有所预判的话，死亡或许就不会来得那么痛苦，那么孤立无助。后面我还会再讲一些这方面的内容。现在，我们接着说一说老年人的杀手——最常见的慢性疾病吧。

慢性疾病何以致命

有六种慢性疾病（充血性心力衰竭、癌症、慢性阻塞性肺疾病、脑卒中、痴呆、糖尿病）是或被归结为90%的65岁以上美国人死亡的原因。没错，无论你到65岁时还有多健康，从统计上来说，美国疾病控制中心人口统计司都会将你跟耄耋之年的老人划归到同一组人口当中。[1] 我们先来看看这几种疾病的基本描述。

充血性心力衰竭（占65岁以上人口死亡原因的34%）

充血性心力衰竭（Congestive heart failure，简称CHF）是老年人

---

1 美国疾病控制中心收集整理的海量数据中，有一项是"不同年龄组的十大主要死因"。年龄组中最小的是不满1周岁的婴儿，接下来的三组分别是1～4岁、5～9岁和10～14岁的儿童。后面五组则是每10岁为一组（比如15～24岁，25～34岁……直到55～64岁），最后一组则为"65岁以上"组。这一组当中的所有人，无论是65岁，还是95岁，都是我在本章中讨论的对象。

中最为常见的死亡原因。每年约有近 50 万名 65 岁以上的美国人因充血性心力衰竭而离世。这种慢性疾病会形成一种模式，即人们反反复复接受住院治疗，生命因此得到延续，但生命力则呈螺旋状不断下降。这种疾病是心肌无力与心脏瓣膜失灵共同作用下，心脏供血不足造成的结果。心脏瓣膜拉紧会让背压收紧。瓣膜松弛则会使逆流增大，心室扩张，心脏工作压力增加。心肌无力的直接原因可能是来自病毒、药物毒性或自体免疫进程。然而，大大小小的心脏病发作累积的后果才是人们因此而死亡的主要原因。

通常来讲，充血性心力衰竭都是伴随动脉粥样硬化（动脉因胆固醇过高和慢性炎症而变硬）间接发生的。几乎所有遵循美国饮食习惯的人都会有一定的心血管动脉粥样硬化发生。只要我们着力寻找病理上的变化就一定有所发现。当更为严重的病变出现时，充血性心力衰竭开始呈现出肌肉损伤，血管狭窄带来的缺氧造成了细胞沉降或肌肉死亡。微小的血管堵塞会使一小片微观区域内的细胞全部死亡。大一些的血管阻塞则会带来更大区域的细胞死亡，即所谓心肌梗死（心脏病发作）。任何细胞死亡都会带来心脏肌肉纤维化（瘢痕组织），肌肉壁也会进一步衰弱。

如果人的身体足够好，能够承受住外科手术和人工瓣膜伴随的一系列问题的话，是可以将其心脏瓣膜替换掉的。大动脉上的阻塞也可以用气囊或支架通开。但是，心脏已经遭受到的损伤仍是无法完全恢复的，尽管康复过程能够让现有的心肌得到强化，却并不会有新的肌肉组织再生出来。

在某种情况下，当肌肉损失累积到了一定程度，就会出现心脏供血无力。这个时候，心力衰竭就发生了。心脏流出血流减弱，就会影响到流向肾脏的血液动力机制。由于血流变小，肾脏开始积水。心脏逆流增大会让这一现象加剧，肺部、腹部、腿都会积下大量的液体。

肺部积水会令人气短。腿部积水会使皮肤皲裂。腹部积水可能只是看起来比较糟糕，但若积水过量则会影响呼吸，增加身体的工作负担，让人不想活动。

刚开始出现这种情况的时候，可以通过服用利尿剂和心脏病药物来暂缓其进程。若是频繁出现就得到医院就医，改善呼吸状况，让身体摆脱积水，并调节心脏病药物的用量。发生肺炎的几率会因为肺部大量积水而升高。肺炎往往很难与单纯的充血性心力衰竭区分开来，因此治疗中会开始用到抗生素类的药物。

测量心脏大小、室壁运动、射血分数（每次心跳射出血液的百分比）等客观数据，几乎所有医院和心脏病专科都可以做，用类似超声波的设备就可以，既安全又简单，也很准确。与心电图不同，心电图检测的是心脏的电脉冲数据，而超声波心动图是通过声波来呈现心脏瓣膜、心室、心脏壁的二维和三维图像。把不同时间的检测结果加以比较，可以对该疾病的进展情况做出推断。当通过监测客观数据，或监测更频繁接受住院治疗的模式发现有更危险的情况出现时，医生就会给予病人进一步的建议。

因充血性心力衰竭去世一般都是由于肺部积液或并发肺炎造成呼吸道衰竭而发生的。这种情况可能同时也有肾脏衰竭或肝脏衰竭伴随发生。心脏节律紊乱引起充血性心力衰竭而过世的情况并不常见，因为现在植入式心脏起搏器和除颤器的应用已经越来越普遍了。死亡的情况通常可以通过症状增强、恶化、住院、药物调节、趋于稳定、又再度出现更多症状这样一个循环来预见。当医生看诊、（经连续超声波心动图测量发现）有进阶式功能紊乱、住院、用药变化以及整体恶化这一循环模式出现时，有些病人可能就会选择不再继续住院，而是接受姑息治疗了。关于姑息治疗方面的信息，我们到第十一章再展开。

癌症（占 65 岁以上人口死亡原因的 28%）

癌症是一个涵盖性术语，其中包含了数百种不同的疾病和诊断，其特征就是细胞不受控制地生长。癌症是老年人的第二大杀手，每年大约有 40 万名美国人被癌症夺去性命。不同癌症造成的死亡也十分多样化，呈现出的特征也各不相同。有些人是因出血而死，有些人则是因窒息而死。癌症扩散到脑部（即转移）后会带来极难治愈的癫痫，颅内压力增高（脑肿胀），从而致人死亡。发生在腹腔和骨盆的癌症会造成肠道阻塞。尽管癌症会让病人丧失胃口，但也因此使病人免于出现饥饿症候，尽管这样，还是有很多癌症病人最终会因营养不良而去世。

营养缺失，免疫系统变弱，耐药菌出现，再加上治疗带来的种种并发症，大多数病患最终都由于或伴有肺部感染、尿路感染、脓肿等症状而离世。但是，跟其他慢性疾病不同的是，癌症死亡总是伴随着十分强烈的疼痛，因为癌细胞生成的肿瘤或转移瘤浸润到了骨头里，或是挤压了临近的器官，引起神经发炎，甚至堵塞了肠道。

癌症带来的残酷现实还有一点：治疗过程让人受尽折磨，还总有各种并发症。手术是很痛苦的。放疗和化疗让身体组织出现炎症，诱发疲劳和恶心呕吐。

对待癌症，在能治疗的时候一定要积极治疗，真的到了无法治疗的阶段就要放手。这样的说法是有许多事实依据的。人们或许已经有这样的共识，即持续不断的治疗会随着时间的推移效果越来越不好，因为人越来越衰弱这一点是无法逆转的。当疼痛让人变得虚弱，激进治疗后扫描和放射线检查发现疾病程度仍在加重，身体多个系统都被牵扯其中，而病人自身继续抗争下去的意愿也因显而易见的现实变得不再强烈，这或许就是停止战斗，让姑息治疗接手并缓解病人痛苦的时机。我会在第八章讲如何认识与应对终期疾病的时候，着重说一说与这类慢性疾病相关的事宜。

慢性阻塞性肺疾病（占 65 岁以上人口死亡原因的 9%）

慢性阻塞性肺疾病（chronic obstructive pulmonary disease，简称 COPD）是一个包含了各种慢性肺部失常的集合术语，其中最为常见的就是肺气肿（肺脏中的呼吸单位肺泡发生损失）和支气管炎（气道发炎）。在罹患充血性心力衰竭去世的病人当中，约有四分之一是因慢性阻塞性肺疾病而丧命的。

引起慢性阻塞性肺疾病的最常见原因就是吸烟。但任何不同类型的肺疾病都有可能发生在不吸烟的人身上。吸入其他有毒物质跟吸烟对肺造成的损伤是十分相似的。

肺气肿是能遗传的。成年后开始出现哮喘，可能引起慢性支气管炎。慢性支气管炎则能引起气道痉挛性狭窄或气道破坏性扩张（即支气管扩张）。间质性肺疾病是一种由未知原因引起的肺部组织增厚，病人会同时出现肺气肿和支气管炎的症状。所有这些病理过程都会带来黏液和刺激物排出不畅，并伴有复发性感染和累进损伤。

尽管现如今有针对不同形式的慢性阻塞性肺疾病的诊断－特异性治疗，但尚无明确的痊愈法或解药。治疗能够使这类疾病的进程变慢，并让症状有所缓解，但无论什么治疗方法都不能修复肺部已经产生的损伤。肺脏和其他一些器官不一样的地方是，肺部组织再生是不存在的。此种慢性疾病的特点之一就是，肺炎和支气管炎会反复发作。最开始抗生素对感染症状是有效的，在接下来的数年中也许仍然能起作用。另一个特点则是，慢性阻塞性肺疾病患者必须要十分用力和消耗大量体能才能保持呼吸，过度的卡路里消耗会使病人有明显减重。

最终各种问题都将逐一浮现。副作用显现出来，病人会出现艰难梭菌结肠炎等次级感染，呼吸道耐药菌出现，因为缺少运动，病人的身体越发虚弱，不得不保持卧床。

做肺功能测试是很简单也很有用的。这恰恰说明，慢性阻塞性肺疾病是能够被精确监测的。最重要的是，医生应该建议病人且病人也必须明白，复发性感染和累进损伤会成为一个自我应验的过程。当我们注意到这一螺旋式下跌的恶性循环已经发生，且肺功能失调已经达到了一定的程度，那么我们就应该意识到，疾病已经进入了最终阶段。

肺功能不断减弱，补充氧气的需求增加，以及体力状态衰弱……一旦注意到出现了这样的模式，病人就会需要进一步的临床决策了。

如果没有同时发生急性疾病或并发症，慢性阻塞性肺疾病的病人会在自然呼吸中离去。病人要么发生难有起色的肺炎，要么在缺氧中渐渐睡去。任何一种情况都可以通过使用吗啡来让病人舒缓，无论病人选择坚持到最后一刻，还是通过停用抗生素或使用阿片类药物（镇痛药）来加速这一过程，最终离去的时候都不会太难受。

有一种情况是较为不幸的，但在处于慢性阻塞性肺疾病最后阶段的病人身上非常常见，就是在慢性呼吸衰减的同时接受紧急外科手术。比方说，如果一个慢性阻塞性肺疾病患者出现了肠梗阻、阑尾炎或胆囊炎发作，这个时候要不要动手术就很难抉择了。大多数腹部外科手术都出于麻醉需求要给气管插入一根管子。由于慢性阻塞性肺疾病患者呼吸十分费力，他们会迅速依赖呼吸机来辅助呼吸，即使只在手术过程中上呼吸机短短一个小时，病人在术后重症监护病房中的数天乃至数周都要持续使用呼吸机，而且能否恢复还很难讲。长时间插管和卧床会引发进一步的问题，让病情更加恶化，病人身体也会进一步衰弱。尽管肠梗阻大多会让人痛苦不堪，但这种情况下病人若是不做手术，从长远来看反倒能少遭些罪。

总的来说，接下来要讲的三种慢性疾病（脑卒中、痴呆和糖尿病）造成死亡的比例加在一起也只有前面这三种慢性疾病的四分之一，但它们却是使老年人衰弱失能的更主要原因。

脑血管疾病——脑卒中（占 65 岁以上人口死亡原因的 8%）

之所以把脑血管疾病列为致命性慢性疾病之一，我需要做一些解释。大多数非专业人士多少都听说过别人一过性脑卒中发作。这种情况总是发生得很突然，往往会让脑卒中者的一只手臂、一条腿变得颤抖，或面部瘫痪，甚至一定程度上说话困难，而这种一过性脑卒中通常又是非致命的，患者会在后来多少有所恢复。这类脑卒中可能是由心脏原发血栓、脑部血管发生异常，或特殊区域的胆固醇斑块引起的，倒不一定是晚期全身性疾病导致的结果。

脑卒中在美国老年人的过世原因当中排名第四，也是全球第二常见的死亡原因以及致人失能的第三大原因。在美国，每年脑卒中发作的次数有将近 80 万，这当中有 60 万次是首次发作，20 万次是复发。这些数字并不包括轻微脑卒中或短暂性脑缺血发作（transient ischemic attacks，简称 TIAs）的情况，这类情况通常不会引起人们的关注，或者很快就过去了，但却预示着潜在的动脉粥样硬化以及未来发生临床事件的可能性。

80% 的脑卒中都是由血流量降低引起的。而这基本上都是动脉粥样硬化产生的后果。脑卒中当中约有五分之一是因为脑内出血造成的，要么发生在脑组织上，要么是在脑组织周围的部分。

如果一次严重脑卒中没有造成病人立即死亡，那么由此带来的失能则可能会成为最终令其死亡或病情恶化的直接原因。卧床并发症及吞咽失常发生窒息也是两个经常会出现的后果。

对于进程低于临床显著水平的多灶性脑卒中，非专业的普通大众并不是很了解。发生在大脑皮层（大脑表面）下的轻微脑卒中（微小梗死灶）叫作腔隙性脑卒中。这种脑卒中倒不一定会立即造成明确的结果，但会产生一种累积效应，导致神经肌肉性退化以及多发性梗死性痴呆。

我父亲在最后几个月里发生了好几次轻度脑卒中。他的看护时不时就会跟我们说，父亲突然有一条胳膊或一条腿软弱无力。我最后一次去看望他时注意到，吃饭的时候，尽管他手里的餐具和上面的食物会频频落下，他依然坚持只用右手（他本身就是右撇子）。如果跟他说换左手吃饭，他也只是稍微换左手试试。这种单侧空间忽略（即单侧失认症），可以肯定就是轻微脑卒中的显著后果之一。

　　因此，脑血管疾病既有可能突然发生，也有可能是缓缓浮现出来的。如果没有发生立即致命的情况，就会让人发生慢性病变和衰弱，并进入持续恶化的状态，将老人禁锢在轮椅上或使之必须卧床。有脑血管疾病的病人，其预后会比有充血性心力衰竭和慢性阻塞性肺疾病的病人要更难测定。几乎所有的严重脑卒中都有恢复的可能，但何时才能够从某次脑卒中完全恢复过来却是无从预判的。要对脑血管疾病进行远期预后是十分困难的，因为病人的衰退是功能性的，也有部分主观成分在其中，与心脏射血分数或肺活量等客观数值是不一样的。从我个人的经验来看，一旦发生过多发轻微脑卒中，它们就会以更快的频率反复出现。再者，因为吸入性肺炎、血栓、输尿管引起的尿路感染而反复住院，会致使病人状态一路下滑趋近死亡。由老年病学家对病人的虚弱和体力状态进行分析，也许能给病人及其家属提供更有帮助的见解。病人开始出现反复并发症和周期性的恶性循环时，寻求姑息治疗的时刻就到来了。

痴呆（占 65 岁以上人口死亡原因的 6%）

　　痴呆是一种十分常见的慢性疾病，且与人的年龄紧密相关。人活的岁数越大，越有可能发生某种程度的痴呆。85 岁以上人群当中有将近一半都有一定程度的痴呆，且伴有其他慢性疾病。不过在人们的死亡证明上，痴呆跟其他主要慢性疾病相比却是一个不那么常见的死亡原因。

痴呆同样也是一个包含了各种各样能够导致人的认知损伤的词语，但在我们的日常表达中，痴呆更常指的就是阿尔兹海默症。除非特别指出，我在下文中也会如此使用这一词语。这种病也是能够致命的，而且在预后与研究中，可以用监测所有癌症的五年存活率的相同方法来绘制其病程。

然而，痴呆，尤其是阿尔兹海默症，更值得我们去格外关注。关于痴呆的详细说明，我集中放在了附录二中，在那里能找到需要为痴呆病人所做出的特别规划。

这里我会先讲一讲，痴呆是如何致命的。

几乎每个人身边都会有人患有痴呆。但人们看似对痴呆很熟悉，这却是一种十分具有欺骗性的现象，因为真正患有重度痴呆的人恐怕都过着与世隔绝的生活，或只能活在养老院等机构里。各种推广阿尔兹海默症监护病房的广告总会说自己有何种新的治疗方法，政客们信誓旦旦地说资助的研究项目是如何成功，这都让人们以为，人类在治疗和预防这种疾病上面已经取得了真正的进步。如果你觉得微乎其微的缓慢进展也算是"真正的进步"的话，那么这么说倒也没错。

阿尔兹海默症是痴呆症当中比较严重和糟糕的一种，临床上将其分为早发型（强烈的遗传因素）和晚发型（多因素起源）两种。晚发型阿尔兹海默症的病例数随老龄化人口数的增长而有所增加。

医学专业上将阿尔兹海默症的发展分为几个不同的阶段，通常用早期、中期和晚期来划分疾病的程度，从而确定病人的能力情况，需要何种程度的监护，以及做出预后。

痴呆会首先让人想不起刚刚发生的事，然后是当下的记忆，接着是过去的回忆，再往后连患者的性格乃至灵魂都逐一剥夺。随着心智逐渐衰退，病人的身体也会渐渐变弱，直至卧床不起，他们会无法跟人交流，连监护和医疗人员要给他们做的各种检查，甚至自己的日常生活都理解不了。

痴呆早期病人的主要表现是健忘。他们尚未出现失能的情况，能够独立生活，也能够自理。这些病人的预后是以年度为单位计算的。中期病人从有生活能力变得不具备能力，他们的状态从能够自理逐步变为需要人陪伴，以免自己伤害到自己。他们会表现出迷路和严重健忘等症状。病人会忘记自己所处的时间和地点。他们的预后也是以年计的。晚期病人就不具备能力了，他们会连最亲近的家人都认不出来，甚至可能连自己是谁都搞不清楚。最终他们的末梢神经会发生退行性变化，让他们的四肢、喉咙、呼吸肌都变得脆弱无力，乃至失去功能。这些变化跟其他一些神经退行疾病很相似，比如肌萎缩侧索硬化症或帕金森症晚期等。痴呆晚期的预后情况一般是数月到数年不等。

所以说，病人因阿尔兹海默症而过世，有可能是因为病人自己在外面乱走或在本来熟悉的台阶上摔倒受伤，或者意外中毒，药物服用错量，也有可能是病人因为想也想不清楚，记也记不住，又不能保护自己而遭受到了各种伤害。最为常见的就是有些病人一直活到进入痴呆晚期，最后因多次发生窒息和误吸而死于肺炎或别的感染。

尽管这些致命情况一般都是在出现其他神经系统退行性疾病带来的可预见的身体衰退后发生，但是晚期痴呆病人都已经失去了能力，在他们最需要的时刻却无法发出自己的声音。当面临缓解病痛、减轻痛苦的医疗干预时，晚期痴呆病人可能已经完全不理解这是要做什么了，因此，代表他们的人应该在病人尚未丧失能力的时候就和他们探讨并了解他们的意愿。

糖尿病（占 65 岁以上人口死亡原因的 4%）

糖尿病（Diabetes mellitus，简称 DM）有两种，Ⅰ型糖尿病（一般叫作"胰岛素依赖型糖尿病",以前也叫"幼年型糖尿病")是一种常见的慢性疾病,老年人中确实有一定人群患病,但在高龄糖尿病人当中并不多见。老年人患糖尿病基本上都是Ⅱ型糖尿病。肥胖症、胰岛素耐受、胰腺严重受损都能引发Ⅱ型糖尿病。有的时候病人需要注射胰岛素来控制血糖过高的状况,但大多数病人都可以通过口服药和不同的非胰岛素注射剂来实现控制。

Ⅱ型糖尿病是一种系统性疾病,会造成多个器官及系统的恶化。Ⅱ型糖尿病本身不大会成为致命的唯一原因,但是会引起多种致命的并发症。

Ⅱ型糖尿病的高血糖水平能带来多种致命性的感染。它还会让小血管发生动脉粥样硬化病变。这些病变会导致轻微脑卒中和轻微心脏病发作。肾脏内的动脉粥样硬化会使肾功能降低并最终发生肾衰竭。这就带来液体潴留和电解质失衡。

动脉粥样硬化和血糖过高会造成末梢神经损伤,让人的脚和踝部变得感觉迟钝,从而使人容易摔倒。末端微血管损伤还会让人循环变差,皮肤破裂,发生感染和生坏疽。

与糖尿病相关的肥胖症则会产生血流阻力和高血压并发症。肝部存积下来的脂肪会引发炎症、纤维化(轻微瘢痕)和肝硬化(严重瘢痕)。

总的来说,Ⅱ型糖尿病会加速所有出现动脉粥样硬化器官(包括大脑、心脏、肾脏和血管)的损伤,还会加速肝功能异常和末梢神经损伤。尽管Ⅱ型糖尿病很少会成为单一致命原因,但它仍是致相当比例老年人死亡的一个重要次级因素。当医生到冠心病监护室中宣告某个病人心脏病发去世,且该病人有脑卒中、透析、截肢、非酒精性肝硬化的病史,那我们几乎可以肯定,"糖尿病并发症"一定会出现在其死亡证明上面。

因此，因糖尿病而去世很有可能是病人出现了加速心脏衰竭、肾衰竭或感染。病人发生糖尿病昏迷后可能因以下两种原因之一死亡：一种是血糖急剧降低（胰岛素过量），一种是胰岛素不足导致血糖急剧升高并伴有脱水和毒素累积（酮酸中毒）。跟其他昏迷状况一样，在糖尿病昏迷中去世也是没什么痛苦的。

老年也是一种慢性疾病

在对六种最主要慢性疾病及其病程轨迹审视过后，我想提出这样一个主张，即"老年"本身也应作为一种常见诊断，而非仅将其视为人的一种状态，一切与病人治疗和诊断相关的考量，都应把这一因素充分考虑进去。

舍温·努兰在其备受赞誉的经典佳作《死亡之书》当中将死亡描绘成一个过程，并以充满感染力的文字记述了他母亲是如何经历了十八年后终因高龄而与世长辞，死亡证明上的"脑血管意外"则只是老人离世的原因之一。在书中，他这样写道："虽然医生们尽职尽责地将每个人遭遇的是脑卒中、心力衰竭还是肺炎都清楚地记录了下来，但事实上，这些老年人不过是因为身体早已破烂不堪，无法再承受生命而已。"[1]

我所坚持的观点是，老年既是一个过程，也是一种病势。老年和其他六大慢性疾病一样，一如预期地窃取了无数老年人的生命。老年之所以会夺去人的生命，或许是因为即使一个老年人没有任何严重疾病，多多少少都会有一两种慢性疾病在身吧。

---

[1] Sherwin B. Nuland, MD, *How We Die: Reflections on Life's Final Chapter* (New York: Vintage Books, 1993).

我的父亲就是一个极好的例证。我刚开始写这本书的时候，他93岁，住在自己的公寓里，24小时有人陪护，每天都在床上和轮椅上度过。虽然他曾有高血压病史，还做过心脏导管插入（之前三十年的事了），但他从没有过心脏病发作，也没有患充血性心力衰竭。他的主动脉瘤倒是说明他有动脉硬化。他在第二次世界大战服兵役期间抽烟，那之后就戒了，但如果当时做个检查的话，我们会发现他存在肺功能减弱的情况。临床诊断他并未出现任何痴呆症状。他有慢性淋巴瘤，虽是癌症但并未给他带来明显问题。他的皮肤比较干燥，有周围神经病变、劳累性气短、轻微短时健忘、身体虚弱疲劳。没有哪个医生将他的功能受限和虚弱归咎于任何一种慢性疾病。尽管他身上的毛病跟六大慢性疾病当中的五个都有些关系（唯独没有糖尿病，他也从未超重过），医生们在一个观点上是一致的，那就是他真的是相当高龄了。由于他在不知不觉中日渐衰弱，有时候这个进程又极为缓慢，我们很容易地忽略了这其中的递增式变化，而所有这些状况都微妙地推动着他不断向终点靠近。

老年医学专家衡量老龄程度时要考虑多个不同的标准。测量虚弱程度时，要看一个人的减重情况、抓握力度以及营养水平等多个身体基础参数。其他参数还与人的体力状态相关。

卡氏体力状态评分（KPS）就是评估一个人的整体体力状态的方法之一，尤其可以用来判断被评估者接受癌症治疗和生存能力方面的状况。[1] 如果KPS评分较低，那么采取激进治疗方法是否恰当，就会

---

[1] 卡氏体力状态评分（Karnofsky Performance Status）的分数范围是100～0。100分即为"最佳"健康状态，0分为死亡。卡氏评分是几十年前发展出来的，用来评估癌症病人接受某项治疗方案后的存活能力，以判断该方案是否适宜。最早提出这个评分方法的是一篇关于对肺癌病人施以氮芥化疗（nitrogen mustard chemotherapy）的论文。如今卡氏评分已经广泛应用于判断病人是否适宜接受姑息治疗或临终关怀的评价体系中。举例来说，低于50的预后会十分不好；如果病人得分低于50，或病人身患晚期慢性疾病（转下页）

成为一个值得关注的问题。

除了评估整体体力状态之外,还有许多面向日常起居状态的评估可以参考。[1] 这些评估都是老年医学专家和临床社工用来衡量老年人入浴、穿衣、如厕、由床移动到椅子上、自身可控以及进食能力的工具。通过将虚弱程度和体力状况量化,以得分的形式记录下来,人们就能够发现其中存在的模式,从而对预后情况做出预测。

我和我的姐妹们并不需要将父亲的衰退图表化来确知何时应该接受临终关怀,但其他人仍能通过这种方法获得有效的帮助。

案例分析

在此我想详细描述我从前的两位病人的情况,他们的离世或疾病例证了人在慢性疾病和老龄之下呈现出的螺旋式下跌。

(接上页)且得分低于60,那么就可以获准进入临终关怀了。KPS各级分值对应如下:
- 100—正常,无疾病症状或体征
- 90—能正常活动,有轻微症状或体征
- 80—勉强能正常活动,有一些症状或体征
- 70—生活能自理,但不能维持正常生活或工作
- 60—生活能大部分自理,但偶尔需要别人帮助
- 50—经常需要照料和频繁就医
- 40—生活不能自理,需要特别照顾和帮助
- 30—生活严重不能自理,尽管生命暂无危险但应该住院治疗
- 20—病重,需要住院和积极的支持治疗
- 10—重危,临近死亡
- 0—死亡

D. Karnofsky, *et al.*, "The Use of Nitrogen Mustards in the Palliative Treatment of Carcinoma—With Particular Reference to Bronchogenic Carcinoma." *Cancer*, 1948; 1 (4): 634–56.

1　S. Katz, T. D. Down, H. R. Cash, R. C. Grotz. "Progress in the Development of the Index of ADL," *Gerontologist*, 10 (1970): 20.

约翰：充血性心力衰竭

约翰，78岁，退休管理人员，患有轻度充血性心力衰竭。戒了烟，社交性酗酒，Ⅱ型糖尿病。我离开医院前一年半的那年1月份，约翰得了流感。起初，他因为病毒感染而浑身肌肉酸痛无力，卧床不起，接着他咳嗽得越来越严重，喉咙里很多绿浓痰，这说明他出现了细菌性肺炎。他住进了医院的ICU病房，经过静脉输液和使用抗生素后反应还不错。然而，糖尿病带来的轻度肝功能障碍和早期肾病又使他的胸腔和腹腔出现了液体潴留，从而严重影响了他的呼吸和行动能力。在ICU病房中住了几天出来又继续住院一星期后，他已经无法站立和独立行走了。在疗养院度过了几个星期，他的状况些微有所恢复，终于回到了家中。和他一起回家的还有一大堆他之前没有服用过的药物，来保证他体液流动正常，调节电解质和心率。到了3月，他因缺钾和缺镁开始出现心房颤动。一段时间内这个问题都没有引起注意，而心率过速影响了心肌的氧合作用，带来了一次轻度心脏病发作，原本心力衰竭的状况也发生了恶化。

在接下来的八个月里，约翰进了好几次急救室，至少又住院一次，或者是因为心力衰竭造成体液潴留，或者是因为心律紊乱，又或者是因为药物或腹泻引起脱水。他会偶尔去疗养院呆一阵，让虚弱的心脏和腿部肌肉得到恢复。每住院一次，他的体力和独立性就会打个折扣。到来年1月的时候，他基本上已经无法出门，也无法上下台阶了。他觉得去医院的效果跟进旋转门转了一圈出来差不多，而疗养院的经历也让他觉得，一直在疗养院里住下去对他没什么好处。

约翰的状态一路下滑，终于被诊断为心力衰竭。我们回顾一下就会发现，在这个下滑过程中，包括心脏病、肺病、糖尿病、肝病和肾病在内的多种慢性疾病都成为了下滑中的推力。约翰和他的妻子两人都长期处于患病的状态，在我离开医院前的那个冬天，他们终于意识到了这种恶化模式。他们认识到，气短反复发作，因肺炎一再服用抗生素，大把吃药调节身体积水，一再去医院和疗养院……这一切都预示着接下来只会更糟糕。开春后，约翰开始接受临终关怀，他停止服用针对肺炎的抗生素，并通过服用吗啡和吸氧来缓解呼吸衰竭的痛苦，随后就安详地去了。

帕特里克：癌症和慢性肺病

另一个病例是帕特里克，布鲁克林生人，爱尔兰裔，话却出奇的少。基于对他受教育程度和早年从事工作的了解，我猜测他出身于工人家庭。刚见到他时，他已经是活跃在华盛顿特区的一位成功说客了，同时也是一位迷人的绅士。他的胃肠道问题本身没什么特别令人印象深刻的地方，但我对他不知不觉染上慢性疾病这一点则记得很清楚，起初是从间质性肺疾病开始的。这是一种由免疫系统失调引起的肺组织逐渐增厚并让病人发生窒息的疾病。病程可以延缓，但病情治愈或逆转，则要靠肺移植（或人工心肺机）才能实现。随着病情的加重，帕特里克的职业生涯不得不进入停顿状态。接着，年龄不断增高，加上又诊断出了白血病，他连本来能做的肺移植也做不了了。多病并发让他在75岁的时候去世了。

我还记得他的身体是怎么越变越糟的。他坐着轮椅来找我看诊，还得戴着他的辅助供氧设备。他始终都保持着高冷的姿态。他的妻子或女儿会跟他一起来。他的头发都掉光了，胃肠道总是闹毛病，面色苍白（贫血病），体重下降，说话有气无力，所有这些无不显示出他正在持续进行化疗。直到去世前，他一直都致力于治愈自己的白血病，而事实上这早就是不可能的事情了。他是否意识到自己在持续衰弱下去却仍坚持抗争，或者他是否并未明了这一切必将发生呢？我无从知晓。我想，他打定主意抗争到底，正因为他就是这样一个人。抗争让疾病把人折磨得更久，人也在住院期间去世。我不是他的主治医生，所以也只能简单提点建议。

几年之后，他的妻子玛丽莲在家中接受临终关怀期间去世了。她记住了帕特里克的治疗经历，并在自己治疗子宫癌的过程中意识到了是什么让帕特里克日渐衰弱——化疗、并发症、副作用，还有虚弱。她决定早些进入临终关怀。这正是事情顺序发生的常态。夫妇当中的一方在饱受折磨、费用高昂却毫无用处的治疗后先走一步，随后去世的另一方通常会选择在最适宜的时间进入临终关怀。

认识疾病的模式

前面几个小节里，我为大家描绘了急性疾病与慢性疾病的区别所在，以及慢性疾病通常如何遵循可以预见的模式发展。

大家已经了解到，寥寥数种疾病，就占据了 90% 的 65 岁以上美国人去世的病因。对这几种疾病有所了解并非难事。对这些疾病如何发展有所预期也是可能的。而认识这些慢性疾病在临床进程中所呈现出的发展模式则是十分有意义的。当疾病以可认识的模式发展，而你选择不再继续治疗，终焉时刻就会以更加可预见的少数几种方式到来。

从前面两个病人的故事中我们可以看出，六大慢性疾病彼此之间并不是互斥的。它们当中的两种或更多种同时存在，可能会带来任何一种在其病程发展上的微小变化，但这些疾病仍然会遵循出现症状、治疗、出现并发症、病人衰退、进入稳定期这一可以预见的病情发展模式，稳定之后进入下一个出现症状、治疗、出现并发症、病人衰退、进入稳定期的循环，直到病人变得脆弱不堪。

我们在认清疾病的发展模式后要如何做，将影响我们选择在医疗救治中死亡，还是安详地离开。

诚然，我们会为失去任何我们所宝贵的，尤其是失去健康，而悲伤痛楚。我们会为意识到每一个治疗周期后的收益递减、每况愈下而沮丧绝望。但是，我们会在发现治疗效率递减，但舒缓护理却成为更好选择的时候而感到宽慰。当我们终于做出这样的选择，我们便终于能够为自己做决定，医生把握着的控制权也在这一刻回归到了我们自己的手中。

任何与此相关的决定，必须要以对该疾病的下坡式病程有充分理解为基础，绝不能抱有获得长期延缓的盲目幻想。做决定的时候必须要先了解，有些选择了舒缓护理（姑息治疗）的病人可能比选择激进治疗的病人活得要久，更重要的是，所有选择姑息治疗的病人都会获得更多舒适。

心怀愿景：要舒适，不要反复治疗

和父亲争论如何治疗他的主动脉瘤时，他问我："为什么我要把我希望最终能带自己离开的东西解决掉呢？"他已经想好了自己可以怎样告别人世，并力争让这一计划具象起来。

在思考自己将如何离开时，大多数人都会希望死亡来得迅速且没有痛苦。人们想象能够在睡梦中离去。我父亲当然也希望能没有痛苦地离开。但他同时也非常现实，他可不想让自己一不小心就失去动脉瘤破裂这个能让他痛快离去的机会。

要想在睡梦中离开，或者干脆说要想在慢性疾病晚期离开，人必定会遭遇一些紧急情况。有可能是动脉瘤破裂（或别的什么潜在的外科紧急情况）、严重脑卒中、心脏病发作，要么是肺部血栓。正如人们期望的那样，这些情况来得非常之快，但却完全无法预见。感染倒是在虚弱的老年人中十分常见，而且有一定程度的再现性和可预见性。只是很少有人会在临终愿景中将感染考虑进去，这是因为感染还是可以治的。再说，只要还能治，人们就会觉得应该放手一试。

对几乎所有人来说，肺炎和膀胱感染都不陌生。但还有许多其他类型的感染是几乎不为人所知的。几乎所有可能带给人痛苦的感染也都有可能以无痛的形式出现。作为一名胃肠病专家，我所见过的无痛胆道感染病例就比疼痛的病例要多得多。尽管结肠感染（憩室炎）一直因其疼痛症状而广为人知，但我见过的不痛的病例也有不少。说到这些的意思就是：不经治疗又没有疼痛的感染会最终走向爆发性感染，而缓和的爆发性感染，就是一种相当迅速却又舒服的辞别方式。下一章里，让我们走近弥留之际的场景来看一看。

记住并思考

- 不同疾病各有其特征；疾病的进程是可观察的，你可以对它有更多了解。
- 将"老年"本身也看作一种疾病吧。
- 你可以和主治医生探讨你所罹患的慢性疾病进展如何。
- 认识到慢性疾病都遵循反复出现病征、获得治疗、病情恶化、趋于稳定这一循环发展模式。
- 如果你意识到自己已处于医治无效和日渐衰弱的循环往复当中，考虑一下拒绝这延长垂死痛苦的治疗吧。

第六章

临终场景：死亡如何到来

Deathbed Scenarios: How Does the End Finally Arrive?

> 首先我要明确我所设想的医学是怎样的。一般来说，医学就是去除病痛给人的苦难，减轻疾病对人的侵害，停止去抢救那些已经为疾病所压倒的人，认识到此时医学已经无能为力。
>
> ——希波克拉底《艺术论》，《希波克拉底文集》

最终的时刻会如何到来呢？这要看什么情况才算是"最终"的，或者说我们离最后一丝气息、最后一下心跳还有多远。然而，我们也必须承认：有些医疗专家想要让我们相信，走向死亡的过程太过复杂，以至我们必须仰赖专家之手才能走完这一程。上一章里，我主要讲了造成90%以上高龄病人死亡的六种常见慢性疾病的行程轨迹，希望大家在了解后能够从显现出来的模式中发现，什么情况下继续治疗将会变得徒劳。我们应该听取医疗专家所说的疾病的复杂情况，但我们也要知道，最终的结局就算来得不那么直截了当，依然是不可避免的。在这一章里，我将通过死亡证明来让大家看到死亡的过程并没有那么复杂，并会着重分析做决定时要注意什么。最后，我还会给大家逐一讲解人在安然离去的过程中将会有什么样的经历。

美国疾病预防和控制中心人口统计处总结出的六大慢性疾病成为90%老年人去世原因的数据，有助于我们更清楚、简单地了解死亡过程。不过现在，还是让我们暂时把目光从某一疾病的进程转到生命的最后一刻看一看，试着通过对疾病的最后阶段进行分析，发现一些临终时刻的共性吧。

死亡证明及其阐释的问题

死亡证明好比呈现病人的疾患及其死亡过程的缩略图。一份完整的死亡证明提示了以死亡为终点的一系列临床事件是如何顺序发生的。因此，对死亡证明加以研究，就能够从一个不同的角度去了解人生命的最后一程。

有两个所有死亡都会包含的事件，并不会出现在死亡证明上，那就是心脏停止跳动和肺部停止换气，两者发生的顺序不是固定的，但一定是在短时间内相继发生。心肺停止工作是判断生命体最终死亡的普遍标准，所以心脏停搏、呼吸中止、心肺停止工作这样的词并不会作为死亡原因的参考，因此一般也不会出现在死亡证明上面。死亡证明所显示的，应该是人在临终时，疾病进展到何种程度并最终使病人心肺停止。对疾病的顺序病情有足够的了解，就能够在濒临死亡的过程中最大限度地减轻痛苦，缩短经受折磨的时间。

还有一点也是死亡证明上不会提及，但所有人去世前那一刻都会经历的，就是在呼出最后一口气或心脏停止跳动之前，人会有一段时间是没有意识的。这段时间可能是心脏病发作后的几分钟，也有可能是脱水性昏迷或严重感染性昏睡后的几天，甚至脑损伤之后的数月乃至数年。医疗人员都知道，昏迷本身是没有痛苦的，所以在最终阶段有意让病人进入重度昏迷状态，会使人在相当平静与舒服的状态下离开人世。

我父亲的死亡证明

我曾填写过许多份死亡证明，我对这件工作一直都抱有强烈的责任感。当一位医生为死者填写了死亡证明，保险精算师、编码员、统计员、研究者，以及死者的家人们从今往后都会以此为参照进行处理、记录、分析和解读，甚至从中获得宽慰。这是在一个人离世之后、被送往太平间或殡仪馆之前的庄严一刻。从这一刻起，病人结束了医治，永久成为了人口统计记录的一部分。

每一份死亡证明都包含了大量的信息。病人的姓名、地址、年龄、出生日期、种族、职业、别名、社保号码、受教育程度、婚姻状况、服役记录等等，都会成为统计上的有用数据。在填写信息和记录死亡情境时，对于医疗专业人员来说比较有难度的地方就是描述逝者的死亡原因。这是因为，所有的死亡证明都必须有3~4个诊断结果，并以时间顺序排列出来，以完整呈现究竟是什么原因造成了人的死亡。之所以要这样做，是为了把推动病人走向终点的疾病或并发症等事件按照顺序串联起来。

一份普通的死亡证明中，与医学相关的部分通常是这样的：

> 请列举引起死亡的原因是疾病、受伤还是并发症；然后请列举引起死亡的直接原因；最后请列举死亡的根本原因。
>
> 死亡原因——请勿填写心脏停搏或呼吸中止等最终事件。
> a. 死亡的直接原因（从发生到死亡的大致间隔时间）
> b. 由于出现以下事件而死亡（从发生到死亡的间隔时间）

> c. 由于出现以下事件而死亡（从发生到死亡的间隔时间）
> d. 由于出现以下事件而死亡（从发生到死亡的间隔时间）

如果让我来填写我父亲的死亡证明，我应该会这样写：

> 死亡的直接原因：脱水（发生后 4 天死亡）
> a. 由于出现吞咽困难而死亡（已存在 5 周）
> b. 由于出现多发性腔隙性脑梗死而死亡（已存在 6 个月）
> c. 由于出现凝血障碍而死亡（已存在时间不明）
> d. 由于出现淋巴瘤而死亡（已存在 8 年）

父亲的死亡证明上说，经判断他出现了极有可能造成严重窒息的吞咽困难，连续 4 天未曾进食进水。吞咽困难是多发轻微脑卒中（腔隙性脑梗死）造成的结果。脑卒中则是凝血功能异常（凝血障碍）造成的结果。而凝血障碍则是淋巴瘤的副作用之一。[1]

不在场的人从这一分析中所能做出的推测是，多发性脑卒中促使我父亲在最后 6 个月里的失能状况不断加剧。进一步推测也许还会发现，父亲去世前 5 天到前 3 天期间，在停止进食进水后陷入了昏迷状态，并最终安然辞世。

我们还可以做出这样的推测，即我父亲走的时候也并非十分泰然自若；很少有人有泰然自若这种福气。要知道，在他生命的最后 3 个星期，他要靠滴到舌头下面的吗啡来维持正常呼吸，并用镇静剂让他尽可能地保持平静。

但这一过程中更加值得重视的在于，正是由于我们选择在一些事

---

[1] 脑卒中可能是由于他未对其高血压加以治疗，血压偶尔升高造成的，但我从护理记录当中发现，尽管他在发生之前 3 个月就已停止服药，但他的血压基本上一直都保持正常。

情上的"不作为",我的父亲才得以近乎体面和平静地离开。我们并没有去激进治疗他的淋巴瘤。我们未对他发生多发性轻微脑卒中的原因进行剖析和解决,也没有在他因为吞咽功能障碍造成饮水困难的时候对他施以人工补水。

死亡证明示例

接下来,我们看一组死亡证明示例,并探讨一下,上一章里介绍的若干种慢性疾病患者临终之时,人们能够做些什么。第一个示例是关于肺癌的,病人在肺部发生血液凝块后90分钟死亡。第二个示例是关于心力衰竭的,病人在心室纤维性颤动发生5分钟后死亡。第三个示例讲的是免疫系统紊乱疾病致使肝脏衰竭,发生肝昏迷后6天去世。

死亡证明 #1

死亡的直接原因(心脏停搏除外):肺栓塞(发生后90分钟死亡)
发生原因:血栓性静脉炎(已存在2周)
发生原因:肺癌(已存在10个月)

死亡证明 #2

死亡的直接原因(心脏停搏除外):心室纤维性颤动(发生后5分钟死亡)
发生原因:充血性心力衰竭(已存在6年)
发生原因:心肌病(已存在7年)

> **死亡证明 #3**
>
> 死亡的直接原因（心脏停搏除外）：肝昏迷（发生后 6 天死亡）
> 发生原因：胆管癌（已存在 1 年）
> 发生原因：溃疡性结肠炎（已存在 20 年）

通过上述示例，我们能够进一步了解死亡事件如何顺序发生、临床决定带来的后果，以及可能让病人安详离去的影响因素。

死亡证明 #1：逆向思考

第一个死亡证明示例其实和我母亲的情形非常相似。证明中将肺栓塞（pulmonary embolus，简称 PE，指肺部出现凝血块）列为致使病人死亡的首要原因。发生肺栓塞时，心脏和肺脏很可能同时停止工作，使人快速从活性状态进入到失活状态，脉搏和呼吸全部都停止了。病人会在凝血块最终完全阻塞血液流动的几秒钟内失去意识。

我想，我的母亲就是在这样的情况下离我们而去的。她当时要么是因为某种静脉炎引发肺栓塞，要么就是发生了心律紊乱。

现如今，肺栓塞引起的死亡仍然是一种临床上不易诊断的特异性疾病，通常要结合影像扫描才能做出判断。[1] 因此，证明上如此精确地列举出了这一诊断，可以判定该病人是在医院里去世的。我们来想一想住院病人发生肺栓塞时的情形吧。在忙碌的 ICU 或心脏病病房里，护士、护工、带轮子的移动病床往来交错，昼夜不停；监视器哔哔哔响个不停；每天病人要抽血数次以监控血液稀释剂治疗的情况；还得紧赶慢赶到放射科去做几次检查。这场景让人很不舒服，不仅气

---

1 比如 CT、肺通气/灌注扫描或血管造影。

氛和环境都很压抑，人的最后一刻也很痛苦——对年轻病人来说尚且值得放手一搏，好延长本不该终止的寿命，但对上了年纪且原本命不久矣的病人来说则毫无必要。

那么，就让我们更仔细地对这份死亡证明加以分析，结合这种病的病程思考一下，有哪些潜在的决策点能够帮助高龄病人避免激进治疗，从而获得更好的临终时刻。

死亡证明 #1：决策点

在肺癌治疗的任何阶段，当肿瘤科医生一而再再而三地表示"综合治疗已经没有效果了，我们应该考虑进入下一阶段"，病人就是时候考虑选择终止激进治疗，转而接受姑息治疗并加入临终关怀了。

病人做出这样的选择与否，血栓性静脉炎的出现都预示着肺癌已经发展到了一个更靠后的阶段。因为这表明癌症已经不再是即刻发生在肺部或细支气管上的局部效应，而是已经扩散并影响到了身体各部。肿瘤分泌出来的蛋白质已经随着血液在全身循环，并打破了凝血系统的微妙平衡。这就是医生们口中所说的"系统性"影响之一。每当我有病人从其明显局部癌症显示出系统性影响，就说明"不良预后指标"已经浮现出来。如果医生这样说，那就是在委婉地用医学术语表达"你的癌症恶化情况已经超出了我们的预期"。

那么，当疾病明确进行到了更晚期的阶段，病人就应该重新考量住院接受激进治疗是否依旧合适。这位假设中的病人如果去医院对自己的静脉血液凝块引起腿部肿胀的情况进行评估，就会在反复诊断与治疗的循环中越陷越深。有些时候，对死亡的本能恐惧可能让人因焦虑、孤独、痛苦的住院治疗而产生的理性恐惧获得些许缓解。我的母亲进入临终关怀时的身体状况就与此类似，她要是也曾回到家里，接受姑息用药、吸氧、用吗啡止痛就好了。当初若是这样，她就有可能进入无痛无觉的昏迷状态，而不必接受徒劳的治疗，在鸡飞狗跳的住院环境中苦苦挣扎到最后。

死亡证明 #2：逆向思考

第二个死亡证明示例，假定了与第一个示例中癌症死亡情况有显著不同的心脏死亡情况。心室纤维化颤动会使病人在没有痛苦的情况下迅速死亡。但是光做出这一诊断还不够，必须要向备案的当局提交心电图证明。这就意味着病人一定是处在某种监控环境当中（比如ICU、急诊室或救护车中），虽然心律得以记录，但人却未能救回来。

回顾第五章讲过的充血性心力衰竭这一长期慢性疾病，我们就知道，这种疾病是老年人当中最为常见的死亡原因。其临床过程就是病人要三番五次地就诊、住院、用药，人却会渐进性地衰弱。有很多充血性心力衰竭的晚期病人会想要接受机械干预疗法（比如起搏器/除颤器，心脏瓣膜替换术，左心室辅助设备），有些还会做心脏移植手术。

我们继续回溯到更早，即病人被诊断患有心肌病的时候，这说明心脏的肌肉出了问题。发生心肌病的最常见原因是动脉粥样硬化，即脂肪和胆固醇的累积使得动脉管道变窄，血流减少，肌肉的氧合作用也因此受到了影响。由于缺氧，肌肉纤维就死了。一次疾病发作（如心脏病发作或心肌梗死）就能促使大量肌肉发生坏死，单个纤维束也有可能随着时间和问题的累积发生坏死。

病毒、异常蛋白质沉积、药物的毒性作用、毒品或酒精都有可能引发心肌病。每种原因都有多种不同的预后影响。但绝大多数心肌疾病都是渐进性的，当进阶发生，衰落螺旋就会显现出来，其发展也变得可以预测。

死亡证明 #2：决策点

在通过逆向思考探索了这种高致命率疾病的发展路径后，病人及其家人如何能够通过对疾病的了解来做出尽量避免医疗死亡的关键决定呢？

当病人或其家庭成员发现和注意到病人出现了充血性心力衰竭带来反复发生临床事件的模式，就到了需要就此进行讨论的时候，从而商定还要继续接受激进治疗到什么时候，以及何时转向消极治疗。肺部积水（肺水肿）反复发作，由于低钠而变得嗜睡（低钠血症），以及静脉炎的出现，都预示着未来还会出现类似的状况。反复住院和看医生都能够让病人在一段时间内有所恢复，但最终还是会走向无效，因为每治疗一次，所能获得的帮助就越少。当一个 70 岁的病人因心脏病发作第四次入院或一个月内第二次入院的话，其生存中值就只有六个月了。[1] 病人发现自己已经处在这种螺旋式下降状态之中，便是时候做出选择了。

首要和最为关键的是，由于心肺复苏术的效果十分之有限，有慢性疾病在身的老年病患应该考虑明确"拒绝心肺复苏术"（Do Not Resuscitate，简称 DNR）。因处于充血性心力衰竭晚期而不断衰退的病人也可以向家人和医生提出何时可以关闭除颤器、何时停止或减少透析，以及何时停止补钾和抗凝血剂。所有这些作为和不作为，都能够促使病人在心律失常或昏迷后更平静地离去。病人也可以先决定好，几次治疗肺水肿和肺炎（二者经常并发）后就只接受吗啡来止痛。

---

[1] S. Salpeter, "Systematic Review of Noncancer Presentations with a Median Survival of 6 Months or Less," *The American Journal of Medicine* (2012): 125

死亡证明 #3：逆向思考

　　这个死亡证明示例几乎说的就是我的一位最为迷人、复杂、最为令人难忘的病人，她身患两种慢性疾病，一旦发作就会给她带来一身的问题。她是华盛顿一个游说组织的主管人。因为发生了肠排便习惯改变，她的病历转到了我这里。我诊断出她患有溃疡性结肠炎，肝功能也有轻度非特异性病变。

　　溃疡性结肠炎是一种结肠炎症，会引起直肠出血、腹泻和绞痛。通过对免疫系统加以抑制，这些症状基本上能够得到控制。当时的支柱疗法就是使用类固醇（强的松之类的药物），她的症状也在用药后有所缓解。用这类药物会带来肿胀和液体潴留，让她很不舒服，这是完全可以理解的。由于肝功能测试显示存在轻度异常，她在未来极有可能遭遇硬化性胆管炎这种肝脏疾病的侵扰。溃疡性结肠炎和硬化性胆管炎还分别增加了她发生结肠癌和胆管癌的风险。这一系列事实，加上她能十分实际地看待生活中的讽刺变化（比方说，尽管她的集体健康保险方案发生了变化，但她一直在寻找最好的方案来让自己能够接受肝移植手术），让我们就晚期疾病、最坏情境以及临终规划等话题进行了不少虽然十分悲观，但颇具前瞻性的对话。

　　她的结肠穿刺检查结果显示癌症前期病变已经大面积扩散，随后她就接受了结肠切除手术。就在那个时候，她的肝病也加重了。尽管有世界知名肝脏和胆管专家给出了第二意见并予以治疗，她的肝脏还是出现了衰竭，并准备进行肝移植。医生对她切除下来的肝脏进行病理学分析，发现了一些术前活组织检查未能发现的情况。肝切除手术并未能够完全切除她的胆管癌病灶。胆管癌是和胰腺癌同样凶险可怖的癌症，而为了保住她接受的新肝脏所进行的深度抑制免疫反应又让这癌症加剧了。

　　等到胆管癌将她的新肝脏几乎消耗殆尽，她也进入了临终关怀阶段。在她姐妹的支持下，她终于决定放弃与癌症的抗争，让自己在重度肝脏衰竭后进入了昏迷状态。

死亡证明 #3：决策点

尽管肝脏衰竭并非美国人的六种最主要死因之一，但它证实了代谢变化是能够对人的精神状态造成改变（想想嗜睡或意识模糊的状态）和让人昏迷的，这在很多疾病的终期是很常见的，病人在平静无痛的状态下很快会撒手而去。

发生肝脏衰竭、肾脏衰竭，或者是因未予治疗的糖尿病或脱水而代谢混乱的病人，可以考虑随时停止包括透析在内的维持疗法。就像心脏衰竭的病人会意识到重复干预已经无效，这几种病人也可以预先决定，一旦超过某个干预的极限或限度之后，他们就不再接受治疗或主动停止治疗。接下来这些病人不妨做好即将发生心律紊乱或进入昏迷的准备，让死神悄悄地将他们带走。病人在做这些决定的时候，往往还会获得一些激励与自主，因为他/她在面对医疗整合和救治动力时捍卫了自己的意志与个体性。

尽管医疗行为和任何疾病的发展进程都不是一成不变的，但其中还是有模式可循的。在过去，尝试对这些模式施以影响的方式通常是主动治疗。但是，当主动治疗很可能不奏效，并因此给人带来更多的痛苦和伤害时，积极寻求消极治疗就会成为更好的选择。

肺炎：常见于多种慢性疾病

现在，让我们来假想一下，与阿尔兹海默病、慢性肺病和脑卒中相关的死亡证明示例——使用类似格式，但在另一套司法术语之下：

> 死亡的直接原因（心脏停搏除外）：_____（发生时间，持续时间）
>
> 继发于：_____（持续时间）
>
> 继发于：_____（持续时间）

> **死亡证明 #4**
>
> 死亡的直接原因（心脏停搏除外）：肺炎（发生时间详见死亡时间，持续 1 周）
>
> 继发于：误吸（持续 1 周）
>
> 继发于：阿尔兹海默症（持续 8 年）

> **死亡证明 #5**
>
> 死亡的直接原因（心脏停搏除外）：肺炎（发生时间详见死亡时间，持续 1 周）
>
> 继发于：肺气肿（持续 10 年）
>
> 继发于：烟草成瘾（持续 50 年）

> **死亡证明 #6**
>
> 死亡的直接原因（心脏停搏除外）：肺炎（发生时间详见死亡时间，持续 1 周）
>
> 继发于：误吸（持续 2 周）
>
> 继发于：脑卒中并吞咽困难（持续 6 周）

这三个示例的共通之处在于，最终都是肺炎造成了病人死亡。如果最前面第一个示例中的肺癌患者的死亡原因不是肺栓塞，第二个示例的心脏衰竭病人也不是因为心室纤维性颤动而去世的话，他们都很有可能（也确实会）因为肺炎发作而离开人世。后面这三个示例中的简短描述表明，感染已经超负荷或者抗生素已经停用，病人仅保留使用吗啡来感觉舒服一些。尽管吸入性肺炎（由哽噎或吸入了细菌造成的肺炎）在身体虚弱的病人身上时有发生，慢性阻塞性肺病下的肺炎也是由持续慢性感染发生恶化引起的。

脓毒症：老年人之友

前述的若干个死亡证明示例中，当肺炎作为死亡原因出现时，我们可以得出这样的推论，即病人死于呼吸衰竭。这意味着病人要凭借既微弱又吃力的呼吸来维持住血液的含氧量。大脑和心脏对缺氧都是极为敏感的。含氧量低会让人意识模糊、昏迷、心律失调，以及（最终发生）心搏停止。在脏器功能逐渐消退的过程中，吗啡能够让病人感到相对舒服一些。

但是，肺炎与其他细菌感染一样，经常会通过另一生理路径致人死亡，那就是脓毒症。

脓毒症是病菌和毒素侵入血流后发生细菌感染却未经处理后出现的症状。医生对这种病症的理解是，脓毒症是无痛且"耐受"的（即患者不感到难受），因为在显示出有明显感染症状之前，病人基本上都已经意识不清或陷入昏迷了。举例来说，如果一位 80 岁的老太太在昏迷状态下被送到了急诊室，急诊医生需要依据当时的具体情况进行鉴别诊断。通常，看护人带病人来到医院，都会这样诉说病史："几个小时前她还好好的，没有哪儿不舒服，也不觉得疼，然后她就变得有点糊涂，但后来她就不说话了，我就打了急救电话。"急诊医生会先验一下血糖，看看是不是服药过量，检查病人是否发生了中风等等，如果没有发现任何引发昏迷的常规原因，医生就会明确自己的判断并向众人表示："有可能是脓毒症——我们最好检查一下她是否发生了感染。"[1]

我们还是看这个急诊病人的例子，必须要注意的是，在病人没有抱怨难受或看护人没有注意到的时候，脓毒症就已经开始了，只是出现的一些局部病症并未到足以引起关注的程度。病人也许有些咳嗽，像是发生了肺炎。也许有点尿频，表明似乎有膀胱感染。无论是何症状，都会表现得很温和，不至于让人在意，甚至可能被忽略掉了。每一个训练有素的医生都会经历许多这样的脓毒症案例，他们手中的住院病人，本来因为其他疾病住院，却在毫无痛苦的情况下发展出了脓毒症来。

肺炎和膀胱感染是最为常见和反复出现的感染类型，但是也有许多其他的感染能让人在没有痛苦的情况下陷入糊涂和昏迷当中。褥疮就有可能引起脓毒症。行医生涯中，我见过几十例胆管感染的病人，偶尔还有病人因为毫无疼痛的憩室炎（一种肠壁感染）而发生脓毒症。

昏迷病人的血液里总是会发现有细菌存在，但原发感染源究竟从何而来总是很难追寻。这就是自发性脓毒症，美国疾病预防和控制中心承认的老年人第十大死亡原因。

当然，有些感染——比如脓肿——是很疼的。当必要或者病人需要的时候，应该根据情况通过排水、止痛药和抗生素等来减缓疼痛。但真正应该注意的是，无痛的感染是会导致脓毒症的，而脓毒症是一种较为迅速且舒服的离世方式。

---

1 治疗脓毒症并不是口服一些抗生素那么简单，而是会涉及激进的重症监护手段，包括静脉注射抗生素、对症措施（想想机械通气、血液透析、调温毯、强心剂、导尿管、从颈部或腹股沟插入的大口径针管，还有临时直肠管之类），以及用于抵消细菌毒素和病人不规则免疫反应的免疫调节等等。老年人发生重度脓毒症的治愈率是很低的，这一点在对病人施以上述种种治疗手段之前就必须先行明确，当病人表达了不希望接受激进治疗的意愿时尤其应予以考量。

因此，我们应当记住，感染和由此而来的脓毒症是能让人在舒适中离去的。以西结·伊曼努尔在《大西洋月刊》发表的文章中称，他在75岁以后就不会再服用抗生素。他还引用约翰斯·霍普金斯医学院创立者之一、有现代医学之父之称的威廉·奥斯勒爵士（Sir William Osler）的话说："肺炎完全称得上是老年人之友。老年人由这种急性、短暂且不大痛苦的疾病带走，便能从无论让自己还是亲友都苦恼万分的'日薄西山'之状中逃离。"

尽管当时奥斯勒对脓毒症并不像我们今天这般了解，他之所以会将肺炎称为"老年人之友"也是出于若干原因。肺炎很容易诊断出来；肺炎的症状可以通过氧气和吗啡加以控制；肺炎比较不难受；而且如果不加治疗，肺炎通常会因出现呼吸衰竭或脓毒症而最终致命。

很多人都会觉得，伊曼努尔的75岁生日宣言未免太过武断。我也这么觉得。但是当我们自己也身处老年，意识到了我们生命曲线的下行走势，我们就该为家人和我们自己的未来制定一些基本的方针了。

退出策略

我之所以要对死亡证明做出种种分析，就是想从一个截然不同的角度来看待死亡的过程。慢性疾病之间存在着一些最终的共性，也有一些方法能够让人更自然而然地离去（比如少一些医疗干预），人可以在某种程度上有所掌控，同时让遭受的不适减少到最低。当我们不再尝试通过激进的治疗手段和机械干预来延缓死亡，死亡可能就会像脓毒症昏迷或脱水一样悄然而至——也有可能像血凝块或心率异常一样快刀斩乱麻。

要想免于无穷无尽反反复复的痛苦治疗，第一步就是要形成上文所述的辞世愿景。下一步则是跟自己的医生、家人和朋友探讨这个愿景。最后一步是接受以这样的愿景来告别人世，甚至以此为退出策略，朝着这个方向努力。[1] 脓毒症、（吗啡舒缓下的）肺炎呼吸衰竭、突发性心律失常、脱水、低血糖或者新陈代谢诱发昏迷，都可以成为退出策略。

如果病人及其家人已经看到了病人在不断重复着住院—治疗—身体状态减退的循环模式，就是时候探讨一下打破这个循环了。找一找合适的临终关怀服务。明确不再接受哪些治疗方案，比如停用抗生素等。停止预防疾病和延续寿命的用药。关闭诸如起搏器或除颤器等机械支持设备。服用让人舒缓的药。不再去看医生。多和家人聚聚。争取进入昏迷。设想一个退出键。设立退出策略。这些都可以作为避免医疗救治和无用治疗的有力选择。

曾经有一位病人，和我一起探讨了主动拒绝进食进水的事宜。当时她已经失去行动能力，多发性微卒中带来的尿失禁让她的睡眠也很成问题。她感到自己已经油尽灯枯，准备好了面对必死的命运。同时她也坚决拒绝插入导尿管，因为这实在是太有损人的尊严了。一想到自己要让身体接受医疗器械的侵入，之后为了避免感染还要时常更换，她就抑制不住要流下眼泪，面容满是伤痛。

按之前说好的，我们探讨了禁水禁食后会发生的脱水死亡。当我跟她解释说，插导尿管能够让她免于失禁，从而提升睡眠质量、缓解疲劳时，她似乎眼前一亮。但往后若是不更换导尿管的话，她可能会发生尿路感染，一般来说还是会有点不舒服的。如果她决定这样做，她可以选择不吃抗生素，但同时服用一些缓解药物，从而让她能在比较舒服的状态下被系统性感染带走。有了这样一个备选退出策略，她

---

1 Jeanne and Eileen Fitzpatrick introduced me to the terms of "exit opportunity" and "exit strategy" in their book *A Better Way of Dying: How to Make the Best Choices at the End of Life*, Jeanne Fitzpatrick, MD, and Eileen Fitzpatrick, JD (New York: Penguin Books, 2010).

感到安心，眼中也流露出了几分喜悦。

尽管一个退出策略可以在最终情况出现之前就预先准备好，落实这个策略最最重要的一步则是寻找合适的临终关怀服务。在可以进入临终关怀阶段之前，病人是受制于医生的治疗策略的，医生都是有独立见解的个体，他们的目标也不总是最合乎病人利益的，因此病人所接受的治疗本身也存在一定的不协调性。一旦进入了临终关怀，服务团队的目标就会集中在让病人感到舒适，为病人提供照护上面。在临终关怀这样一个相当不同的医疗系统当中工作的医生和护士会针对病人的个体性来处理问题，从而避免痛苦紧张却收效甚微的住院治疗发生在接受照护的病人身上。根据美国国家临终关怀和姑息治疗组织发布的新闻，有多项研究显示，登记了临终关怀，尤其是居家临终关怀服务的病人，存活时间比住院治疗的同类病人要稍微久一点。舒适护理措施并不保证一定能让病人安详离去，但却能最大限度地提高这种可能性，而与之相反——无限寻求治疗——则几乎一定会让人在医疗救治中承受痛苦，却又不能确保病人获得长效收益。关于临终关怀，我还会在第十一章中介绍更多。

记住并思考

- 和你的主治医生探讨一下，他／她认为你的病会如何将你带往终点：是肺炎、呼吸衰竭还是大出血等等。
- 设想一下这样的死亡可能会发生在什么情景之下。
- 跟你的朋友、家人和医生讲讲你的设想。
- 考虑一下退出策略——什么病会让你选择不再继续治疗。
- 当激进治疗只能带来并发症且收效寥寥时，不妨考虑一下消极护理，再就是临终关怀，最后就是如何抽身而去吧。

第七章

父亲的最后几周

Dad's Final Weeks

> 人,只要活着,就是不朽的。在他离去的前一分钟,他是不朽的。一分钟过后,上帝赢了。
> ——埃利·维瑟尔[1]

与上一章描述的死亡证明示例(包括以我父亲为例举出的假设案例)的精确性不同的是,父亲的真实死亡证明简单到让人瞠目结舌。上面只写着:"直接死亡原因:淋巴瘤——从发生到死亡的间隔时间:8 年。"如果病人是在住院过程中去世的,这种程度的死亡证明就非常说不过去了,但检验人员和其他相关机构都欣然接受了这简短的一句话,因为他是在临终关怀下去世的。临终关怀护士在其档案中正式记录了父亲是如何衰弱下去的,而他获准接受临终关怀本身也说明,他的离去并没有任何出人意料或可疑之处。

---

[1] 埃利·维瑟尔(Elie Wiesel,1928—2016)是生于罗马尼亚的美籍犹太人作家和政治活动家,生前曾被纳粹关入奥斯维辛集中营,获救后,其写作主题聚焦于大屠杀的回忆。1986 年获得诺贝尔和平奖。——译注

不仅如此，父亲去世时的情形也没有什么特别的起伏，但过世这件事本身并不是那么简单的。看护过他的人用来相互交流的记录本上也显示出，他们每天都要尽力照看好父亲虚弱不堪的身躯，帮助他解决总是发痒的情况，同时还要保证再虚弱的病人也能保持干净（无论是身体还是周围环境），即将离世的病人也能享受舒适与平静。[1] 我姐姐安排的护理人员们，无论从哪个方面来看都做得无可挑剔。

父亲是逐渐衰弱下去的，身体功能一点点丧失，到了最后阶段又急转直下，一直到他最终离开。

回想当时，最后这个阶段在他过人生最后一个圣诞节时就开始了。然后又这样过了四个月，他的生命最终在次年 4 月 25 日画上了句点。

我和我的妻子黛比在那个圣诞节期间去看了他。因为过节放假就在眼前，我们计划得也比较匆忙。从那年 9 月开始，我和姐妹们就轮流去看望他，而且越来越频繁。但我们原本并没有想着要特意在过节时有所安排。但由于这是头一次他因为变得虚弱而无法在圣诞节走亲访友，我们临时决定过去一趟让老人家开心。

黛比和我商量着，我们可以重现一些圣诞节的旧日美好时光。除此之外，我还有些打算。我想要再和他谈谈退出策略的事。我知道他是想着这件事的，但随着他开始在家接受临终关怀，他似乎在身体和情感上都进入了一个新的平衡阶段。只要有 24 小时的全天看护，家里又随时都有人照应着，护理也都到位，他似乎就能永远这样活下去了：每天起身三次，总共两小时，到桌边进餐，其余 22 个小时就躺在床上，听听有声书，听听新闻。

9 月，父亲就和我讨论过不再继续进行常规治疗的事情。但当时并

---

[1] 父亲一直饱受瘙痒困扰，而且程度日益加深，有时候还会痒得非常剧烈。在他还去医院的时候，他的医生没能就此给出诊断。进入临终关怀之后，由于使用类固醇，瘙痒被压下去了。我怀疑这可能跟淋巴瘤的系统性影响有关，但也并未看到其他由淋巴瘤引起的症状。

未有任何实际行动，最主要是因为当时并不会出现任何可预期的结果。他并没有在靠特定药物（比如胰岛素什么的）维持生命，所以我们也预见不到如果停止医疗措施会有什么明确结果。但是，父亲还是想再看看药物清单上是否存在着潜在的退出策略。平安夜那天，我们终于又谈到了这个话题。我和他说，原则上我是支持他的想法的，而他吞咽困难的情况也有些微的加剧，这也是我支持他的要点所在。我还提醒他说，这跟我们说减少早餐时被药哽住的情况不同，我们现在讨论的所谓决定很大程度上是象征性的，而且我们也无法预见具体的后果会如何。

我们还讨论了主动断水断食这一退出策略。这次的谈话几乎还是延续之前的思路。他的胃口一直都很好，而且吃饭让他心情愉快。每日三餐成了他一天当中生活的焦点，这样的生活一直持续到了他的最后一天。事实上，他最后说的一句话，或者说最后提出的一个要求，就是在几个月后他去世前的最后一顿早餐时讲的。他把摆在面前的英式松饼递回来，要求加更多黄油和橘子酱。

"饿死可不是我的退出策略。"12月和来年1月，他这么说了好几回。

"爸，这不是要让人饿死，而是让人脱水。反正现在你也没想好要不要用这个策略，等你想好了，你自然就会知道。"我也和他这么说了好几回。

我们在圣诞节当晚告别父亲，去看住在西海岸的孩子们。第二天，父亲告诉护士，并让她和看护们说明，自己从现在开始不再服用任何常规药物了。他只会吃一些止痛药，以及针对特定症状的药（比如服用类固醇来止痒）。他在电话里跟临终关怀护士说，不用再准备那些针对心脏、血压、胆固醇或抑郁的药了。他还给我们几个发了邮件，告知他的这项决定。如果没什么意外，这意味着父亲已经准备好走上自己的最后一程。

过了一个月，我又去看望他。他在临床上的变化微乎其微。他的脑子依然很灵活，但是他的手变得非常不好使，手里拿着的东西都会掉到桌上。又过了一个月，当他从床上往轮椅挪动的时候，他的腿几乎完全耷拉在那里，使不上一分力气。现在回想起来，我觉得这可能是他又发生了一次微卒中。这之后，他便无法只靠一个护理搀扶就安全移动身体了。

来自护理员的启示

父亲出现腿软、移动时几乎要摔倒这个情况，正好是在我最后一次过去看他的前一天。我们马上就跟临终关怀机构那边申请了"起身宝"起吊机（这个名字可不是我起的），当天就送来了。但这个器械很复杂，所有看护都得先学习一番才能知道如何使用。跟很多别的老年人一样，机器把他的身体吊起来让他十分烦躁。我只能希望他过几天就能适应过来。

我和姐妹们想的是，我们也需要进入一个新的平稳阶段了。我们之所以相信会是这样，是因为父亲已经在全时看护和行动受限于床、椅子与洗手间三点的情况下生活了五个月，接下来他应该也能适应使用起吊机的日子。

在开始用这个器械之前，他每天都起身下床五六次（三次是坐到饭厅餐桌旁吃饭，晚上在客厅小酌一杯，有时候还会到露台或大厅去呆一会儿）。起吊机来了之后，我们觉得时间可以这样安排，即早上借力起吊机和两个人帮他下床吃饭，顺便还可以洗个澡。午饭就在床上吃，晚餐时再下床在餐桌吃饭，去卫生间洗漱完毕后再回到床上。当时我们想，这样过几个月应该是没问题的。

然而，发生了两件事让我们始料未及。第一件是，父亲非常排斥起吊机,在我离开后没几天,他就叫人把机器撤下去了。这下他就只能呆在床上了。

第二件则是,又过了没多久,一位照料我父亲在床上洗澡的执证护理员把刚到那儿打算住一段时间的我姐姐悄悄叫到了一边。她说根据她的经验,如果一个从前谦逊温和的人忽然性情大变,这个人很有可能在一个月内过世。然后她说自己注意到我父亲对一个新来的护理实习生表现得视而不见,她认为我父亲恐怕大限将至。

我对她的观察抱持疑虑。但事实却是,三个星期后,父亲就去世了。

父亲在不经意间进水进食也有所减少,这也加速了他的离世。与此同时,其他方面也每况愈下。他变得更加嗜睡。他的胳膊变得更加无力,更加僵硬。他的吞咽也越来越成问题。想让他多吃一点,多喝一点,都会让他变得很烦躁沮丧。他的预立指示中有这样一条,如果这样做没有明确帮助,那就坚决不要用勺子喂他进食。就连照顾他很久的护理员都表示不愿意喂他吃东西。他们坚称,父亲吞咽的时候险象环生,而且根本吞不下去。他总是会噎住。尽管在此之前,他曾斩钉截铁地表示说自己不会主动拒绝进食进水,但他并没有对此表达抱怨,也没有要求继续用勺子喂他。

去世前的那一周,他时而会进入无意识状态。偶尔他会大声呼唤别人,还叫过他的母亲,有时则是嘟哝一些胡言乱语。临终关怀护士把这一阶段描述为"积极濒死"。[1] 当我父亲也进入了这一神智不太清

---

[1] 在临终关怀语境中,"积极濒死"(active dying)会在人去世前几天出现,病人常会发出恼人的声音[比如"濒死喉鸣"(death rattle),但人本身并不会因此而遭受痛苦],会做梦,或看到幻象,人们认为这些可能会让临终之人感到安慰。(C. W. Kerr, et al., "End-of-life Dreams and Visions: A Longitudinal Study of Hospice Patients' Experiences," *Journal of Palliative Medicine* 17(3)(2014): 296–303.)

晰的阶段，我们便知晓，他应该不会走得痛苦了。但我们也不确定他的这个状态会持续多久。他的护工记录到他出现了一种呼吸不规律的状况，有时候是快速呼吸，有时候是缓慢呼吸，快速呼吸时的间歇期也越来越长了。给他用的吗啡和镇定剂一直都根据情况调节，来让他呼吸平稳、舒适和停止躁动。

那几天里，我和姐姐一直都在聊父亲的状态。他已经在事实上停止进食进水了。之前几天，虽然他所摄入的就已经少到不足以维持他的生命机能，但可能这一点点也在事实上延长了他弥留的时间。我提醒姐姐说，当病人主动停止任何摄入后，85%的人都会在两个星期内去世。[1]但这个比例此时也并没有让我们觉得好过一点，因为我们并不确切知道，父亲的这"两个星期"是从什么时候开始的。更要紧的是，还有15%的人过了两个星期依旧活着，个别甚至在断食断水的情况下活过了六个星期。

他随时都有可能离我们而去，也有可能会弥留更久。我们只好互相安慰说，他躺在那儿干干净净舒舒服服的。幸运的是，他在最后一次咽下饭食的第五天溘然长逝。我的姐姐陪伴在他的身边，代表所有的家人陪伴他走到了最后一刻。

临终感悟

分辨死亡原因是心脏停搏还是呼吸终止其实并不重要，我的父亲临终时的情形便突出体现了这一点。在他生命的最后一周，临终关怀护士每天都会去照护他。他们会记录他的生命体征，并与其他看护人

---

[1] L. Ganzini, *et al.*, "Nurses' Experiences with Hospice Patients Who Refuse Food and Fluids to Hasten Death," *New England Journal of Medicine* 349（2003）: 359–365. 这篇重要著作记述了临终关怀护士在自主脱水方面的观察经验，以及一百多位病人自主脱水的时间进程。

员探讨他的生理需求。他们回答我姐姐提出的问题，并给予她精神上的支持。他们最后一次去看我父亲时，在他离开前一个小时，一个护士从卧室出来跟我姐姐说，父亲的血压很正常，脉搏也很稳定，呼吸十分平缓，看起来他还能再撑过一天。就在这时，第二个护士走上前来告诉姐姐说："他刚刚走了。"

父亲去世当然让我们无比难过，但我们也都感到释然。他对自己的离去早有准备，我们也是。而且，他没有遭受痛苦。

让我们感到释然的还有另一个原因，那就是之前没有人能保证这种主动的消极临终尝试一定会成功。这当中可能会出现问题。预料之外的可怕症状（像痉挛、幻觉、难以遏制的疼痛等等）都有可能发生。可能会需要去医院。即使是在最好的情况下，濒死的过程也可能是混乱、紧张、不堪入目、变化莫测的。但在我父亲身上，这个尝试成功了。他安详地走完了最后一程。

父亲的愿景

在父亲的有生之年，他曾几次见证了他人离开人世的那一刻。他有一位客户就是因为主动脉瘤并发症而去世的。这些经历都对他的观念产生了一些影响。

还有，他也经历了妻子去世的过程。

我也知道，他对生病了的朋友、同事和客户都非常关心。我记得在我十几岁的时候，父亲带我去看望他的一位生意伙伴，那个人罹患前列腺癌，正在生命的最后时刻挣扎。但我想不起来我们是为何临时决定去看望这个人了。本来我和父亲是一起外出去办事的，然后他决定带我去看看他。我还记得，那个人从床上撑起身来，周身散发着便溺的味道，死神已然高悬在他头顶准备随时降临。

有一次去看父亲的时候，他和我说起了他最后一次去看望临终前的约翰叔叔的事。"他像个胎儿一样蜷缩在那里，我试着跟他聊起他父母亲的事。"他所描绘的那幅画面，跟我最近几次看望父亲时的情形惊人的相似。最终，约翰叔叔也就这样悄然逝去了。

在父亲给我讲过的弥留场景中，最让人感到心酸的一个发生在1930年左右。当时父亲只有八九岁。他去了他的爷爷家里，老人已经奄奄一息。在父亲的描述中，他的爷爷波普看起来焦黄、臃肿，浑身像发起来了一般。这可能是胰腺癌发生肝转移和黄疸的状况。波普是一个虔诚的天主教徒，他为自己的儿子没能让我爸皈依天主教而痛心不已。因此他想单独见见我父亲。他把自己的念珠塞到我父亲的手中，父亲走的时候没有和任何人说起这件事。后来没过多久，波普就去世了。

我终于知道，父亲是一位经历了第二次世界大战的海军军官，而且他还会日语。他曾和陆军一起在夸贾林环礁和冲绳登陆。他曾把日本战俘从冲绳运往夏威夷。这些战俘里面，很多人都因为破伤风而死去，还有一些则因为日本人和冲绳当地人之间发生争斗而丢了性命。父亲作为翻译官介入过这些事务。他亲历过死亡。或许他还曾见证或经历过饥荒时代。

我之所以会说起这些过去的事情，是想表达，父亲知道何为死亡、何为弥留。他生长在一个人们在自己家中去世的时代。他经历过这一切。他知道，死亡是可以很自然的，是可以不经过度医疗干涉的。在他经历了战争的那些年，他也了解到，死亡同样是可以非自然，甚至是本不应发生的。现实的经历让他变得坚韧，他知道自己该如何应对。

疼痛对人的影响

直到最后，我父亲都保持着亲切与和善。面对自己日益衰弱，他始终心怀勇气，平静面对。但说到疼痛，父亲可就没法保持心平气和了。他已经尽量坚强地去忍受，但也无法像个英雄一样承受一切。还好在他最后八年的生命中，我们没有经历什么特别糟糕的情况。只有三次，他出现了非常严重的疼痛症状。有两次是因为摔倒，虽然摔得并不算严重，但让他的脊椎发生了轻微骨裂。[1] 还有一次则是他在进行物理康复治疗过程中并发了腿后腱撕裂。

慢性疼痛出现的时候，几乎所有人都会变得软弱。人们从难过变得沮丧，进而产生绝望。我很确信，父亲经历过的大萧条、第二次世界大战，还有他始终如一的好胃口，造就了他对断水断食加速死亡这件事的看法。我还很确信的是，如果他最后遭受了开放性的慢性疼痛，他一定会选择放弃进食进水，来加速这最后一步的进程。

很多次我们聊起来，他在一开始都会说："真没想到死也这么难啊。"但他就真的这样让自己离开了，也让我们得以轻轻地放手。最终，我们都获得了平静。

记住并思考

- 好护工必不可少。
- 临终关怀专家的意见是十分有价值的。
- 病人在"积极濒死"阶段会出现一些难以理解的症状。
- 疼痛问题难以解决的话，病人可能会希望赶快结束自己的痛苦。
- 停止例行服药是缩短弥留进程的手段之一。

---

1 这里说的脊椎轻微骨裂其实就是压缩骨折。这种情况本身并不可怕，但跟其他骨折一样，会非常非常疼，而且恢复起来要很长时间。一旦诊断确认这不是单纯的背部疼痛，病人在为了稳固脊椎而接受经皮椎体成形术（percutaneous vertebroplasty）——注射骨接合剂，门诊即可完成——之后，会感到更加剧烈的疼痛。我父亲的症状并未达到这个程度。

第八章

分辨终期诊断

> 我不怕死。我只想死亡来的时候我已人事不知。
>
> ——伍迪·艾伦

2015 年，美国前总统吉米·卡特宣布自己患上了转移性黑色素瘤（metastatic melanoma），我马上就判断，这就是他的终期诊断了。我并不清楚他还有多长时间存活、他会选择如何治疗，也不知道他什么时候会离开人世，但我知道，他去世的原因一定会是因为这个黑色素瘤，或者跟黑色素瘤有关。在我写这本书期间，他的状况有所缓解。他接受了外科手术，还做了立体定向放射治疗，以及免疫治疗，之后的结果似乎很不错。但这一切并不能改变他终将面对的事实，即他会被黑色素瘤带走，或被治疗黑色素瘤引起的并发症带走，抑或是黑色素瘤在年迈的他的身体中死灰复燃甚至大反弹。说到自己得的这个病，他表示说已经了解自己所处的状况，而且为自己的身体对治疗有积极的响应而感到欣慰。

遗憾的是，大多数人并不会像他这样想得

开。人们对不治之症极度抗拒，到了最后阶段，这种抗拒还会愈发剧烈。很多病人都不愿去想接下来会怎样，病人的家庭也大多倾向于避而不谈，即便是医生都不愿意说太多。

因为"终期"本身就已经太过沉重。医生们不愿意讲，是因为这个概念很容易引发人们的误读和曲解。家人不愿意讲，是因为他们觉得说了就相当于当场给病人判了死刑，越说就越仿佛是在加速病人的死亡。即便是医疗机构、政府规章和临终人群自己，都会在措辞中用"严重疾病"或"高危疾病"来替代终期疾病的说法，以减轻其可能带给人的沉重负担。

当医生说"终期"的时候，病人听到的却是"绝望"二字，登时觉得紧迫，将自己封闭起来，不愿再与人交流。可以说，如果单说某个人已经是"终期"了，这个人也确实是到了最后的阶段，所以，医生和家人才会尽可能避免这样的表达方式，因为这个词一旦说出来，只会带来负面的影响。

但在这一章里，我将会讲到的"终期病症"（包括疾病或症状），指的大体都是能够成为死亡原因，但并非特定病程后必定致人死亡的疾病。同时，我还会用"终期情况"或"终末状态"来表明任何原因都可能导致的死亡（即预期存活中值小于等于 6 个月）。这一章的关注点将会放在如何分辨出癌症、良性慢性疾病、老年化等终期疾病，以及终期疾病将会如何过渡成为终期情况。

要搞清楚的是，罹患绝症并不意味着"没救"了。确认终期诊断跟接受终期情况是两码事，但却是接受最后一步之前先要迈出的一小步。承认了终期疾病、病症和诊断的存在，就可以进一步去了解它，分析它存在的情境，观察它发展的进程，并为即将面对的未来做好打算。这与激进治疗也并不矛盾，只是在这样一个框架之下，无论是病人自己还是委托医疗护理，都能够看到由终期疾病向终期情况的转换，从而可以根据情况来调整治疗的方法。对终期情况有所预见，就是要明白"为什么"病人将会因此故去，从而使人能够做出影响病人最终离开的"时间"与"地点"的决定。

在前面几个章节，我尝试了简化医学术语，只给出一个基本定义，并尽可能减少使用这些分散读者注意力的术语的次数。在这一章，我会试着去解释一些描述临终状况时，为了避免话说得太过直白而用到的医学名词和医生用语。

肌萎缩侧索硬化症：面对绝症现实

面对绝症诊断，没有人会痛快接受，有一种疾病尤为如此。这就是肌萎缩侧索硬化症（俗称"渐冻症"），这种病能让任何年龄的人在心智不受影响的情况下失去行动能力。人究竟如何会得这个单病种，又为何会长期保持明显的终末状态，都还不得而知。我觉得根本原因可能是尚无关于该疾病治疗进展的广告去误导大众。将潜在利润非常有限的"孤儿病"（仅有很少数人会得这种病）取得的微小治疗进展商业化是很不划算的，因此公众大多不知道这种病能怎么治。

癌症的境况就完全相反了。我们时刻处于癌症治疗取得"进展"的信息轰炸中，看看治疗肺癌取得的微小进展有多少广告你就明白了。

另一个原因可能是，医生在面对渐冻症病人时也会更诚实一些。这种病能获得的治疗是如此有限，以至于用一些表达来让病人心存幻想都很难，所以无论医生还是病患，两边都要面对现实。

我们也能够从这一现象当中学到一些东西，那就是我们是能够面对终期诊断并接受它的——因为我们别无选择。

在我还是医生的时候，我曾经接过好几位渐冻症患者。当时我分到的任务一般都是给他们插入或维护饲管。这些经历让我得以接触到了这类病人的生活，他们接受自己得了不治之症的同时，仍在努力去应对它。

渐冻症缓慢而痛苦地夺走人的生命，可以说是可预见病程当中的一个极端例子。这是一个线性下滑的病程，生存中值一般在3~5年。绘制渐冻症病程图表也十分简单，只要观察四肢功能逐渐丧失，测量呼吸道肌肉功能逐渐衰弱带来的呼吸能力减弱就可以了。因为人们知道接下来会发生什么，也十分清楚病程的发展是不可避免的。他们必须早做计划，必须提前做出最为艰难的决定。

当然，最最重大的决定就是是否使用呼吸机了。拒绝使用呼吸机的病人最终会死于呼吸衰竭，而选择使用机械来帮助呼吸的人则会经年累月地卧床不起，并始终和机器绑定在一起。他们会因这种生存状态带来的并发症而离去，一般来说是耐药菌感染。

约有90%的渐冻症病人最后都会拒绝使用呼吸机。一个重要的原因就是经济上的困难——仅有非常少的病人有足以长期负担呼吸机费用的保险。而更为重要的是，由于他们早已知晓自己身患绝症，并时刻处于身体机能缓慢衰退的过程当中，他们就必须正视现实，自欺欺人是绝无可能的。他们有时间去考虑所有决定的后果，而且借助外力的支持，他们也能够看到其他选择了使用或不使用呼吸机的渐冻症病人是怎样的情况。

我认识的人里面，有一个邻居朋友在60岁出头的时候被诊断出了肌萎缩侧索硬化症。还不到两年，他的病就发展得很严重了，完全足不出户，甚至几乎要一直卧床。他和他的妻子决定不上呼吸机，因为他们眼见着那些依赖呼吸机想要勉强活下去的家庭是如何的痛不欲生。他是一位艺术家，生病后，他将自己的创作主题从风景画转为了人像画。他的手无力到几乎连画笔都握不住，助手就帮他把画笔绑在手臂上、大腿上甚至头上。他以几乎每天一幅画的速度，用粗糙的笔触在有限的移动范围内为每个邻居都画了像。在他生命的最后 8 个月里，他放弃了挣扎求生，而是以一种分秒必争的态度将自己全力奉献给了艺术创作。他奋力接受并利用了自己的终末状况，展现出了极大的勇气。在缓解药物的帮助下，他在睡梦中因呼吸衰竭去世，他的妻子一直陪伴在他的身边。

辨别晚期癌症

很多人都会觉得，和家人患者讨论终期疾病的话题实在是太难以启齿了——哪怕只是想想都觉得很难开口。"没到万不得已为什么要说呢？"大家心里其实都是这么想的。只要我们还想着也许有治疗的方法，我们就不会想要面对终末的现实。但就我个人的经验而言，所有诊断为癌症晚期的病人都想过，自己的病到最后会是怎样一种情形，他们当中的大多数人都希望能够早早和医生或家人探讨这个问题。早点有个结论，就能趁早想想自己还能做点什么——就跟我那位得了渐冻症的好朋友一样。

如何才能在被自己已是终期状况的结论所震惊之前，就意识到自己已经是不治之身了呢？首先我们来看最明显的方面。很多癌症都是有救治手段，但却无法彻底治愈的。我们大多数人都是知道这一点的，但我们一般都不愿意承认。我们总想否认已经无药可救的事实，总寄希望于新的良方。每每看到新闻头条大大的"精确的癌症治疗方法有望改变范式"字样，我们总是倾向于相信我们会在"与癌症的战争"中再胜一筹，却不愿去面对胜利依旧很遥远的严酷事实。[1]

---

[1] 1971 年，美国前总统尼克松对癌症发起了挑战，自那时起，所有行政机构都通过大量政策和规程做出响应。2016 年，前总统奥巴马宣布了他的癌症登月计划倡议（Cancer Moonshot Initiative）旨在通过投入大量资金，促成医患、研究者等多方参与和资料共享，来加速癌症研究进程。2016 年，美国国会通过法案在 7 年内为该计划投入 18 亿美元的资金，截至 2020 年已拨款近 12 亿美元。——译注

分辨一种疾病是否有可能成为绝症的方法之一，就是明白当医生用到"转移""Ⅱ期""晚期"这几个词来说明癌症诊断的时候意味着什么。"转移"意味着癌症已经突破原发器官的范围扩散到其他地方去了。癌症的分期描述，指的是转移已经发展到了什么程度。转移程度的算法有很多，宽泛地讲，0期代表浅表癌，Ⅰ期是指局限于原发器官的癌症，Ⅱ期是指癌症已经扩散到了相邻的组织或器官，Ⅲ期则是包括淋巴结转移在内的大量局部扩散，而Ⅳ期就是广泛或远端转移了。[1] 当医生说癌症到"晚期"的时候，就是说已经发生转移或已经超过了Ⅰ期。一般来说，广泛转移、晚期、Ⅲ期或更后阶段的癌症，就是到了终末阶段了。虽说也有例外的时候，但淡然接受总好过盲目乐观。

事实上，大多数发生在脑部、胰腺、肺、肝、胆管、胃、肠道、卵巢的晚期癌症，以及黑色素瘤，无论最初的外科手术有多成功，切得有多干净，最终都会将患者带走。如果肿瘤仍有残余，或患者不适宜做手术，即肿瘤已经扩散或病人本身过于虚弱而无法承受外科手术，则鲜有病人能够从以封锁为战术的放疗和化疗中受益。

但这并不是说，上了年纪的病人被诊断出了这些病之后就应该"坐以待毙"（尽管这本书的一个主要目标就是提示读者何时应决定停止治疗），而是说如果病人遇到这些情况，应该对医嘱做出判断，进而决定要积极治疗到什么程度，以及坚持治疗多长时间。

所有65岁以上且患有慢性疾病的人都应该考虑这个问题。所有年龄已经超过其所在人口统计学区间的平均预期寿命的人，更应该好

---

[1] 每种器官特异性癌症都有多种不同的分期体系。举例来说，单是结肠癌就有Dukes分期、Astler-Coller预后分组、（正文描述的）结构分期法，以及TNM（Tumor, Node, Metastases，即肿瘤、淋巴结、转移）分期法。医生会根据病人所患癌症的类型来使用相应的分期方法。

好考虑是否要在身患上述任何一种晚期癌症时对其加以干预，因为姑息治疗可能会让人存活得更久，生存质量也会比激进治疗要更好。但是，如果患病者本身尚且"年轻"且勇敢有加，或者术前影像看起来还很有希望，那么还是接受精准手术更好。也可以做一个疗程的化疗试一试，但也要注意权衡副作用和治疗收益之间的关系。

当我的母亲得知她得了非小细胞肺癌Ⅳ期，没有人和她或者我父亲说，她得的是绝症，但事实正是如此。当肿瘤医生说出"Ⅳ期"或"末期"这样的词汇，他们其实是在有意避开"终期"的话题，并希望病人也能一带而过地听下去。我母亲的医生很有可能并没有强调这些字眼，但如果他有明确说的话，那就是我父母把这些意思都给滤掉了。他们俩知道这个病很严重，也都听得很仔细。但是他们似乎没能领会到若无其他更严重的意外状况，母亲一定会因肺癌而死去的事实。

我的猜测是，母亲比父亲更早意识到，自己的病已经治不了了。一部分是因为他们是相亲相爱的一对。其中生病了的那一方是知道自己已经大不如前了，但还是会尽力为了另一半，坚持让自己好好活下去。而没生病的那一方则坚信另一半是会好起来的，并且会发誓一定要"治好"另一半。

从我母亲的情况来看，因为她不想骗自己，也不盲目乐观，所以她比我父亲要更早知道自己究竟状况如何。她还做了那么多年的儿科护士，所以根据自身医疗知识判断她也知道自己得的是什么病。她年轻的时候就护理过弥留的家人和朋友。但是，她始终未将自己生命将尽的事实说出口，最后还是我说了出来。

标准化治疗

被确诊为癌症后，病人问的第一个问题一般都是："我怎么会得癌症呢？"下一个问题则是："最佳治疗方案是什么？"事实上，无论从研究还是商业角度来看，化疗都已经成了肿瘤治疗领域的标准化方案。化疗既不是冉冉升起的新兴手段，也无须费心寻找才能获得。个别罕见癌症的情况则除外，因为可能某家医院比另一家更擅长应对这种癌症，而希望在另一家医院获得治疗方案就没有意义。尽管肿瘤专科之间是会有一些不同，比如提供的设施会有所差异，但在这个医疗知识飞速传播的时代，对于一般癌症，没有哪个医院能手握治愈这一种的神奇疗法，对另一种却束手无策。[1]

化疗不仅是明确的标准化治疗方案，过程中的收益最大化和副作用最小化的程度也是顺序递减的。人们可以由此推断，一期化疗是最为有效的，且并发症的可接受度也相应适度。后继治疗不仅在效果上会有所降低，副作用和并发症也有可能加重。如果你的肿瘤医生建议你做第二期或第三期化疗，那么你能争取到的生命时间可能更加有限，但你的身体却要付出更大的代价。如果你面对的是第四期或第五期化疗的话，你要考虑的恐怕就是，你所罹患的绝症已经到了最终阶段，你该为此有所打算了。

盖棺定论：肿瘤科，姑息治疗与临终谈话

通常情况下，训练有素的肿瘤科医生是很不愿意跟病人讨论正

---

[1] 有研究显示，（美国的）癌症专科并没有在宣传推广中突出强调自家的治疗效果，很大程度上是因为这些水平优良、带有学术性质的三级护理（护理依据其复杂程度的不同分为一至四级，三级护理通常是在病人需要住院治疗时提供的专业护理，小诊所有可能无法提供这一级别的护理。——译注）专科能实现的治疗效果都相差无几。这些推广中对治疗效果有多好从来都是一带而过，而是强调自家的设施，并力求从情感上来吸引观者。推广力度的显著上升显示出，尽管治疗结果大同小异，但这些地方吸收病人的能力还是很惊人的。（L. B. Vater, *et al.*, "What Are Cancer Centers Advertising to the Public?: A Content Analysis," *Annals of Internal Medicine* 160（12）（2014）: 813–20.）

在治疗中的癌症的最终情况的。这是因为，治疗才是他们的工作和职责所在，他们提供治疗方法，推进治疗方案，但在很多时候，他们会过度治疗。肿瘤科医生在治疗终期疾病时经常会使用诸如"有希望""争取时间""有一定帮助""可以预期肿瘤负荷会有显著降低""如果这回不起作用，我们仍可以继续尝试……"之类的委婉说法。这些表达都没有道出真话——这个病是无法治愈的，再做一次化疗不仅没什么效果，还会对你造成伤害。如果病人已届高龄，没能领会那些委婉表达的真实含义，很有可能会抱着过高的期待，去经受多余且痛苦的过度治疗。

最近，有位朋友跟我讲了她 89 岁高龄的老母亲与肿瘤科医生商谈其Ⅳ期胰腺癌的经历。医生和他们说的正是我上面列举的这些惯常且无用的老生常谈。

一番热情寒暄之后，医生立即开始介绍备选的治疗方案。老太太聆听一番后问道："以我这个年纪，如果不做化疗，我还能活多久？做了化疗又能活多久？"听到医生回答说，无论做不做化疗，预计存活时间都在 3~6 个月，老妇人静下心来琢磨了一会儿。关于化疗的回答让她感到震惊，她最终决定不接受激进治疗。

这一疾病的可预期寿命是三个月，这一研究结论背后的科学依据就在于这个数字是具有统计学意义的，医生所知就是这样，也如此这般告诉了病人。但对于很多上了年纪的病人来说，带着治疗副作用在医院或者养老院度过三个月的"生命"，可实在不是什么好选择。甚至最终也不过是个零和的选项。我朋友的母亲也明了，这三个月不过是个统计数据，对她自己并无甚切实帮助。

刚进入医生行业时，我对现代医疗的局限性还不是很有概念，自己也不过是个乐观的肠胃科医生、简历好看的新人。有一次，我被叫去给一位病人提供一些补充意见。病人是一位老先生，转移性胃癌使得他的胃部出口有局部堵塞。给他做了初诊的胃肠病科医生是一位德高望重的医生，给出了与病人的肿瘤科医生相一致的激进治疗建议。老先生一家并不想接受从阻塞处的旁边插入饲管的常规手术方案。于是这位资深的胃肠病专家便介绍说，使用我掌握的内窥镜技术插入一根饲管以及一根引流管，就能替代外科手术，并为日后做化疗留有余地。病人的家庭医生叫我过去，希望我能对此方案表示认可。但我感觉到无论病人、病人家属，还是这位家庭医生，似乎都有些欲言又止的矛盾情绪。我还感觉到，这个治疗建议不仅过于激进，而且很有可能会带来并发症。

在听了我的意见之后，病人及其家人打算寻求姑息治疗。后来，我和这位敬业的家庭医生又聊起了这个情况，我问他为什么肿瘤科医生会给出那么激进的治疗建议。他回答说："萨姆，你知道他们为何要把话说死吗？"他顿了顿，才道出关键所在："为了不再让肿瘤科医生介入。"

在说明癌症进入终末阶段这件事情上，家庭医生确实比肿瘤专科的医生更合适一些。如果他们本身就富有同情心，同时又能够正视现实的情况，他们就会不加粉饰地告诉你实情。但有些家庭医生已经和病人建立了深厚的感情，他们之间的友谊也有可能影响医生的判断。一些医生可能会产生过于强烈的共情，从而和病人亲属一起对病人隐瞒实情。这些情况还是要注意的。

上面讲的这件事，医生之所以会询问我的意见，其中有两个原因。一个是考虑到我可能会认可胃肠道插管方案对以后进行化疗的必要性。如果在这方面全体医生给出的意见都完全一致，那么以后如果真的发生了并发症的话，病人也只能认命。另一个原因则是想听听局外人的客观意见。不相干的局外人更有可能给出贴近实际的深刻见解，不受感情的干扰，而且在谈到终期疾病或终期情况的时候更容易开口。这也是近来被称为"临终谈话"的一种。我会在第十章里再做详细介绍。

不是所有肿瘤科医生都一味给予治疗。现如今,大多数肿瘤科医生都比过去更注意姑息治疗和临终关怀的重要性。这也许是因为当今时代,有些医生同时拥有治疗肿瘤和姑息治疗的专业认证。如果能遇到这样的医生就很不错了。无论如何,在开始接受肿瘤医生的治疗之前先了解他/她的观点,及其在临终问题上的业务经历,都是极为重要的。姑息治疗咨询也是如此,要了解肿瘤医生是否获得了这两门学科的专业认证。遗憾的是,大多数病人并不会花时间去做这些。

我与邻居的临终谈话

莎莉和我既是邻居也是好朋友,我很了解她。她在50岁出头的时候找我看过病,当时她的胃部总是隐隐作痛,看起来十分像是胃溃疡。同时她还有一些神经系统方面的症状,比如看东西重影、肌肉无力、肢端刺痛等等。她来找我的时候,已经看过她自己的医生,以及一位肿瘤科医生和两位神经科医生,他们给她做了全身扫描、脑部扫描,还有各种乳腺造影(常规造影、磁共振、超声波都做了)。

医生们考虑了广泛转移性癌症的可能性,但由于任何扫描都未发现肺部、脑部、胰腺、卵巢或乳腺有任何癌变存在,这一点也被否认了。而她很久以前曾有过躁狂症,联系到她现在呈现出的某些无法解释的症状又像是和精神病有某些关联,让她的案例显得越发复杂。经一位热心积极的著名肿瘤科医生推荐,她暂且将个人隐私放在一边,和我约了时间会面。从医生的角度,我认为她鼓起勇气来找我的这一行为本身就已经说明,她的症状和精神疾病没有关系。她只是十分在意、十分担心罢了。

我告诉莎莉，做一次胃镜检查（用内窥镜来检查胃部）就能够确认她是否有很小的胃溃疡。如果溃疡是良性的，那么只有她腹部疼痛的情况是对症的。如果溃疡是恶性的，则有可能说明为什么她会有其他那些症状，但她做了那么多不同的扫描后仍没有什么发现，就说明恶性溃疡的可能性是非常低的。

胃镜检查的结果没事，直到病理学医师告诉我，常规活组织检查有一些发现。他问我，莎莉是否已经确诊患有乳腺癌。我说"没有"，他说他通过特殊实验室测试发现，有微观下的乳腺肿瘤沉积物分散在胃组织当中。这有可能是晚期乳腺癌的表现——肿瘤细胞以无数个小组的形式分散分布在不同的器官当中。在我有限的从医经验当中，这种表现形式通常都是在一般肿瘤症状获得治疗之后，以及病程进一步发展了的情况下才会出现。而在莎莉身上，一般检查手段还未能发现她的病，癌细胞就已经扩散开来。

现在问题一下子就变得清晰了，莎莉的神经学症状跟她神经系统当中微小的恶性物质有关。这说明，她的病已经到了非常晚期的阶段，还会进一步夺去她的性命。我就要一边和她看着乳腺 X 光片，一边跟她说明这个仿佛从天而降的转移性乳腺癌状况了，这是如此不真实却又如此艰难的一次对话。

尽管这个病本身已经确确实实到了晚期，但并不会马上就让人走到终点。莎莉还很年轻，她的孩子们才十几二十岁。鉴于她的年纪，乐观地向其解说治疗选择是有必要的。虽然我并没有说得很直白，但在她面对如此令人震惊的诊断之时，我要是太过强调"晚期"就不太合适了。事实上，我们主要集中探讨了她病症的特殊情况，以及接下来要如何应对疾病的发展。

但是，过了两年半，她的化疗不再见效，毕竟不能忘了，她得的终究是绝症。她之前接受的激素治疗以及后续的化疗效果都还不错，但她的病情最终还是不可避免地出现了反弹。她意识到，自己已经真正到了临终的状态。莎莉的肿瘤科医生还想再进行一次治疗上的勇敢尝试。莎莉和她的孩子们都一致认为，她已经承受了很多，而眼下的治疗仍然不能确保有明确效果，所以她决定不再继续撑下去，还是让自己平静离去吧。

当癌症伴有其他慢性疾病

"不良预后"是终期疾病发展到终末状态的一种委婉表达。比方说，当癌症伴有另一种全系统疾病或慢性疾病时，这就是有不良预后的一个指标。另一种疾病就是所谓的共存疾病。举例来说，确诊为肺癌患者的吸烟病人，同时也会患有慢性肺疾病或充血性心力衰竭。

高龄病人如果听闻治疗方法受限于自己的共存疾病，就应该向自己的肿瘤科医生了解清楚到底是什么情况。如果受限于此，可能意味着病人达不到现有治疗算法之下应有的效果，也不适合尝试尚处于研究阶段的新治疗手段。

通过了严格遴选的病人可以参加癌症治疗实验（致力于新型治疗方法的医学研究）。研究者想要通过实验做出最纯粹的评估，当然还有最可靠的结果，所以如果病人自身情况复杂，还有共存疾病，就会使这一疗法的分析复杂化，他们通常不会被选中参加实验。因此，如果癌症病人有共存疾病，跟优先研究组的属性有所不同，那就可以认为，他们在治疗中所能获得的收益跟研究给出的正式结果相比要打个折扣。

同理，如果肿瘤科医生提出想通过一种全新方案来治疗病人，那么病人应该明了，这个新方案所描述的治疗效果不一定能在病人身上实现。病人可以选择接受这个方案，但必须明确，他们获得的收益很有可能达不到方案给出的平均水平。

不良预后的另一个指标是病人已经出现了局部癌症引起的全身症状。我在第六章中曾经提到过这一点，即"全身效应"，但严格来说这属于副肿瘤情况。神经损伤（神经病变）就是副肿瘤进程里的一个常见例子。尽管 X 光片可能显示只是一个局部肿瘤（单一器官内的单一发病灶），但出现神经损伤就意味着，癌症的某些方面（通常是抗体，有时也可能是肿瘤细胞）已经在体内流动，并对其他部位的组织造成损伤了。化疗能够改善神经损伤的情况，但从我个人的经验来看，大多数有副肿瘤综合征的病人，其预后比罹患相同癌症但没有副肿瘤病征的病人要差。

我的一位朋友兼邻居就是一个实例。他在 63 岁的时候，双手双脚出现了火烧火燎般的剧烈疼痛。最初诊断为不明区域发生痛性周围神经病变。人确实会发生神经病变，但有时候这可能是别的什么疾病引起的。过了几个月，当地医生未能给出更明确的诊断，也无法有效控制疼痛，他因此而越发沮丧。最后，第三次神经病学会诊发现他得了小细胞肺癌。就像这种疾病经常发生的情况一样，尽管肿瘤非常小，但一般认为这种癌症是不能做手术的，所以他做了一期化疗，希望能够减轻他的疼痛症状。然而不幸的是，疼痛并没有就此消失。我的朋友意识到，自己的预后不太好，生活质量也越来越糟。他登记了临终关怀，并在比他如果接受进一步激进治疗要舒服得多的情况下去世了。

晚期良性疾病

有些不是癌症的疾病如果同时存在，也会让人走入终途。我在第五章里提到过的约翰，同时患有心脏病、肾衰竭和糖尿病，就属于这一类型。当然，也要把年龄作为因素之一考虑进去。每种疾病单独来看也许尚且可控，但多种疾病的不同临床表现放在一起，可能就会要人命了。医生把这些病症汇总到一起，用一个词来总括这一情况，即"多系统衰竭"。

在没有恶性病征的作用下，承认人已进入终期情况是很困难的。人们一听医生说"癌症"都会吓得一激灵。人们会问医生"是不是没救了"，但是当医生说"心脏病末期"或"重度痴呆"时我们可能会想，"听起来好像还有得治，至少不是癌症啊"，但事实并非如此。

慢性心脏病、慢性肺疾病、慢性肝病以及痴呆等疾病的晚期虽不是恶性失调症，但仍然可以量化并判定为终期。如果你的保健医生不能帮你明确在你的特定情况下 6 个月生存中值的意义，那么就想办法联系老年病科医生或姑息治疗专家来提供相应的支持。在一些临床情境下，激进治疗有可能会适得其反，甚至对人造成伤害，我会就此给出一些具体的例子。

在第六章里，我讲到一个至少 70 岁、有晚期心力衰竭的病人，因为其心力衰竭进行了四次住院治疗，并因为一次心力衰竭而在两个月里反复住院，每天的日常起居必须要有其他人照顾。那时的他/她无论怎么治疗，生存中值都已经不到 6 个月了。

由此我们可以看出，如果一个 75 岁的病人已经因为心力衰竭第三次住院，心脏泵血能力已经极其微弱，洗澡穿衣必须要家人朋友帮忙才行，那么他已经没有什么路好走了。

再就是慢性阻塞性肺疾病（COPD）。如果一个病人已经年届古稀，需要辅助供氧，并有因肺疾病引起的心力衰竭，按照卡氏评分法得分低于 60（不能工作，日常生活活动经常需要照料和频繁就医），出现营养失调或肾疾病，那么任何激进治疗几乎都不可能再延长他们的预期寿命。[1]

这样的病人就必须下定决心：要继续进行这些快速失效的治疗到什么程度，何时才会接受消极治疗，并最终只寻求和缓与安宁。

所有的癌症病人和主要慢性疾病患者，只要有这个意愿去详细了解，都可以做这样的考量和规划。[2] 好的老年病科医生或姑息治疗专家是能够帮助分析相应数据，并为病人做出恰当的临终考量的。

走向衰老的终点

"老年存活不良"就是"老死"的一种医学表达。政府官僚则使用"临床状态中的非疾病特异性的临床状态下降"来表达同一种情况。什么时候人会知道自己即将抵达衰老的终点呢？方法之一是读一读美国联邦医疗保险对晚期诊断病人申请临终关怀的要求都有哪些。这些信息在美国医疗保险和医疗补助服务中心（Center for Medicare and Medicaid Services，简称CMS）的网站上就能找到。另一种方法是读一读本章注释中提到的《美国医学杂志》（*American Journal of Medicine*）上的那篇文章，看"老年存活不良"（Geriatric Failure to Thrive）的部分就好。还有一种方法则是直接问问你的医生：我该如何确定自己就要老死了？恪守程序的专业人士会倾向于不正面回答这个问题。你的家庭医生也有可能含糊其辞地一带而过。但如果你向老年病科医生或姑息治疗专家咨询，并事先说好就是想要探讨预后的话，一定会有所帮助的。

1　S. R. Salpeter, *et al*., "Systematic Review of Noncancer Presentations with a Median Survival of 6 Months or Less," *American Journal of Medicine* 125 (5) (2012): 512.

2　S. R. Salpeter, *et al*., "Systematic Review of Cancer Presentations with a Median Survival of 6 Months or Less," *Journal of Palliative Medicine* 15 (2) (2012): 175–85.

通过自行学习了解和与专家商谈,你就能够预见,当身体表现不佳、年事增高、营养衰退、有共存疾病、器官功能障碍和一再住院等情况组合出现,就预示着,最后的时刻临近了。这也是为什么我们说激进治疗手段其实是一个零和游戏:你因治疗而续来的每一天生命,其实都失去了,因为你把这些时间都消耗在了重症监护室中,但你本可以与家人共度这些宝贵的时光。

等你(无论你是病人、委托人还是家人)明白了这些基本原则,你就可以回到评分表看看自己所在的位置,然后想清楚,接下来是继续治疗,还是在缓和中获得些许安宁。

我父亲的"老年存活不良"

母亲去世后,我立刻对父亲会如何有了定论,我断定他会进入情绪低落的状态,然后身体状况也会衰退,甚至过不了一年就会心碎欲绝地离我们而去——但这一切并没有发生。他确实有一段时间情绪低落,但之后就恢复了过来。事实是,他在接受主动脉瘤修复术之前的三年状态非常之好,修复术之后的三年也很不错。再往后的两年,也就是他去世前那段时间,他表现出加速衰退和渐进性失能的状态。

我们再引用一下威廉·奥斯勒爵士那段著名的话吧:"肺炎完全称得上是老年人之友。老年人由这种急性、短暂且不大有痛苦的疾病带走,便能从无论让自己还是亲友都苦恼万分的'日薄西山'之状中逃离。"体会这番话,让我从眼看着他身体每况愈下的绝望中找回了些许理性。引言的后半句所说的正是眼见一个意气满满的人变得不得不依赖他人、最终连生命都被带走时,内心中难以言说的悲痛。而前面那半句则让我无法忘记,父亲曾错失了一次平淡离开的机会。

父亲去世前一年,他的虚弱状况限制了他的身体行动,将他的生活范围约束在了公寓之内。除了很少几次去餐厅吃饭（只能是午餐，因为他没办法在餐厅坐一个半小时那么久来吃完一顿晚餐）、每个月参加一次爵士乐之夜的活动，以及偶尔去看歌剧放映，他几乎已经彻底足不出户了。

　　作为一名医生，我对他小小生活范围的临床意义加以观察、分析和整合。他的社交生活缩减为仅有家人亲友前来探望，以及偶尔有朋友顺路过来看看。虽然他的胃口还很壮，他的体重稳定在了比他在母亲去世时的体重峰值少4.5～9公斤的数字上。至于他每天的日常活动，他既不能做饭、打扫、在屋里来回溜达，也不能自己洗澡。他几乎无法自己上厕所。夜里，他会留个夜壶在身边。白天，他会在别人帮助下到卫生间去洗漱。他能用步行器走上十几米，但基本上还是要靠护理员帮他坐到轮椅里，才好从床上转移到桌边或公寓里的其他区域。他能维持好自己的个人财务，但写支票和通信这些事都需要有人帮忙。他会把需要说给家政人员，然后再在支票上签上自己"老朽的"（他的原话）签名。

　　作为儿子，看着自己的父亲日渐衰弱让我感到非常难过。作为一名医生，我也对联邦医疗保险的临终关怀许可要求熟记于心。我知道他在为自己身体的衰老而悲痛，也知道他在为如何避免延长生命甚至加速离开而挣扎。我的姐妹们跟我一样，都希望能够在他准备好接受这一切的时候，为他提供支持。

　　父亲不再去定期拜访他的保健医生了，后来也决定不再定期去看他的肿瘤科医生，不再继续复查他的腹部主动脉瘤。他主动决定进入姑息阶段。我们都理解并接受了他的选择。他给每个医生都单独打了电话，感谢他们对他的照顾，并向他们告别。

　　到他去世前8个月的时候，尽管我们并不能明确知晓何时才是告别的时刻，但我们都能清楚地看到，父亲正在走完他人生的最后一程。在他的状况不断恶化的过程中，我的姐姐不得不借助于更多的居家护理帮助，对我们来说，那段时间仿佛凝滞了一般。接着，父亲在一个星期里就滑倒了两次，还有一次是在他自己想办法坐到坐厕椅上的时候摔倒了。每个人都清楚地意识到，夜里得有人陪着他才行。我也明确认识到，他很快就要下滑到底了。"老年"就是我父亲的终期状态。

关于临终时光的想象

在大多数情况下，什么是 6 个月的生存中值并不难想象，但落到具体某个人上会是如何，无论从情感还是理智上都很难设想。不过，这样设想一番还是很有意义的——只有那些意识到自己每况愈下的人才有机会在一定程度上从自己的主治医生那里争取回一些主动权。

慢性衰退让人有更多的时间去想清楚这一点。患有某种特定疾病，尤其是那些世人皆知的绝症（如癌症晚期或末期心脏病等）的病人，比那些累积了更多老年问题的人在这方面更有优势。前者不用费太多事就能把临终关怀和家庭护理等事宜安排落实，而且对必将到来的病程也早有准备。而后者则不得不多花一些心思才能申请到临终关怀。我会把与此相关的细节在第十一章《临终关怀》中做详细介绍。

从实际情况出发，将临终病人划分为三大类，能帮助人们做好准备：一类是从可辨识、可计量疾病（如癌症、充血性心力衰竭、慢性阻塞性肺疾病等）的终期诊断，逐渐进入到临终状态的病人；一类是已进入存活不良阶段，并仍有明确自我感知的老年人（就像我父亲）；再一类则是身体尚健康但已经出现痴呆的人。

能否认识到临终状态的进展至关重要，因为这意味着病人能够预测自己的退出时机，并制定好自己的退出策略——不去理会临终状态下发生的急性疾病，就能够让人在安宁中适时退场。

遗憾的是，如果人们在吃完饭时聊起这个话题，有些听者会激动地反对，他们通常是满怀善意的朋友或者亲人。他们会坚持说："你这是告诉别人你不打算活了！"我是不会这样说的。我会说："去了解一下，好好想想，看看自己对激进的治疗建议，以及过于乐观的承诺有哪些疑问，然后做出自己的判断吧。"如果你觉得时机已到，那么就积极地缓和下来吧。

持续激进治疗到最后一刻，也许确实能让一些病人多存活一点时间，但对大多数老年人来说，这样的治疗是不会有效果的（顶多有些副作用），甚至有很多人被激进治疗抢在自身所患疾病前面夺去了生命。事实上，有研究显示，Ⅳ期肺癌患者当中，选择姑息治疗的病人比临床状况一致但选择了激进治疗的病人平均存活时间要长。[1] 类似研究结果在晚期乳腺癌和胰腺癌病人当中也有体现。所有这些都是因为，选择激进治疗而非姑息缓解，增大了遭受痛苦与无效治疗的风险，也加大了提早离世的风险，而病人无法掌控这些风险。

如果你知道自己已经时日无多，你也会知道自己会因为什么离开，问问你自己，你想如何度过这最后的日子，想想你会在"哪里"合上双眼。会是在医生办公室里吗？诊疗中心，养老院，还是病房？或者说，你更想和家人朋友们在一起度过？知晓自己的终期病症，病人及其家属就能至少有所准备，承认临终阶段就要到来。这也是关于临终愿景的另一个角度。当疾病进展到了后继治疗已经于事无补甚至副作用大过疗效的时候，人们就可以不再继续抵抗，从而在一定程度上把自己所剩不多的时间握在手中。

---

[1] J. N. Temel, *et al.*, "Early Palliative Care for Patients with Metastatic Non–Small–Cell Lung Cancer," *New England Journal of Medicine* 363 (2010): 733–42.

当肿瘤科医生说继续治疗来"争取些时间"的时候，别太信以为真。早点安排好临终关怀，病人才真正能够争取到更多不为病痛折磨的时间，在熟悉的家中，在家人朋友的簇拥下度过。

接受不可改变的事实并不是放弃，也不是投降，而是主动出击。

记住并思考

- 确认疾病的真实情况是很有帮助的。
- 开诚布公地和家人谈谈你的临终愿景，这能减轻他们的心理负担。
- 明确终期疾病并不意味着立即就进入临终阶段。
- 搞清楚自己的病是"何种情况"，就可以想想自己可以在"何处""何时"走到终点。
- 别忘了你是可以选择不接受或减少治疗的。

第三部分

实践:为告别做好准备

第九章

预后的价值

The Value of Your Prognosis

> 当我们在病人弥留之际依然匆忙着不想放弃救治时，我们已经在预后上放弃了他们。
>
> ——尼古拉斯·克里斯塔基斯，医学博士[1]

医生渴望能给出明确诊断。有了诊断结果，他们才能制订治疗方案。而一个精确的诊断结论，对于任何激进的治疗方法都是必不可缺的。但是，任何诊断结果及其治疗方案都是要有预后的——预后即对可能实现治疗结果的预期——而这个预后不见得一定是我们想要看到的。本书的目的之一，就是希望人们能够对预后有所理解，并加以探讨。

在前面的若干章节里，我们就疾病的发展曲线、一种终期疾病是如何过渡到临终状态的，以及诸多各不相同的临终场景都有所探

---

[1] 尼古拉斯·克里斯塔基斯（Nicholas Christakis，1962- ），美国社会学家、医学家，致力于研究社会网络和生物社会学，在医学和社会学领域都有大量著述。2018年获耶鲁大学斯特林教席。他与詹姆斯·富勒（James H. Fouler）撰写的社会学著作《大连接》（Connected）曾被翻译成中文出版。——译注

讨。更宽泛地讲，这些章节的目的就在于告诉读者，人在身患某种疾病后要面对的将会是什么。我想要读者知道，寥寥几种慢性疾病何以致人走向终点。知道了这些我们才能认识到，什么时候这些疾病会从可控变为终途。我还想告诉读者，临终时刻，即使是患不同疾病，也有很多共同点可供参考和了解。

由普遍到具体

这一章旨在将普遍性归结到个人的具体情况上。这样做是为了让读者能够考虑自己的身体状况以及所处的独特环境，对自己在未来可能的遭遇有个判断。而这就是预后。如果你知晓未来遭遇的走向，那么你就可以预见可能的问题，做好规划以及应急预案。

每一天，人们都会根据四面八方的信息制订相应的计划，这些信息可能是天气预报、火车时刻表、潮汐图表、股票指数，或者交通状况，等等。诸如此类的信息来源都包含着各种各样的硬性数据、软性数据，以及一些推测，来让人们能够有所预期，甚至做出预判。然而，一般病人对自己所患疾病及预后相关种种信息的关心，都比不上他们对诊断结果、对医生建言的盲目信任的程度。这是因为，一个人在确诊时，首先不得不接受和面对诊断结果这一消极事实，然后就会把注意力都集中在治疗所能获得的积极方面。

预后：要么二选一，要么顺其自然

在美国，医疗的默认定位就是诊断和治疗。对大多数疾病的治疗都是以治愈和长期存活为目标的。对于到了一定年纪，或晚期疾病患者来说，此种期望就不太现实了，必须要做出调整。

预后的概念有三种，往往会被归结到一起，我们应该尽量从慢性病人能获得的收益出发来加以区分。首先是对这些慢性疾病的可管理性的预后。比如："我能通过这种慢性心力衰竭的新疗法获得的最佳效果是怎样的？"其次是对发生在慢性疾病之上的急性疾病可治愈性的预后，比如："我肺部新出现的血凝块能治好吗？"最后则是"我还能活多久"这样的预后问题。

　　第一种预后，我们在前面的章节中有所讨论，就是在将要进行或停止某种治疗并分析其后果时会面对的非此即彼的选择。第二种预后，我们很快就会谈到。它也存在着一个非此即彼的问题。第三种预后则不再是治疗的选择，而是时间问题。它的关注点是生命即将走到终点时，如何能够预知终点到来的时刻。是很快就将结束，还是尚有一点时间？虽然已是临终，但终焉究竟何时发生呢？稍后我们就会讲到。

　　现在，让我们先通过我母亲虚弱——肺炎——肺癌的确诊，来梳理一下"预后"的几种不同定义。虚弱是我母亲最初发生的慢性状况（详情参看第六章），我的父母对此有所应对，但并未将其视作一种疾病。我们能做的，就是要么接受虚弱作为一种身体的病症，要么就通过锻炼身体和调节营养来击退它。母亲的肺炎是急性的，正是由她的肺癌引起，并与其叠加存在于病人身上，可以说，预后就是能通过抗生素来治愈肺炎。当她确诊为肺癌晚期且无法再治愈时，她的预后则变成了"我还能活多久"这一类，而这类预后就是我称为单一时间线预后的类型，它与生存中值密切相关。

　　母亲确诊后，他们俩都已经明了事情十分严重了，但他们都忽略或者说是回避了在那个时候好好谈谈我母亲剩余时间的问题。母亲后来度过了危险的急性肺炎，跟她说说她的虚弱、癌症以及生存中值的重任就落到了我的肩上。我真的能毫无保留地和母亲谈论这一切吗？

我该怎么说这些话才好？我能简单地告诉他们说，对照生存中值，我母亲还有十个月，或者干脆多说一点，还有一年？我要是对她说，跟你得了同样病症的人，有一半活不到十个月，80%活不到一年，这样听起来会好一点吗？或者我应该强调说，鉴于她目前的虚弱情况，很有可能活不到这个时间？

可能痊愈时的预后

在我当医生期间，我经常会通过预后信息来影响病人的行动。最好的例子就是酒精肝，因为酒精肝的治疗方法就是戒酒，而且除了戒断反应之外，停止饮酒不会给人带来什么负面影响。所以此种情况下，风险收益分析的结果是显而易见的。

每当有酒精诱发肝病[1]的患者，我就会给他们好好算一算："如果你现在就不再喝酒了，只要三个月，你的化验数据就会恢复正常；九个月，你的肝脏就会再生。但如果你继续喝酒，你可能要不了十二个月就会死于肝脏衰竭。"这就是一个简单明了的预后：如果病人戒酒，那么预后就很不错，如果拒绝治疗，那么预后就很糟糕。这就是二选一的命题。

患有其他可治愈疾病的病人，也很愿意探讨不同治疗方案之下预后会有何种不同。他们想知道，如果选择 A 方案，获得的是否就是 B 结果，或者选择 C 方案，是否就能获得 D 结果。还是看酒精肝这个例子：医生做出了诊断，病人也同样可以做出选择。如果病人停止饮酒，就能够获得好的预后；如果病人继续饮酒，就只能获得糟糕的预后。预后就这两种。对于任何可逆疾病，此二分法都是成立的。再举个例子，

---

[1] 一般来说都是酒精性肝炎，这是一种通过戒酒和营养调节就可逆转的肝部炎症。

如果病人患有盲肠炎，同意做手术则会获得好的预后，拒绝则反之。

无法痊愈时的预后

另一种就是寿命即将终止的情况，此时的预后就是所谓时间线预后了。时间线自确诊后开始，以生存中值计算；随着时间的流逝，生命情况愈加紧迫，时间也会变得愈发紧张。由于此时病人已经没有可能痊愈，是通过治疗来"争取时间"，还是停止治疗以免产生副作用，这就是病人仅有的选择了。继续治疗也许有可能争取到更长的存活时间，但病人一定会同时承受痛苦，且面临并发症的风险。停止治疗是对现状的接受，说不定反而更舒服一些。

高龄病人身患终期疾病或晚期慢性疾病，或是整个人都已经很虚弱了的话，可以预见的结果就只有一种了。预后就是进行性衰退，病人所余时间可能会根据接受的治疗而有所不同，但最后的结果都是一样的。更重要的是，尽管病人一定会进入渐进式衰退，但衰退发生的速度也不一定会因为治疗而变缓。治疗所带来的并发症反而可能会加速病人的衰退，从而使治疗产生适得其反的效果。

大家回忆一下我在第八章里讲到的那位勇敢的女性吧，她身患Ⅳ期胰腺癌，主动了解相关的治疗以及预期寿命的信息。在得知自己如果不做化疗就还有三到六个月的寿命，而化疗同样也只有三到六个月的寿命时，她选择了拒绝治疗。她考虑的正是：临行前的这几个月，与其在化疗的艰难状态下度过，索性就不要化疗了吧。

隐瞒信息

对于一部分医生来说，把还有几个月寿命这样的数字坦白地交代给病人，是件十分残忍的事情。有些医生会试图隐瞒。但了解这些信息本身也是能够有所帮助的，而将这些信息告知给病人不仅是起码的常识，甚至有时这才是真正的善意。没错，的确有些病人想要逃避现实，但大多数人还是希望了解自己的实际情况。在对预后一无所知时，病人是会很焦虑不安的，他们会反复去想自己究竟会怎样，少数不想知情的病人更有可能会遭受无效治疗。如果能对自己的预后有所了解，大多数病人都会庆幸自己能对还有多少时日心里有数，从而安排这些有限的时间。

再回到我母亲的诊断上来。当时的我面临着极为艰难的抉择。我始终都觉得，对她隐瞒预后，就和隐瞒确诊结果一样，都是不道德的。[1]

过分弱化预后也是一种隐瞒。我仔细考量了母亲的临床情况，决定用实际数据来表达她的预后情况："和你有同样病症的人，50% 会在十个月内去世，80% 会在一年内去世。"我想让自己尽量连贯地把这句话说出来，但还是十分艰难。另外，我并没有强调说，除非她再年轻和健壮一些，不然以她目前的虚弱状况，恐怕很难坚持到十个月之久。这样的话我真的无法说出口。

那一刻浮现在她面庞上的悲伤神色，直到今天仍历历在目："萨姆，我是快要死了吗？"嗯，我心里回答。

我们一起陷入了悲痛。我很清楚地知晓，她已经完全明了我话里的全部含义。这足以让她做出理智的选择。她已本能地对接下来要进行的治疗抱持消极的态度。

---

[1] 关于隐瞒医疗信息的文献有很多。美国医疗协会的立场是，当医生在任何可能需要根据病人的选择做出调整的时候，医生应尽一切可能不隐瞒任何信息。"Report of the American Medical Association Council on Ethical and Judicial Affairs：Withholding Information from Patients：Rethinking the Propriety of 'Therapeutic Privilege'"，2006.

来自新世界的教训

之前因为在华盛顿特区工作，我得以接触来自世界各地的病人，为他们提供建议和诊治。新移民中的成功人士或外国使馆工作人员经常会把自己的双亲接到美国来看病。这个时候你会同时看到来自旧世界和新世界的两种截然不同的意见与期许。一般来说，这个时候我的面前会坐着两代人，我和他们一起一边看他们带来的当地诊疗记录，一边探讨通常是十分严重的诊断。年轻一辈的人总是叫我照着之前医生的来说，不要对病人说出实情，因为此时病人十分脆弱敏感，这些结论对他们来说太过难以承受了。会和我认真交代这些的人，一般都是扣子扣到领口最上方、对病人无比关切的善良的家人。他们几代同堂，住在一起。病人也不存在病态否认的因素。[1]

很显然，在这些情境中，年轻一辈在试图保护自己的长辈，不让他们因为严峻的诊断而过于震惊，因为在他们来的地方，患了癌症或类似疾病几乎就意味着自己被宣判了死刑。我猜测，当他们过去的期望值和如今在美国的期望值不对等时，他们的内心会产生激烈的斗争。在美国，你会被美国医疗福利大肆宣传下的种种承诺狂轰滥炸，年轻一辈通常会认为，病人既承受不住糟糕的结论，也不知该如何看待美国医疗许诺能够实现的诸多好处。

但我所经历的事实却并非如他们所想。来自旧世界的病人比你想象的要坚强许多，他们比身在美国有同样病症的人所经受的考验要多得多。

---

[1] 否认（denial）是人在面对疾病时的心理表现之一，作为一种自我防卫机制，可能表现为对严重症状视而不见、拒绝治疗等。包括否认、抑郁、愤怒、焦虑等在内的心理因素可能会带来严重的后果，甚至加重疾病、干扰治疗或增加并发症，有医学研究将其作为一种精神卫生病症进行诊断。——译注

他们似乎很清楚：很多事情是自己掌控不了的，严重疾病就是如此。他们乐于接受美国医疗带来的帮助，但同时不会抱有不切实际的期望。他们能够接受自己的诊断结果。

我是拒绝隐瞒诊断结果的，我也从未因此而后悔过。探讨预后才是一个真正困难和微妙的话题，很难说得一清二楚。不过到最后你会发现，以比较直接的方式说出来，总会有最好的效果。

我在这本书里的其他地方也有提到，我们不可能通过大量病人的预后数据去明确预测某一个病人未来会如何。医生并不能将我们的临床认知或病人的期望以坐标系的形式标绘出来。病人也不能决定自己会落在存活曲线的什么位置。

当然，置数据于不顾，也意味着你没有对数十年研究和观察的结果善加利用。置自己的预后于不顾，则等于视必然为不见。执意与必然相对抗，你必定会遭受过度治疗、无效治疗，乃至丧失自主。

寿终预后

预测痊愈的可能性，远比预测疾病还要持续多久容易得多。在生命的最后时刻，痊愈已经没有意义了，预测的是还要多久治疗就会彻底失效，即所谓存活时间。生存中值所呈现的是在某个给定的时间框架内，生存和去世的人分别有多少，但并不能预测出是哪些人生存、哪些人去世，也不能体现出存活者的生存质量如何。随着疾病不断发展，时间框架也会不断缩小，预测的准确性也会相应提高，但仍然无法精确到具体的个体上面。有一项关于进入临终关怀的终期病人的研究显示，医生估计的存活时间中，仅有20%是准确的；有17%表现得过于悲观（即病人活得比预估时间要久），而有63%则过于乐观

（即病人活得比预估时间要短——通常仅有五分之一）。[1]

医生们在做出寿终预后的时候往往表现出"系统性"乐观态度，这种态度会影响人们思考的方式。首先，人们可能会延后考虑进入临终关怀的时间。第二，人们可能因此而关注那些效果一般的激进疗法。这项研究还显示，那些经验丰富、专项精通的医生给尚未建立长期稳定医患关系的病人做出的预判是最为准确的。因此，当你想要对医生推荐的激进疗法有更多了解时，不妨通过无关的第三方获得一个单独的预后核实意见。在第八章讲到过的一个胃癌病人那里，我就担当了这样的角色。

在我职业生涯的后期，我在华盛顿给一个熟人做咨询，在我看来，那就是一个对预后信息做出了最优利用的实例。那是一位75岁的女性病患，基本上一直都在其他地方接受治疗。她第一次去找我是那年的1月，家人在她那里过完节后，她出现了些隐约的腹痛，食欲不振，莫名变得十分虚弱。她是一位优雅而矜持的女性，但丝毫不做作。她过往的经历与她当时的状态似乎并无甚医学关联。

但通过体诊，我发现了很多问题。触到她的肝脏（硬邦邦的，而且还很粗糙）时我就知道，她已经是癌症晚期了。至于是原发性肝癌，还是从肺部、乳腺、胰腺或其他什么地方转移过来的，都已经无关紧要了，她已经时日无多。真正重要的是，这一病症正是她当时那些表征的原因。而她也从我的表情上领会到了这一点。

进一步的检查和活组织检测显示出她的胆管癌已经扩散（胆管癌转移——胆管型肝癌——的预后与晚期胰腺癌相类似），她和她的丈夫跟我进行了一次坦率的谈话。她的预后当中最为重要的是，CAT

1　N. Christakis, *et al.*, "Extent and Determinants of Error in Doctors' Prognoses in Terminally Ill Patients: Prospective Cohort Study," *British Medical Journal* 320 (2000): 469–73.

扫描结果显示，她的腹腔存在着数包浓稠的积液和癌细胞沉淀物，堆积在肠子周围，预示着接下来她会发生多次肠梗阻，这会让她在离去之前遭受难以承受的疼痛和不适。

她咨询了好几位肿瘤科医生，打算再试试化疗，"为自己争取点时间"。然而不幸的是，在她做了第一次化疗后的那天夜里，她就遭遇了突如其来的恶心反胃，无法入眠。她在床上坐了起来，紧紧抓住自己的胸口大声地喘息，然后就去世了。这个时候，即便明知已经无用，大多数人的另一半还是会惊慌失措地打急救电话。而她的丈夫意识到，这就是一个终期病人所发生的致命事件了，于是他冷静地打电话给他妻子的医生寻求建议，从而让她不必承受徒劳无功的心肺复苏，也保有了一个病人最后的尊严，不必被急救车送到最近的急诊室，由急诊医生宣告她已死亡。[1]

据我猜测，这位女士是因发生肺栓塞而在非常短的时间内去世的。由于之前我们已经充分交流了她大限将至和生存质量堪忧等预后情况，并考虑了人的情感感受，这对老夫妇才能在不受无效急救干扰的情况下，让这位女士抓住"退出机会"，安然离去。

父亲对预后的利用

我父亲83岁的时候，他的肿瘤科医生给他约了一个CAT扫描，来检查他的无痛淋巴瘤的情况。检查顺带发现，他的腹部主动脉瘤（abdominal aortic aneurysm，简称AAA），即一处膨胀起来的血管存

---

[1] 当时在华盛顿，急救尚未抵达病人就已过世，急救人员是不能宣告其死亡的。由于这位女士并未登记拒绝心肺复苏术，如果急救人员在病人身体尚有余温、死后僵直尚未出现时就接到呼唤，他们就必须要执行心肺复苏术，而且至少也要将病人送到最近的急救中心，由医生来宣告病人已经死亡。

在破裂的风险。标准的治疗方法是定期监视动脉瘤的尺寸和生长情况，并在破裂风险高过手术风险时进行外科修复术。

母亲去世两年后，父亲 88 岁了，仍然一个人独立生活。定期复查显示，这个动脉瘤有所膨胀，到了必须要进行修复的时候。他的保健医生给他安排了两个术前咨询。

我则告诉他可以看看 UpToDate[1] 提供的在线信息。

由于他已是耄耋之年，进行外科修复术要面临很高的风险。虽然当时他的精力仍然十分充沛，但发生并发症的风险着实不小，遭遇失败的风险就更加显著了。腹部接受大型外科手术，即便整个过程完美无瑕，病人也得在 ICU 待上好几天，甚至要在医院或疗养院住院数周。这就会使他进入到一种以后很可能再也恢复不过来的虚弱状态之中。

然而，腹主动脉瘤腔内修复术（endovascular aneurysm repair，简称 EVAR）则是一种风险较低的治疗法。它跟心脏导管插入术和心脏置入支架相类似，只是对象是更大一些的血管。病人在门诊就可以接受这种修复术，而且能够显著降低五年甚至更长时间内破裂的风险，意味着在这段时间里，这个血管瘤不会继续成为他生命的威胁。

但话又说回来，父亲想接受治疗吗？数十年前，他就经历过一位客户因动脉瘤而离世的事情。他知道，大多数有这个病的人走的时候

---

1 UpToDate 是一个为医生提供医学相关话题简报的线上订阅服务供应商。它是一个很有实际价值的线上医学百科，一年两次对不同医学话题的相关文献进行综述。虽然是面向医疗专业人士的，但当中有一个"患者教育"板块，我曾让父亲浏览的动脉瘤相关内容就是这部分提供的。患者教育板块能够帮助达到高中教育水平（"基础"）或大学教育水平（"进阶"）的人了解相关的信息。进阶部分里就有关于动脉瘤扩张及其破裂风险的内容：www.uptodate.com/contents/table-of-contents/patient-information。（其中文服务叫作"UpToDate 临床顾问"，提供付费服务，需注册并订阅方可访问。可查看其中文页面 www.uptodate.cn/home 或下载同名 APP 了解详情。——译注）

都比较迅速，所以他盘算着，放着动脉瘤不管是否才是明智的选择。

"如果你想趁动脉瘤病发的时候离开，我可以给你讲讲，破裂会怎么发生。"我对他说。我把自己所知的整个过程都仔仔细细地讲给他听。

"事实上，这个过程并不会很糟糕。一半的病人会在去到医院之前就故去了。病人会感觉到十分剧烈但短暂的疼痛。如果去医院，医生会给你注射吗啡。还有15%～25%的人还没来得及手术就会离去。不做手术一定是会没命的，但在剩下那些坚持到了能做手术又仍然拒绝了手术的人当中，有四分之一又活了四天才去世。"

有两点打动了我的父亲。一点是死亡发生得比较迅速，如果拒绝手术，这几乎是一定的。另一点是虽然会很疼，但可以通过吗啡来镇痛。

"既然是这样，我干吗还要做修复呢？"

"爸，你的孙女现在正怀着孕。如果你想争取看到自己第一个曾孙辈出世的话，你最好还是接受修复吧。"

我们的争论最终结束，他也接受了血管内支架置入。过了6个月，他去了康涅狄格州，见到了他的曾孙女。预后信息的参考价值帮助他做出了决定。又过了五年，他复查淋巴瘤的CAT扫描显示，当初的修复已经瓦解，主动脉再度扩张了。虽然这一回修复之后能坚持多久很难说，医生仍建议他再做一次修复术。父亲了解了自己当下的实际情况，谢过医生，并拒绝了采取进一步的措施。

把预后吃透

你的医生是帮助你理解预后的最重要的信息来源。但鲜有医生会主动跟你讲这些，只有一小部分人会愿意和你详加探讨。让医生迟疑的部分原因在于长时间的讨论并不会有充分的回报，另外一部分原因则是医生居高临下地认为，病人并不能真正理解这些信息的意思。如果你要求，大多数医生还是会说的。但如果他们不肯，你也可以换一位医生试着问问看。你有权知晓这些信息，不能医生不说，你就接受这个行为。

除了诊疗上的咨询，你还应该知道，线上能够找到的信息已经越来越丰富，可信度也在不断提升。我从医期间，互联网有很大的发展，我时不时就要告诫自己的病人们，不要去网上乱看，因为当时有太多未经监管的错误信息，会造成误导，影响决策。但过了这些年，已经有很多可靠的网站了，UpToDate 临床顾问就是其中之一。你的医生也可以指导你去看一些其他网站。

更为重要的是，一些专注某些疾病的网站本身就是附属于可靠的诊疗中心的（比如纪念斯隆·凯特琳癌症中心，Memorial Sloan-Kettering Cancer Center），能够提供特定诊断的预后算法。[1] 举个例子，胰腺癌患者如果在医生推荐下访问这类网站，输入个人的诊断结果以及临床参数（身高、体重、年龄、共患疾病、是否抽烟、转移情况，等等），就能够得到一个独立于病人主治医生观点的预后。我很推荐这类网站，但这样做并不能取代你与医生或家人应该进行的谈话，而是通过客观的信息来更详细地了解你的预后情况，因为这些信息有可能让你从一个更贴近你个人的角度去做出选择。

本书将"老年"本身看作一种疾病乃至潜在的终末情况，所以我还推荐 ePrognosis.ucsf.edu.org，这个网站由加州大学旧金山医学院建立，为老年病患提供了一个可以有多种使用方式的计算工具。[2]

1　可以在 www.mskcc.org/nomograms 查询 Memorial Sloan-Kettering Cancer Center 提供的预后相关资讯。
2　可以在 eprognosis.ucsf.edu/calculators/#/ 查看更多关于预期寿命的一般问题，以及老年人进行筛查检测的风险 / 收益分析等等。

更重要的是，这里还给高龄病人提供了一种无须定性诊断就能估算给定时间内存活可能性的计算工具。在输入一些人口统计学和身体、疾病方面的具体信息后，病人就能得到一个类似图表的内容展示，说明在一个基本匹配的同类人群中，有多少能够在给定时间段内存活。如果你或你的医生选定的时间段为6~12个月，结论就可以用来作为何时加入临终关怀的参考。

举例来说，如果你了解到，与你匹配的人群有75%在12个月内离开人世，那么这个时候你就可以考虑加入临终关怀了。

最后一点，如果你想了解关于慢性疾病晚期或虚弱状态下的相关信息，去看看政府关于判断一个病人是否有资格获得临终关怀财政福利的指导文件会很有帮助。这即所谓"当地保险范围决定因素"（Local Coverage Determinant，简称LCD）。从预后的角度，当地保险范围决定因素当中针对不同慢性疾病的描述构成了官方对生存中值为六个月的评估标准。[1]

关于预后的总结

在本章开头，我就强调了诊断和预后的重要性，他们就好比医疗救治——尤其是致力治疗和治愈的激进治疗——的支柱。精确的诊断可以形成完整的治疗方案，诊断和治疗方案一起则能够形成预后。

在医生的指导下，预后信息能够带来巨大的帮助。虽说数据图表或各种数字并不能预测某个病人究竟会遭遇些什么，但我还是想把我大学时的化学教授讲到熵时的一句话传达给大家："通常，可能性最

---

[1] 可以在美国联邦医疗保险（Center for Medicare and Medicaid Services，即CMS）的官方网站看到Local Coverage Determination（LCD）和Hospice Determining Terminal Status（L34538）的详细信息。

高的一定会发生。"你可以通过学习去发现什么是有可能发生的，并和医生详细探讨，从而制订计划。这样你就能够让自己去享受那些好过预期的结果，并接受那些不太好的结果。

记住并思考

- 无论你自己认可与否，预后都是客观存在的。
- 忽视预后只会带来对现实的抗拒，从而一味寻求治疗，由此带来的将是无用且痛苦的治疗过程。
- 一定要和医生探讨预后。
- 如果你的医生拒绝和你探讨预后，不妨找一位愿意开口的老年病学家或姑息疗护医生聊一聊。

第十章

最艰难的对话

The Hard Conversation

> 我觉得直截了当和诚实地面对自己的病人与他们的家人是很残忍的事。我的同事当中有许多都精通于斟酌词句、避重就轻的艺术,就是不想打消人们的希望,或是想要避免进行艰难的对话,但是对病人及其家人隐瞒信息,只会让他们无从做出知情的决策。
>
> ——安吉洛·沃兰德斯,医学博士[1]

人的临终愿望有可能非常具体,比如不上呼吸机,也有可能十分宽泛,比如"我希望你尽可能地让我活下去,直到我无法尽情阅读报纸头条文章为止"。要么就是一些比较模糊的愿望,比如我父亲就表达了不想进养老院的要求。为了让这些愿望有意义从而可实现,就必须让家人都清楚了解,有些愿望则必须让代理人了解清楚。图书、期刊和电影带起的潮流让这些交流有了一个名称:"临终对话"(安吉

---

[1] 安吉洛·沃兰德斯(Angelo Volandes)是一位作家、医生,就职于哈佛大学医学院,致力于研究如何帮助患者做出更好的选择,并致力于保护病人在医疗保障体系当中的权利。——译注

洛·沃兰德斯）或"最艰难的对话"（阿图·葛文德[1]）。我会根据对话发生在疾病进展程度的不同阶段，在这二者之间选择使用合适的说法。这个对话开始得越晚，频率越低，就会变得越发地困难。

讨论疾病、弥留和死亡总是很难，因为每一次直面现实的谈话都是对"希望"发起的冲击。但这个最艰难的对话，并不一定总是艰难的；等疾病发展到更为后期的时候，对话就会变得难以实现。这一章里，我会试着去阐明这个过程。

如何开启对话

临终对话在重大疾病发生之前只存在于假设当中。一旦疾病被摆到了眼前，开始临终对话就会变得困难起来，因为此时危机的可能性已经初露端倪。但是，避免进行对话就意味着你要将自己手中的主动权交给他人，并从现实面前逃避开来。而展开对话则能让你维持一定的掌控。开启这个对话的人所表达出的是对所有与你抉择相关的人的关切和重视。如果是家人开启对话，他们表达的就是对病人的关心，希望能让病人免遭不必要或无效的治疗。如果是病人自己开启这个对话，他们想表达的则是对家人的关心，想让家人了解自己的想法，并减少未来面临抉择时的种种负担。

开启这个对话有很多种方式。最为简单和常见的方法就是从探讨健康相关话题的实际问题，切换到关于临终目标的深层讨论，当然也可以由法律、医疗甚至道德相关的角度开始探讨。一定会有某些形式的抗拒推迟对话的展开，但再迟也不宜延迟到对病人起不到"保护"

---

[1] 阿图·葛文德（Atul Gawande）是全球知名的医生、作家和公共卫生研究者，也是奥巴马医疗改革的关键人物。——译注

作用的时候。一般情况下，对话无法进行都是因为忽视问题远比解决问题要容易得多。即便你心怀迟疑，还是要敢于推动这一进程，想办法恰当地表达，并尽可能避免任何令人生畏的安排。

我和父亲的第一次对话

我的父亲并没有在临终对话前退缩。但是他倒也没有完全敞开心胸。他总是若无其事地把话题一带而过。我们谈起这个话题一般都是从讨论现实问题开始的。

除了在他去世前十二年，他重写了自己的预立指示之外，在那之后又过了六年，我们才就他自身的情况进行了第一次临终对话，这一次主要围绕呼叫钮的事情展开。当时，他孤身一人住在一个单层公寓中。87岁的他虽然身子骨还算硬朗，但随时都面临摔倒的风险。每天他要服三种处方药（分别应对血压、焦虑和疼痛），每一种都有可能增加他摔倒的几率，同时他还承受着末梢神经病变（腿部神经受损）[1]的折磨。

我们经常会说到住所里的安全问题，尤其是厨房和卫生间。我们在他的浴室里加装了扶手、防滑带，还添了一把防水座椅。但父亲还是摔倒了，我在第三章里讲了当时发生的情况。

他的头磕到了厨房地面上，倒是没摔破，也没有失去意识。我们谈起这件事，话题就聚焦在了要不要增设一个安全呼叫钮上面。他对这类东西很排斥，因为当时的他尚且能够在摔倒之后自己从地上爬起来，也没有受到严重创伤。既然说到了摔倒和呼叫钮，我们又谈到了要是真的摔伤了怎么办的现实问题，这个时候，临终对话

---

[1] 社区常住65岁以上老年人当中，有将近三分之一每年至少会摔倒一次。一半的人会一年摔倒两次，年龄越高且服药越多，摔倒的次数也越多。这其中，抗抑郁药是增加摔倒风险的最大因素，心脏病药物、镇静剂和镇痛药也会增加摔倒风险。

就这样开始了。

父亲固执地说，要是他自己爬不起来，他宁肯躺在地上痛快地死掉，也不想呼叫帮助。于是，我试着给他讲了讲病理生理学意义上，在家意外摔倒后死亡是怎样的。我告诉他说，如果人在摔倒后失去了知觉，肾衰竭就会让人陷入永久昏迷，然后就会死去。父亲觉得这样似乎还不错。

但不幸的是，他想象中的无痛无意识是不存在的。我解释说，现实中更为可能的情况是摔到骨折，那会很疼，而且人一时半会儿也死不了。

另一种结果也是比失去意识感觉不到疼痛更有可能发生的，即虽然没有受伤，但很长时间都无法从地板上起来，让自己躺到床上或坐到椅子里。这是最终会影响到每个幸运地活到高龄的人的社会和身体状态。每个想要独立生活的人都应该对由此生发的无助感保持警觉。这是一个负面转折点。这种无助状态持续过久，人就会缓缓因失水而死去。看护、朋友或家人很有可能要过好多个小时甚至好几天才能发现。我说过的虚弱，就包括这种无法自己从地板上爬起身来的情况，而在最艰难的对话当中，接受这一点也至为关键。

父亲仍然表达了他对呼叫钮的抵触，但也表示说可以先试着每天早上给邻居打个电话报平安。一段时间的检验证明，这个方法比预期要麻烦很多。最终，他放弃了倒在厨房地面不省人事并就此离去的想法，并接受了呼叫钮的存在。那时，他已经表达了很多关于自己临终时刻的愿望。

在我母亲去世不久的那段时间里，父亲就会干脆地说出"睡一觉就过去了"、坚决不住院也不去养老院之类的话。为了表明自己的决心，他还把母亲之前用过的"拒绝心肺复苏术"手环戴了起来。我们之间曾一而再再而三地谈到"睡一觉就过去了"这个话题。在情感上基本已经准备好迎接死亡的老年人，几乎都渴望自己能在睡梦中与世长辞。之所以会这样想，是因为人们觉得这个过程一定是很短且没有痛苦的。但很少有人会想到，人服药睡下后，仍有可能在睡梦中发生癫痫、误吸甚至窒息，从而被带走生命。还有个别人坚信，前面说的这些状况在尚未丧失行动能力和体格尚健的老年人中少之又少。

和姐妹们谈起这个话题的时候，我们也强化了一个共识，即如果哪天早上发现父亲全无反应，但又没有遭受任何痛苦的话，不要立刻打急救电话。我们商量好了："等他身体变冷了再打电话。"后来再说起这个话题时，我告诉他，以他的情况不大可能一梦长辞，所以他得另做打算了。

我之所以讲到这些，是为了向读者们指出，有若干经常会发生在老年群体身上的情况，并未作为其衰退的表现而得到足够的重视，但其实是有必要深入考量的。当你必须请人来照顾家人的时候，当老年人自己摔倒了也爬不起来的时候，当呼叫钮成为必要设施的时候，当老人说想要"睡一觉就过去"的时候，人们很容易将其看作是无足轻重的人之常情。但这绝不是无足轻重的。这都是发生在他们身上的重要变化，更是开启临终对话的最佳时机。

临终对话的时间线

临终对话一旦开启，就会随着可预见的时间线而发生改变。时间推进，疾病不断发展，临终对话也变得更为复杂和具体。在生命的早期阶段，临终对话只是一个假想的问题，对于年轻的成年人来说，临终对话存在于一个简要的预立指示框架内。但到了生命的晚期阶段，对话就从假设转换成了与医疗和住院相关的事情。到了最终时刻，死亡的幽灵已然若隐若现，笼罩在这阴影当中的对话就真正成为了最为艰难的临终对话。

虽说随着死亡的临近，临终对话会变得难上加难，但一般来说，如果之前经常谈起这个话题，到后来对话就会变得越发简单。等到病程的更晚阶段再进行对话，要想进入这个话题就会变得格外困难，因为死亡已经近在眼前，希望也走到了终点，对话会被这一切卷入其中。不过，越是到最后一刻进行对话，所谈到的种种越会得到反复考量和修订，人也会因此获得更多的力量与影响力，去对自己最终能否祥和离去保持掌控。

从法律角度看临终对话

开启临终对话的方法之一，是将其附在某个法律文件当中，比如订立遗嘱或修改遗言等。一般这个行为会在结婚、注册成立公司等时候发生，人们会就非健康相关事务寻求律师的建议。此时，一个好的律师就会帮助你同时订立遗嘱和预立指示，基本上就是填一个简单的表格，不用动很多心思，快速在上面打几个勾就完成了。

这样做的好处在于，文本模板本身就符合司法标准。通常，其中会包括当你发生终期疾病且失去沟通能力（如昏迷或脑损伤）的时候要怎么做，还有一些诸如心肺复苏术、呼吸机、人工营养支持、透析等方面的备选项。你也能够通过这份文书指定谁来做你的永久代理人。此时说到的问题与回答都是假设性质的，而且会非常简洁。这并不是临终对话，但这可以是一个开始，而且是非常有意义的一步。

从医疗角度看临终对话

从医疗角度来说，回到预立指示的最常见途径就是住院接受择期手术或治疗。由于有了 1991 年的《病人自决法案》，联邦法律要求医院提供关于预立医疗指示的信息，但却并不要求病人做出任何选择。同时要求中还指出，不得对没有预立指示的病人有任何区别对待。在这样的医院及医护人员规章制度下，住院医生成了病人与之商讨特别决定的人。大多数的医院至少会要求住院医生保留是否施以心肺复苏术的决定权，同时必须将决定记录在案。虽然这并不是什么临终对话，但如果你对这一要求有所了解的话，你就可以以此作为临终对话的开启点。不幸的是，由于这一规定并非是法律要求强制执行的，有很多医生都忽略了它的存在，或很晚才和病人说起。这是因为，在没有书面要求的情况下，医院默认的是所有人都同意接受心肺复苏术，结果使得很多高龄或晚期病人也要面对接受心肺复苏的可能。

开始医疗谈话的最佳时机其实是在住院前，最好的谈话对象是一位你信任的医生。主动性较强的病人可以先和医生约好谈预立指示的事情，并想好要谈的关键和细节都有哪些。病人比较被动，但备受家人关怀的话，大多数医生也会在其家人的邀请下进行谈话。联系医生本身就是让你朝着最艰难的谈话走近一步的行动。2015 年 10 月之前，医生和病人或其家属进行这些谈话不会获得任何报偿，所以很多医生并不是很情愿接受邀约。

如果没有主治医生，或主治医生不愿意的话，不妨找一位老年病科医生来咨询一番。老年病科医生的专业领域中，就包含了处理临终事宜的方面。与面对这个话题的时候可能难于启齿的一般医生相比，老年病科医生对如何开始和推进临终谈话是颇为精通的。病人或家属可以提前定好日程，在咨询之前就做好准备，这会很有帮助。

斯坦福书信计划（The Stanford Letter Project，简称 SLP）[1] 是斯坦

---

1 详情可浏览网页：med.stanford.edu/letter.html。

福大学医学院姑息治疗系的成果之一。该计划提供了病人写给医生的书信模板，包含了各种各样常见的临终选择。你可以在他们的网页上下载模板的 PDF 文件，并有多个语种的版本可供选择。这并不是一个法律文件，但却能带来一个好的开端，让所有人都比较容易地加入进来。

另一个能够直接切入临终对话的医疗情境就是我在第八章中简单讲到的，一位胃癌病人找我咨询补充意见的情形。当人们找医生咨询一个不能做手术的情况，或者向专家询问一个已经无法医治的情况时，病人的主治医生之外的人可能会给出一个很直接的回答，从客观角度给出大量事实，从而直接奔向最艰难的对话。诚然，这个时候才开始临终对话已经太晚了，错过了早做决定早受益的一些机会（比如早点进入临终关怀阶段、简化用药、免于无用治疗等等）。但这个对话仍然是有价值的，病人能够因此而避免（非必要的）进一步治疗。

从道德角度看临终对话

什么时候，如何进行临终对话，这其中的道德责任之重，甚至远超最为复杂的临床状况。病人（或其代表）需要和医生共同承担这一责任。病人（或其代表）首先要能够获得必要的信息，之后才能做出恰当的决定。决定关乎病人生命的临终时刻，所以医生也有道德义务为病人（或其代表）提供足以让他们理解的临床形势，并就治疗相关的问题给出答案。病人（或其代表）有义务对医生的建议给予回应。

在病人不知情、也未提供任何限制指导的情况下，就对其施以过度治疗，似乎既合乎法律也权宜为上，但从道德角度来说，这样做是不对的。如果病人已经心智衰退，没有让其代表对各方面情况有清楚的了解，也是不道德的。仅仅因为临终对话对人来说太过艰难，就避免让病人及其代表与医疗团队和其他家人进行此番谈话，在伦理上也是说不过去的。

家人也要明白，不让病人知道自己的状况，从而避开临终指示的话题不谈，是不道德的。因为病人上了年纪，又很脆弱，家人就自作主张、纵容和一味"保护"而忽视了病人的情感，不让他们知道事实的真相，也是不道德的。

当我们可以直面现实迎头而上，这就是临终对话开启的时刻。慢性病确诊、疾病进入终期、择期手术或其他治疗改善手段变得弊大于利、年龄增长和状态下滑直接影响到了日常生活的时候，临终对话不仅在道德和伦理上都变得必要，更是具有实际价值的行动。

人格障碍和顽固否认

在病人终期状况下探讨临终事宜，人们普遍都会自然而然地表现出一定程度的否认。但只需稍加刺激，这种否认就能够被克服。但令人遗憾的是，仍然有一些病人和家庭无法面对现实，在这种情况下，临终对话一般就不会发生了。最终，病人因过度治疗而离去，虽然通过各种手段使生命得以延长，但这一切对病人而言只有痛苦与煎熬，却带不来任何希望。

我从医经历中，病人和家人一直这样否认到最后的少之又少。大多数病人都会选择和我探讨，或者听听我作为第三方的意见，因为他们都希望最后一程能不再绕弯路。

医生会跟病人说多去咨询一下，因为他们知道，病人总会听到一些实际的建议的。我觉得那些想要听到好消息的病人，大多数都会去找其他医生反复咨询，当然也有例外。

我就遇到过一个比较棘手的病人，姑且叫她莎拉吧，她就坚决听不进去任何实话。她不敢面对自己的疾病，直到后来进了 ICU 好几个星期。当她终于意识到，自己已经离最后的终点不远了，她已经把身边的人全都得罪个遍，还留下好几宗无意义的官司。

这要从莎拉 80 岁时发生缺铁性贫血（失血和铁摄入不足引起的血细胞计数低下）后转诊到我这里说起。是一直专注于她因吸烟引起的慢性肺疾病的"顾问医生"[1]让她来的。同时莎拉还患有高血压、心脏病和骨质疏松症（骨骼脆弱）、胆结石，身体也很虚弱。通过转诊介绍和电话沟通，我很清楚地了解到，她是一位很执拗的病人，从不遵守医嘱的那种。她家里的情况也比较复杂，和她住在一起的还有她那失业在家的儿子及其妻子。

我建议她做一个结肠镜检查来排除结肠癌的情况，因为这是能够引起失血的最常见和最严重的原因；然后做一个内镜（胃部范围检查）看看是不是有溃疡，或不太可能出现的胃癌。[2] 莎拉坚决拒绝做结肠镜，她说："我就算因为结肠癌死了，也不要做结肠镜。"这里当然有出于理性而对肠镜检查的恐惧，但对于结肠镜的准备部分有些过于害怕了。值得庆幸的是，内镜检查显示出她有一处良性溃疡，这个问题的存在就充分说明了她会发生缺铁性贫血的原因。经过补铁和对胃酸加以抑制，她的状况有所改善，并十分感激我为她延后了结肠镜的环节。

她开始经常给我送一些昂贵的红酒和奶酪等作为礼物，后来渐渐发展到附带夸张且不合时宜的感谢信。她希望自己能因此而获得一些

---

1 Concierge physician，病人支付年费或预付费用等给医生，获得一对一的医疗服务。不同医生和服务的年费用也有差别。——译注

2 她的转诊原因是缺铁性贫血，对此进行的标准治疗就是通过结肠镜检查来排除结肠癌，以及通过上部内窥镜（对上消化道进行可见检查）来排除食道癌、胃癌或肠癌的情况。检查中有可能发现引起失血的一些良性病因，但对于她这个年纪的女性来说，在发现可治疗病灶的同时排除恶性病况才是首要任务。

特殊待遇。她的儿子会陪她一起到我办公室来。他们俩的意见总是不一致，两个人经常因此而发生争吵。

后来莎拉变得不愿意接受内镜复查，由于她还不肯好好吃药，她的溃疡也时好时坏。我把她寄来的所有礼物都退了回去，只留下了她的感谢信，以备日后可能作为她错乱行为的证明。最终，由于她不恰当地对待医患关系，包括提出谁可以在什么时候给她看病的种种无理要求，我不再接受她作为我的病人。[1]

她经历了几次"胆囊疾病发作"，大概是 10～12 个月之后，她最后一次发病时住进了医院。[2] 之前，她曾在和她儿子做了不太理智的讨论后拒绝过胆囊手术。当时医生接受了她的决定，因为她的肺病很严重，手术的风险变得很高。头几次，她很幸运，抗生素起到了很好的效果。但是这一次就没那么顺利了。胆囊坏疽的迹象越发严重，必须要进行手术才行。莎拉和她的儿子面临是做手术还是用药物缓解疼痛的选择——亦即避免紧急手术的选择。尽管莎拉在过去的几个月里已经进了重症监护室好几次，但他们像是刻意回避死亡率的任何话题一般，依然选择了手术。

莎拉撑过了艰难的手术，又在重症监护室和病房度过了几个星期，眼看要出院了，她又出现了复发性肺部感染，再度回到了重症监

---

1 病人可以在任何时候出于任何原因决定"解雇"或终止看某个医生。而医生终止看某个病人的情况则是很少见的，但是一旦出现了这种情况，一定是在类似莎拉这种情况和时机下发生的，而并非医生抛弃了病人。在我经历的这个情况中，由于她提出无理的要求（在我已经安排好了当值医生接待她时，她仍然坚持要等我回到医院才接受紧急治疗），我和医院道德委员会对此进行了评估，并找了另一位接受她的医生来接手。

2 胆囊疾病发作（急性胆囊炎）是胆结石无法经由狭窄的胆囊管排出而引起的，与胆道系统发生细菌感染有关。标准治疗是手术切除胆囊，从而尽可能一劳永逸地解决这一问题。但是当手术风险因严重心脏病或肺疾病而变得很高昂，也可以考虑使用抗生素来治疗。如果抗生素对感染产生作用，肿胀就会消除，结石落回到胆囊中后胆汁流量恢复正常。虽然未来仍然有可能发作，但至少几个月甚至几年之内都不会再发生了。

护室中。经过几天的激进治疗,她向自己的医生寻求帮助,短暂的神志清醒时,没有他儿子从旁施压,她表达了希望拒绝心肺复苏术的意愿。她的要求被及时记录了下来,等到几天后她的心脏停止了搏动,尽管他的儿子疯狂抗议,医生还是没有对她进行心肺复苏。

她的儿子悲痛欲绝,但并非是因为他的母亲遭受了明知痛苦且徒劳无功的治疗。他们本可以在她去世几个月前就安排好临终关怀的。真正让他悲痛不已的是,正是他们相互依赖的关系致使抗拒出现,从而使他们没能正视这必然的死亡。

莎拉的故事是一个极端、病态且失常的例子,但也显示出,如果对疾病、预后和治疗方案缺少现实的探讨,事情有可能会变得有多糟。

一个稍微正常,且更为常见的例子,在罗兹·查斯特的《我们能谈点开心的事吗》(Roz Chast: *Can't We Talk about Something More Pleasant?*)这本书里就有特别好的呈现。查斯特女士通过这部绘本书,记录了她的双亲对最艰难对话的抗拒。尽管他们最后并没有在医疗救治下离去,关于临终时刻的探讨也并不见得让他们离开得"更好",我想,如果她曾理解了父母其实很现实,并确信在医疗救治中去世以及随之而来的痛苦是有可能避免的话,她就不会那么难受了。

我们能从这本书中学到的一个重要教训——虽然她没有明说,但我们仍能有所感悟——就是她柔和但又坚定地要和父母讨论临终时刻会面对什么选择,尽管并未形成一次明确的谈话,但也许因此使得她的父母倾向于和缓治疗,并避免激进的救治。吓到他们只会适得其反,因为这样一来,交流就无法进行下去了,从道德上讲也是不恰当的。

在我还是个实习医生的时候,指导我的医生就斥责我不应该过于激进地给一位贫困的病人推荐某种治疗。那位老妇人正患静脉炎(腿部血栓）和肺栓塞（肺部血栓），表示不接受血液稀释治疗。我并没意识到她完全了解她的选择的后果，只想要她接受我的建议。她已经说"不了，谢谢"，我却不肯就此罢休。

通过这段经历，我明白了如果人们已经了解了治疗的风险和收益，以及不作为的后果，他们便有权利选择拒绝接受干预。这一原则也同样适用于临终对话的双方。道德上，医生或其代表不应回避临终对话，但病人如果觉得不适就可以拒绝进行对话。医生或其代表必须主动并且要让病人知情，但并不应该强行安排或要求对方给出明确结论。

最近，我的一位从前的病人给我讲了她父亲因充血性心力衰竭而去世的事情。她父亲拒绝和她讨论临终事宜，因为他为自己那有广场恐惧症的妻子而发愁。最终，经过几轮反反复复的住院，他又要被送进重症监护室，她终于说服自己的父亲和重症监护医生去咨询了一位姑息治疗专科医生。接着他们快速推进了临终关怀进程，她终于将父亲从进一步的无效过度治疗中拉了出来。她的故事告诉我们，即便只是坚持在边缘试探，最终仍有可能创造出影响最后决定的机会。一个人是不能单方面完成临终对话的，但是可以不断地促成其发生。

医生应该接受，病人在不给任何人造成困扰的情况下，有一定程度的抗拒是很正常的；医生应该对病人的文化、社会和教育背景保持敏感，并且能够明确坚持这一点：医疗行为中，只要病人还有能力，病人就是做决定的那一个。要让病人做出决定，首先必须要让病人知情。临终对话再艰难也必须要进行，只有这样，医生对病人的治疗才是合乎伦理道德，且负责任的。在我从医的记忆中，无论其来自什么样的背景，没有哪位情绪稳定的病人在被告知其最终情况时，还不希望能自己做出选择的。

对话的策略

实际上来说，大多数理智的人都会希望在合情合理的范围内来探讨生命最后阶段的种种事宜。病人大多都已经在内心深处考量过这些问题了。我发现，大部分刚来到我这里就诊的病人（以及所有常规的复诊病人）都对进行慎重的临终对话早有准备，"过度保护"的家人们却做不到这一点。但仍有许多病人对于详细讨论表现出抗拒，病人家属或代表必须注意开启或重回对话的策略。

每每有朋友或熟人去世，这就是一个打开葬礼等相关话题的好机会。家里发生的任何情况，无论是摔倒、开车剐蹭、记账出错、菜烧煳了等等，都是可以顺势探讨长期护理方案的话头，进而可以变成讨论护理到什么程度才是合适的话题。只要有认识的人住院，不管是朋友还是亲戚，都是一个再聊一聊临终话题的机会。一定要记住，不是每次对话都得形成一个书面的预立指示，也不是每次谈话都得就接受心肺复苏术与否有个明确的结论。泛泛地谈一谈怎样算是过度治疗，怎样算是保守治疗，也能逐渐让大家心里都形成一幅图景。大家若是能在相互信任和同情的气氛中共同描绘这一图景，口头上表达出来的指示与书面的预立指示一样是有实际作用的。

当然，在病人因为现有疾病而住院时，由此而来的压力可能会抵消病人详细探究预立指示内容的动力，但等到了恢复阶段，身心放松，住院时的记忆仍历历在目，这就是个聊聊预立指示的好时机，正好可以回顾一下生病期间的种种经历，看看有哪些治疗手段是未来可以避开的，这是因为在病人进行择期或紧急住院时，一定会产生一些之前没有经历或意料之外的情况。

举例来说，过去我经常遇到之前一直很健康的七旬老人因髋骨骨折而住院的情况。这是一个很典型的情景，病人经急诊室转到病房来，预立指示的文书却还留在家里。根据手术室安排的情况、病人自身的健康问题，以及手术医生的时间表，病人会被送到相应的科室或直接送进手术室。在这紧张的几个小时里，有大量文书需要人们签字、见证，根本来不及仔细审读。文书之一就是医院的预立指示样板。样板表格里有一个非常简略的选项清单，让人们确定万一发生心血管萎陷或昏迷时要做何选择。选项中会包含接受/不接受心肺复苏、呼吸机、饲管、血液透析等等。

如果当时没有事先准备好的预立指示，人们就必须快速完成并签署这个清单。最简单快捷的就是直接在接受心肺复苏术选项上打勾，然后继续。完成后，病人和家属就可以尽快回过头来看手术相关细节，同时还有各种各样紧迫的事项需要完成。等到了手术后，之前暂且放在一边的次要疾病再次被提上日程。

比方说，"之前一直都很健康"的七旬老人，经麻醉师评估发现有潜在的心脏疾病，还有高血压、心率异常，手术中还产生了积液。还有可能的是，致使老人摔倒和发生骨折的潜在状况还会长期继续并存。在这种情况下，病历中出现脑血管疾病、糖尿病、骨质疏松症、神经紊乱等并行诊断是十分常见的，因此发现这些问题，并在未来反复探讨预立指示的时候始终予以重视，决不对任何一个视而不见，就十分重要了。

如果病人发生手术或住院并发症，比如肺炎、肠梗阻（直肠麻痹）、医院获得性感染、血栓或者出血等等，恢复期就会需要更长的时间。

任何一次住院或者疗养，都会为从病人角度考虑其未来所需要的护理提供宝贵的经验。每一个亲朋好友的离去或生病的情况，也都值得去了解。即便无法获悉其中的细节，可推测的信息也是很有价值的。"莎莉阿姨做了几个疗程的化疗？"就是一个很值得关注的点。"我听说她当时受了不少罪。""我听说她一直呕吐（没有呕吐）。"这些信息也都能够引起人的思考。由于是谈论其他人的情况，所以说起来的时候不会那么让人紧张害怕,不至于说不下去。

有一些线上资源能够教人推进临终对话的方法。我会在"资源清单"上逐一列出。[1]

对话与希望

如果不是病态否认,那么对临终对话的抗拒基本上都是因为对是否还有未来可言失去了希望,在晚年得了严重疾病则更会如此。

若干年前,我有一位英国朋友被诊断出罹患胰腺癌,当时他62岁。确诊后,他开始了漫长的化疗和放疗。因为我们并不知道他到底还有多长的寿命,也不知道他的病情进展如何,过了10个月我们才去英国看他。幸运的是,他的病情控制得很好,接下来的三年我们6~8个月就会去看望他一次。

我们最后一次去看他的那段时间,他还坚持每天都去工作,但这之外的其他活动就很少了。我们出发前两个星期的时候,他因为胃肠出血住院了。我们到达后,他刚获知自己之所以会脏器出血是因为十二指肠有恶性肿瘤。胰腺癌已经深入到他的肠子当中了。作为一名医生,我马上意识到:他已经病入膏肓了。

我们俩的妻子悲痛地到另一个房间去了,我留下来和他说说话。隔着房间,我隐约听到他的妻子说:"我们不能停止治疗,那样不就等于放弃希望了么。"我则想要跟他说说我对他近期疾病发展的一些个人看法。恶性肿瘤发展到这个阶段,意味着长久生存下去已经是不可能的了。更多的治疗只会是徒劳。但我是他的朋友,而非他的主

---

[1] 因作者推荐的资源全部是英文内容,故未翻译。关于临终谈话,感兴趣的读者可以查看作者推荐的如下网站:Theconversationproject.org、acpdecisions.org 或 med.stanford.edu/letter。——译注

治医生，我不能自作主张地对他说这些话去打消他乐观积极的态度。再说，这些话也不应该由我来说。

因为说到这些，我很担心他要经受更多痛苦而又无效的治疗。值得庆幸的是，他的医生很通情理，加上他自己也沉得住气，以及他妻子的明智理解，阻止了这一担忧变成现实。尽管谁也没有把努力方向的转换直说出来，大家不约而同地开始朝维持疗法和姑息治疗的方向前进了。最终，他在获得确诊后三年半的时候，在医院临终关怀护理下去世了，就在我们最后一次探望他之后的三个星期。

他的癌症发生得很早，而且我也认为不应该早早就将治愈的希望掐灭。但是，当癌症由终期诊断变成了实际的终期情况，他和家人能够鼓起勇气由虚妄的希望转向对必然的接受，从而让他不必承受无用治疗和更多痛苦，就显得尤为关键。

在医疗保健语境中，人们都会无意识地假定希望一定会带来积极的结果，至少能让人活下去，能获得治愈则是最好的。全世界无论哪里的家人，都会告诉自家生病的老人"不要放弃希望"，但这股劲头必须与现实相协调。"医学进步"听起来十分诱人，加上对死亡的恐惧，让人们总希望临终对话来得再晚一点，让人们对催生出虚假希望的过度治疗所带来的后果视而不见。这些后果让病人一再承受无效的治疗，并益发苦不堪言。

在医疗情境中，人们往往倾向于将失去治愈的希望与绝望相提并论。这种绝对化的观念在其他环境中并不多见。在非医疗情境中，我们经常能看到不同程度的希望。打个比方，我们希望自己能够中大奖，且在买了彩票之后就会沉浸在这样的希望当中，但我们心里知道自己不大可能赢得这笔财富。当我们想要活得再久一点的希望化作泡影，那么无论生死与否，至少其他方面（接受、感恩、和解、宽恕等）能够更好一点的希望就成为了可替代的选项。

我和一位朋友曾一起讨论她的一位密友兼邻居去世时的事情，我还给她这位朋友做过非正式的咨询。讨论中，我的朋友就不要在绝望中告别提出了另一个思路。她的那位朋友走的时候就很好——在自己家中，在家人朋友的陪伴下安然离去。但死亡从来都不是一帆风顺的，这个过程本身还是很痛苦的。讨论到死亡这个话题，我的朋友提到了她自己的佛教修炼，如冥想、"活在当下"等等。她认为，所谓活在当下的正念，就是不畏未来，无欲无求，从而不以希望、绝望或否认为负担。没错，"活在当下"值得向所有重症病人强调，离终点越近越是如此。

无论有精神信仰与否，"活在当下"的概念中，时间都不是作为客体存在的。当希望成为促使抗拒产生的力量，活在当下就是让人卸下这份沉重，让生命本身在其终结的时候变得更有力量。

我们知道，病人并不希望总是被人提醒"你的生命即将终结"，但这一声音会在病人自己的心中反复回响。无论我朋友的过早离世，还是我父母的寿终正寝，我都意识到，开启临终对话永远都不轻松，每一次对话都无比艰难。很长时间以来，我都试图想让它成为一种打破藩篱畅谈临终事宜的哲学辩论，但"失去希望"和对"无望"的恐惧总会成为其中的干扰。结果我只能让对话变得非常现实，即如果不谈，那就只能面对更糟糕的结果——因为害怕绝望而进行的痛苦且无效的治疗。我只能把焦虑吞到肚子里，奋力让对话继续进行。

对话、掌控和最好的告别

研究者们在分析所谓"最好的告别"有哪些属性的时候，总结出了其中至关重要的特点，就是保有一定程度的"掌控"。[1] 病人尽管即

---

[1] K. A. Kehl, *et al*., "Moving toward Peace: An Analysis of the Concept of a Good Death," *American Journal of Hospice and Palliative Care*.

将离世，仍会希望能对自己的最后一程保有一定的主动权。要想实现这一点，病人就必须有一个关于死亡的愿景以及计划。虽然死亡的那一刻是无法撤回，也无法控制的，但那一刻之前的数天、数星期、数月乃至数年，都是生病的老人们可以想办法让自己有所掌控、减少过度治疗的。做计划就是获得掌控的基本所在，而临终对话则是计划的头一步。

如何开始临终对话，是从法律、医疗还是实际角度出发，都要首先认清这个对话在道德上的必要性。只要能推进对话，如何推进就显得没那么重要了。对话中双方交换的是对那一刻的愿景，以及由此愿景可以生发出来的计划。愿景和计划加在一起，就会产生理解、化解抗拒、缓解恐惧、化绝望为掌控，从而减轻家人心中的负担。一旦推进了临终对话，不必要的检查和治疗自然就会退得远远的。

记住并思考

- 带着你的愿景大胆地试着开启临终对话吧，别太心急，反复多提几次。
- 让你的医生也参与到你的临终对话中来。不妨试试前面说过的斯坦福书信计划。
- 可以从其他人生病治病的事情、家庭护理需要（比如需要一个安全呼叫铃），或临终时会面临的一些实际问题（比如家族墓地的情况）等等，作为打开临终对话的话头，并将其转化为自己临终愿望的讨论。
- 要勇于承认自己的抗拒心理。
- 别光想着如何活得更久，想想自己希望如何有所掌控、获得舒缓，以及如何获得解脱与情感上的支持。

第十一章

临终关怀

Hospice Care

> 每天都是一个新的开始
> 我的灵魂倾听欢愉的副歌
> 哪管旧时神伤还是罪孽的过往
> 烦恼和伤痛也都一如所料
> 我要振作起来再次出发
>
> ——苏珊·柯立芝[1]
>
> （适合临终关怀情境的一首诗）

最最有价值的治疗，应该是那些既能够提升生活质量，又能延长寿命的治疗。任何不能带来有价值治疗这一特异性作用的实验性治疗都是不够安全的。如果我们用低质量的生存状态来换取更长的存活时间，那我们就相当于身处一个零和游戏之中，面对治疗不看结果迎头硬上，最终这一切只是过度治疗和无功而返。生命终末阶段的过度治疗，最小的代价也是让你浪费了宝贵的生命时间，而最糟糕的情况则

---

[1] 苏珊·柯立芝（1835—1905）本名叫作 Sarah Chauncey Woolsey，Susan Coolidge 是她的笔名。美国儿童文学作家，代表作是《凯蒂做了什么》（*What Katy Did*），还有短篇小说、诗歌等诸多著作。——译注

是带来并发症，反让你的寿命受损缩短。临终关怀则是打破这种执着于治疗的势头，在疾病的自然进程推进到一定程度的时候，从另一个角度去集中火力最大限度地提高人的生存质量。

临终关怀是临终策略的重要组成部分。从某种意义上说，临终关怀有别于先检查后治疗的一套医疗系统，因为标准化的医疗过程会把上了年纪的病人困在医疗救治的死循环中无法脱身。现实中的不治之症就是无法治愈的，人也不可能从晚期疾病获得新生，生命之泉只存在于神话之中。因此我们才说，让身处绝症的病人接受反复检查并随即施以治疗，只会给他们带来伤害。

所谓"临终关怀"是超越了关怀的一般原则的，这当中包含了所处的环境、生命的哲理、一整套处理方案，以及基于单一规则的一套可控算法。如果病人、家人和医护人员不特别指出他们所关注的方面的话，就会产生诸多困惑。

临终关怀的地点：教会，医院，到家中

早在 11 世纪的时候就已经有临终关怀存在了。在古代罗马天主教的传统中，教会会给疲惫的行者和朝圣者提供避难休息的地方。很多朝圣者在赶往神圣场所朝圣的路上，染上了一身的伤病。宗教关怀与护理关怀因此而融合到了一起，并最终发展成为对行者的一种临时看护。由于当时并没有医院，这些庇护所就成了关怀临终病人或绝症病人的地方。

与宗教旅行无关的且仅针对临终病人的关怀场所则可以追溯到 17 世纪。随着 18、19 世纪医学的发展，以及病人在医院的聚集，教会也渐渐开始分担对临终病人的照护。到了 20 世纪，现代医学得到了发展，加上 20 世纪中期，人在医院治疗中死亡的情形也开始出现，

教会基本上不再担任关怀临终病人的角色。正因如此，到了20世纪下半叶，西方世界的大多数病人最终都是在医院中去世的。

现代临终关怀在1950年代始于英国。西塞莉·桑德斯女爵创立了保障病人的生理和情绪需求，但对疾病不予治疗的现代临终关怀理念。[1] 起初只是独立的临终关怀所，后来，这些场所逐渐和宗教团体、宗教设施等有了更为频繁的关联。最终，人们对临终关怀有了新的明确认识，所需设备也变得更加便携，临终关怀不再局限于特定的场所，病人在家中也可以接受临终关怀了。

现如今，美国的大多数临终病人都能够在家接受临终关怀。[2] 当然，医院、养老院、独立临终关怀机构也可以提供相同的服务。在过去，"临终关怀"这个词指向的是一个特定场所，但今天，它已经是一个无论病人在哪儿，只要有需要就可以获得的一套服务。病人可以根据临床状况和环境因素自己选择接受临终关怀的地点。大多数病人都倾向于在自己家里接受临终关怀，但也有一部分人更愿意到临终关怀机构或养老院获得临终协助。[3]

还有一种情况是病人可以住到医院或类似场所，由护理人员提供"临时看护"。家人、朋友或亲戚一直照料临终病人是十分辛苦的。他们也需要偶尔休息一下，让自己恢复精力。这时候，病人可以选择离开家到（可以提供看护的）设施一些天，家人或一直照料病人的人也能暂时松一口气。

---

1 桑德斯女爵曾是一名受过专业训练的护士。她慢慢发现自己对照顾临终病人更为有心得。她注意到，人类在治疗疾病方面取得更大科学进步的同时，对病人的精神和情感需求也愈发忽视，二者之间的鸿沟有逐渐扩大的态势。因此她在医学院中向人们阐明这其中的不平衡，并奋力发起临终关怀运动。

2 2010年，有超过150万的美国人在家接受了临终关怀。

3 有些病人会需要具有一定护理技巧的姑息治疗。这样的治疗可能包括直接往椎管内输吗啡来应对顽固性疼痛，或注射高剂量的抗痉挛药来抵御顽固性痉挛等等。

临终关怀的理念

桑德斯女爵的关怀理念,将治愈不治之症或不惜一切代价延长病人生命的执念,从对控制症状的欲求中分离了出来。临终关怀的理念也已经随着时间的推移而发展得越发精细化了。尽管麻醉剂和镇静剂等仍然是其基础手段,但现如今临终关怀已经可以使用其他方式来缓解病痛,而这些方式与治疗手段所做出的尝试已经很接近了。只要人们看重生存质量胜过生存时长,且要实施的姑息治疗能够以减轻非弥留病人的症状为出发点,此种情况下的积极治疗就仍然是可以考虑的。[1]

临终关怀的治疗方案

每个病人的临终关怀方案可能各不相同,这取决于病人的临床因素,比如诊断、年龄、次要疾病等。心肺疾病的关怀重点肯定在氧合作用、利尿剂和支气管扩张药上面。神经系统疾病则必须重点关注保持病人的活动能力和灵活性。癌症并发症则需要个别情况个别对待:痉挛发作要对症用药,骨痛需要通过阿片类药物和放疗止痛,腹泻则需要抗生素等相应药物,同时也要考虑病人为便秘所困扰的解决方案。

临终关怀本身就是缓解病痛,而不是为了延长寿命,所以在治疗方法的选择上并没有什么特定的限制,但大部分方案的核心还是会聚

---

1 关于积极姑息治疗我们可以举个例子,一个因为帕金森症接受临终关怀的病人发生了意料之外的肠梗阻。通常医生不会考虑给临终关怀病人做手术,但这个病人面临的选择是,要么因为肠梗阻慢慢死去,与此同时承受的疼痛只能通过高剂量的阿片类药物得到部分缓解,即所谓"晚期镇静剂"(通过使用高剂量麻醉剂或镇静剂来控制顽固性疼痛,从而带来"可预见但并非有意促使"可能发生的病人因呼吸抑制或脱水而加速死亡——参见第十二章);要么把这个比较简单的手术做了,从而缓解疼痛,解除肠梗阻的困扰。

焦在止痛和控制焦虑上。身体上的疼痛可以通过各种各样的药物，包括阿片类来解决，而情绪上的痛苦也可以通过精神和心理上的支持、镇静剂、合适的精神类药物来舒缓。宗教关怀也能为病人的信仰需求带来帮助。

随着体力逐渐下降，病人普遍都会出现长期卧床带来的并发症状。皮肤护理和防止皮肤皲裂就变得很重要了。充气床垫会很有用。另外也必须密切观察病人的排便情况，防止便秘并发症（粪便嵌塞）的出现。

类固醇能够抑制炎症。加用抗生素可以用来控制某些感染带来的不适，减少抗生素则可以帮助减少最后煎熬的时间（如肺炎或脓毒症的情况）。

临终关怀服务者还可以提供支持设备，从而提高病人的生活质量。轮椅、洗漱椅、举升装置、床头桌、小便器、便盆、导尿管、尿垫等各种各样的设备，都能够提升生活质量，同时防止并发症出现。医院式的病床对病人或看护者来说都更便利，可调节流动空气床垫则能防止病人生褥疮。机械举升机能帮助病人从床上转移到椅子里，病人可能因此更晚变得卧床不起。导尿管和尿垫则能减少来回移动，从而降低摔倒的风险。

用来延长生命的机械设备（比如呼吸机和除颤器）则是和临终关怀理念相悖的。如果病人在进入临终关怀时已经在使用这些设备，且有计划停用这些设备，目前只要维持原状就可以了。

临终关怀的管理观念

获准进入临终关怀，就像是去操作可调节的越障训练。原则上，人是能够在任何时候选择进入临终关怀的，只要接受临终关怀的理念并确定自己将如何支付这项服务的费用就可以了。操作上，（美国）大多数人都是通过社保（或商业保险）来支付的，这里有相当多的条例和规定。因为人们总是倾向于尽可能晚一些进入临终关怀，同时绝大多数的临终关怀都是由美国联邦医疗保险支付的，所以进入临终关怀和有资格享受临终关怀福利基本上是等同的。换句话说，临终关怀方面的医疗福利已经和由美国政府买单的财政福利混为一谈了。

在现实当中，当一个人试图在绝症早期阶段就获准进入临终关怀项目，就会出现有争论性的问题。病人接受临终关怀越久，临终关怀在医疗和情感方面的益处就能够最大化地得以实现。但商业医疗保险费用（所谓"利益"），只有通过了医生"认证"的病人才能享受到，医生必须要确认病人还有不到六个月的寿命了才行。从政府的角度来说，这不过是常识性的规定，目的是对过度乃至无度的支出加以控制。但从病人的角度来看，想要早点进入临终关怀就十分受阻了。再从医生的角度出发，当病人实际上已经一只脚踏进棺材，就剩一个星期可活，与他们还有六个月的寿命能用足政府允许的最大时限这两种情况，医生显然更容易预判和证明前者的寿命已不足六个月。

我们要清楚的是，联邦医疗保险正是认识到了这一点，即精确预测每个病人的病程走向是不可能的。而通过看一个病人的诊断结论和临床指标即估算出类似情形下有51%的病人会在六个月内死亡，就更困难了。但是，如果纯粹是为了获得预期的话，这个时候医生是能够证实，有类似临床指标的一群病人的平均寿命是少于六个月的。当然在这种情形之下，当六个月过去之后，如果病人用事实证明自己是那更幸运的49%，有些安排就必须要准备起来了。此时，政府是允许再次认证来让临终关怀获得六个月的延长期的。

作为一名医生，我有好几个病人都很早报名了临终关怀，且存活超过了六个月，随后又延长了一个甚至两个周期的六个月临终关怀。

医生个人是不会因为偶尔有病人存活超过认证预期而遭受惩罚的。大多数病人都能顺利再申请到六个月的临终关怀。但有些地方的医生和机构存在着认证造假的不成文的惯例，出现问题的时候联邦管理者就会对他们进行处罚。但这是认证方的问题，病人是没有责任的。

临终关怀的术语困惑

面对"临终关怀"或"安宁疗护"等词语所产生的各种相关意涵（地点、理念、治疗方案、监管要求等等）的时候，搞清楚这些词语在特定情形下的用法是很重要的。我曾经在无数对话中听到护士、医生或家属想要谈谈"进入临终关怀"（他们是想讨论临终关怀理念），病人却说："我什么都不想要，我只想回家。"我也曾在一些对话中听到病人想要探讨临终关怀的益处（仍然是理念或临床层面上的探讨），而负责沟通临终关怀的办事人员则表示说："政府不会为你买单的，你还没到临终关怀的时候呢。"而这正是我希望父亲考虑申请临终关怀时所遇到的现实情况。

当时有两位很有经验的护士注意到了管理上存在的障碍，于是决定为了避免让父亲感到困扰，就不和他谈临终关怀的问题了。

所以，无论什么时候用到这些术语，如果当事人能够清楚了解当时这些词语所表达的含义，那么大家就都能避免很多麻烦。

临终关怀与我的父亲

打从我的母亲生病那时起，父亲就对临终关怀抱有十分复杂的情绪。他把我母亲拒绝心肺复苏术的签字文件折好收了起来，把拒绝心肺复苏标识的手环藏进自己的钱包里。他拒绝面对这些现实。

母亲接受临终关怀面谈的时候，父亲表现得很冷淡。肺癌晚期患者可以直接获准进入临终关怀。当母亲得到许可，父亲却表现出回避。等到临终关怀的代表来商谈医疗器械和用药等实际操作了，他还觉得这些人简直是不请自来。他不想接受来自他们的情感或精神支持。他觉得，临终关怀不过是提供极为有限的一点日常协助罢了。他既不认为能从中得到什么帮助，也想不出能有什么好处。他那时候不理解临终关怀是做些什么，提供些什么。这并不是因为他不想去和这些人交流，而是因为从他的角度出发，他不想听见和临终关怀有关的字眼。那时候的他认为，这些人"什么都没干"。

确实，我母亲的衰弱来得很快，而且也很平静。在确诊后的几个月，她接受了一两个疗程的低剂量化疗，然后在我的强烈建议之下申请了临终关怀，并且在那一年 5 月的时候去华盛顿州参加了她孙女的婚礼。

那次出行可以说是诸事顺利，基本上所有事情都是我父亲安排好的。母亲参加婚礼来回都是坐轮椅。酒店的无障碍房间也帮了大忙。父亲当时并未意识到临终关怀在母亲顺利参加婚礼的整个活动中所起到的作用，而事实上是，这些作用以间接的方式发挥了它们的力量。

我是新娘的父亲，有很多事情都需要我操心。母亲的健康情况就是我当时最为挂心的。要是她出现了气短怎么办？要是她在酒店需要镇痛药怎么办？要是有更糟糕的情况发生了怎么办？我们怎样才能保证她不进急救室，不进医院呢？

其实，临终关怀服务也是可移动的。虽然她的临终关怀在密尔沃基州，但我们跟华盛顿州当地的临终关怀人员取得了联系，让她在华盛顿期间也可以获得临终关怀。如果她在当地出现医疗危险情况，虽然会对婚礼造成一些影响，但不至于让她无法获得所需的疗护。她随身带着相关的文件，也有临终关怀护士的电话可以随时联系，这样就能让她避免或避开大多数过度急救手段。她可以带上氧气、一定的医疗用品和镇痛药到酒店去。如果她需要住院，也会被送到临终关怀病房。如果那时真的发生什么意外，一定会超出我父亲能把握的程度，但只要保证母亲能得到所需的疗护，我的焦虑也就能减少一分。

他们回到密尔沃基之后的整个夏天也都在（医疗角度的）相安无事中度过了。我是 9 月的时候到他们那里去的。白天，母亲还是坐在起居室里，吃饭的时候也大多坐到桌边，晚上睡觉才回到自己的床上。我离开后过了几天，母亲开始出现明显衰退。临终关怀提供了所有必要设施，又过了一个星期，母亲离开了我们。

因为当时直到最后，父亲都能够照顾她所需的几乎一切，所以在他看来，临终关怀的益处直到母亲的最后一个星期才显现出来。但在我看来这些益处是非常显著的，因为我知道这时候可能会发生什么情况，以及临终关怀会如何应对。

母亲去世后，不知从何时起，父亲开始把母亲的拒绝心肺复苏术手环戴在自己的手腕上。从规则上来说，父亲这么做是不当的，但这体现了他对母亲忠贞的情感，而且也是他个人的意愿。这意味着，他从此不再接受出于本能的任何激进医疗。

父亲过完 93 岁生日后的几个月，我注意到他已经渐渐没法再保证自己的生活安全，便开始探寻让他接受在家临终关怀的可能。我记得，母亲的晚期肺癌诊断让她自动获得了临终关怀的入场券，但父亲的身体衰退状态并不能让他有同样的机会，上门服务护士协会也拒绝了父亲的临终关怀申请，因为他的淋巴瘤处于不活跃状态，而且他还能够每个月都出一趟门。[1]

---

1 一般来说，当病人有活动中的癌症或其他终末期疾病时，临终关怀许可并不要求病人必须是居家状态，但是当人以"老年存活不良"为由申请时，无法出门就是必要条件了。

这样的答复让我感到很沮丧，所以我向父亲的家庭护理护士组长咨询还有什么其他选择，她找来了一个营利性的临终关怀机构和我父亲聊一聊。之后过了一个星期，他们就接受了父亲的临终关怀申请，并说明，淋巴瘤就是癌症，父亲想要离开公寓去听个音乐会，看一场歌剧是提升生活质量的事情，他们能够为此做出安排和提供协助。"我被录取咯。"父亲在电话里说，我都能想象他一边这么说一边轻蔑地挥挥手的样子。

父亲与临终关怀之间的联系，是从我母亲的临终关怀开始的。他抱持着消极挑衅的态度，还拒绝承认，在没有医疗危机的时候，他们也并没有停止获得联邦津贴的补助。他不想说起那些次要的医疗问题，只是单纯地假装它们并不存在。他更倾向于不直接提起任何跟死亡或重要医疗问题相关的事情，但也会很偶尔地说起这些话题，因为他觉得说一说起码还是比居高临下地弯弯绕要好很多。精神上或者情感上的支持则并非他的诉求。

在他进入临终关怀还不到 24 个小时，这个机构就给他准备并升级好了专用的病床，一些全新的卫生间器具、氧气瓶，还有一个"舒缓套组"。他们还负责药品的购买、整理和分装，并安排了补充物理疗法、护士巡访和床上沐浴。他们给他之前用的防褥疮充气床垫升了级。几个月后父亲更加衰弱的时候，他们还安装了可以把他从床上转移到椅子里的起吊机。

父亲对氧气瓶、监控仪和氧气面罩的存在抱怨不已。"我不需要这玩意儿，我不想为这玩意儿付钱，我也不希望政府为这玩意儿买单。"他埋怨说。我向他解释说，他还是有可能会用到的，而且政府也愿意支付这项费用，因为也许有了这套设备他就不用去急救室了。要是他真的需要氧气设备的时候，却还得艰难呼吸几个小时等着它来，那可就太糟糕了。我对这个安排是非常满意的，他也应该感到高兴才对。但是为了让他能保持轻松的心态，我们把氧气设备放到了别的房间，让他眼不见心不烦。

"舒缓套组"是一个小塑料盒，平时就放在冰箱里。盒子里有各种药物，大多数都是"管制物品"。盒子是封上的，防止私自开封，还贴上了标签："未经临终关怀医生或护士指导不得打开。"盒子里面应该包括鸦片镇静剂以及多种止痛药，有些是应对痉挛的，有些是应对恶心呕吐的强力药物，还有镇静剂、安眠药等等。大多数药物都是可以口服的，放到舌头下面就可以，有些则是直肠给药的栓剂。有了这手准备，如果出现了紧急情况，家人或非专业的护理人员也能在安排了紧急在家评估的时候，按照临终关怀专业人员的指示给病人用药。

父亲从来没有说过他担心会发生从未出现过的痉挛、莫名呕吐、陌生的疼痛、气短、幻觉或无端恐惧等等，但这些事情发生的可能性总是让我惴惴不安。如果没有临终关怀或"舒缓套组"，任何一种情况发生，就都要拨打急救电话，而等急救人员到达就什么都晚了。父亲每天都会担心自己摔倒，一旦受伤就会疼痛难忍。有了这个医疗包，父亲就能在第一时间先用点吗啡镇痛，那可就帮了大忙了。

父亲对临终关怀护士的态度始终都不太热情，但这些护理人员其实是非常了不起的一群人。他们的工作非常伟大。他们一直都处于与死亡和临终的现实打交道的尴尬过程中。他们总是面临着一种矛盾化的风险，即要么太唐突造成冒犯，要么不够直率。他们服务的病人显然都时日无多，在最后的日子接受他们的照护和指导。上一秒，他们可能还在和病人愉快地谈论某些普通的安排细节，下一秒就会讨论濒死喉声的特点以及如何将其与咳嗽加以区分。要保持其中的平衡是很困难的。

大多数病人都能从临终关怀服务中获得一定程度的精神帮助，父亲却不同。他没有宗教上面的需求，他最热爱的就是文学。他从小到大都没去过教堂。他也没有经过任何宗教上的训练。他并没想着要和母亲在"另一个世界"见面,所以他拒绝了临终关怀的宗教服务,也拒绝和非宗派牧师会面。只要能去回顾那些伟大的文学作品和历史经典他就很满足了。照顾他的人和家人也给了他足够的安慰。

让所有人都满意是不可能的。临终关怀毕竟是一个服务产业,必然会有一些病人对他们感到失望,也没有机会能让他们去"弥补"。临终关怀也是一种医疗专业,临终关怀护士能做的事情也很多,所以最终,父亲还是接纳了他们所提供的专业服务。

尽管父亲从未全心全意地接受临终关怀,他还是感受到了它的诸多益处。他们每个星期都会来与父亲毫不客气地探讨他的生死状况。他可不是很情愿。还有些医疗设施,一开始他就对它们不置可否,但后来也觉得多亏有这些东西在。再就是那个舒缓套组,尽管他最终也没用到,但他还是能够完全理解它存在的重要意义。还有他们安排购买了各种各样细枝末节的医护用品(纸尿裤、尿垫、小便器、导尿管、附腿尿袋、绷带、药品等等),解放了看护他的人,让父亲在公寓里能有更多属于自己的时间。

作为一名医生,我知道有些危急情况是有可能降临在他头上的。我完全能够想象都有哪些可能性,而若是没有临终关怀,一旦发生什么,他很有可能会被送到急诊中心,急诊医生出于好意一定会过度诊断和治疗,过度用力在他身上。而有了临终关怀,我们就能在恰当的时机提前阻止大多数这类危急情况发生。高龄老人不用去急诊中心绝对是一种福分,而我父亲正是这样一个有福的人。

如何从临终关怀受益

接纳临终关怀这件事和获准接受临终关怀服务是有区别的。前者是一个理念上的决定，而后者则是服务提供者的决定。理解临终关怀在医疗和情感上的益处，与了解临终关怀可由美国联邦政府出资这一经济上的好处，也是有所不同的。

让病人及其家庭能够接纳临终关怀，需要很早就对这件事有常规的关注。一味回避这个话题只能延迟让人从中受益，但并不会让人对临终关怀不可避免的需要也来得更晚。尽早开启这件事且时不时往前推进一步，可能会让人感到些许不适，但等到最后来不及，病人不得不在医院告别人世，或直到最后几天才勉强从医院回来的话，就太晚太糟糕了。

大多数倡导临终关怀的人都坚信，至少有三个月的时间，就能让临终关怀的临床（医疗和心理上的）益处最大化。不幸的是，人们开始考虑临终关怀的时机总是会被耽误，生存中值勉强只有一个月。一项研究表明，有 15% 的病人是在 7 天内去世的，而 14 天内去世的比例有 28%。[1]

若论临终关怀的好处是什么，那就是病人能够在自己家中，在最熟悉的人的陪伴下，在各种因素都尽量可控的情形下，在情绪与身体都舒适放松的状态下，安然地与人世告别。如果能在最终医疗危急情况发生之前进入临终关怀，家人彼此就有机会修复破裂的关系，言归于好。可能这看起来并没什么大不了，但若是跟一个人最终在医院煎熬后离去，既没有属于自己的最后时光或美好记忆，还被反复无常的思绪、误解、孤独所困扰，时时处处都有医生、护士、工作人员和护工看管着比起来，这就是不能更好的情形了。

要想在这方面有所体会，所有照护者和家人都应该尽量多去医院

---

[1] N. Christakis, *et al*., "Survival of Medicare Patients after Enrollment in Hospice Programs," *New England Journal of Medicine* 335 (1996): 172–8.

或养老院，看看那里的医护工作与环境是何等的忙碌嘈杂。在那样的地方，你肯定会看到晕头转向、沮丧困惑的"日落综合征"病人。老年人，尤其是离开了熟悉环境的那些人当中，普遍存在着这种让人极度痛苦的迷惑现象，晚班结束、换上夜班非熟练员工的时候，这一现象会最为明显。这些日落综合征病人总是会被留在大厅的躺椅里，或限制在特定空间中，向来来往往的工作人员苦苦哀求，"帮帮我""叫医生来""打电话给我家人"。[1]

一旦一个人确定罹患了重大疾病，有一种给其讲解临终关怀的方法，就是先讲讲临终关怀的"表亲"——姑息治疗。[2] 老的医疗卫生模型包括延长病人的生命，并以治愈为目标，直到过度治疗失效和死亡迫近无可避免为止。现如今，如果临终关怀为时尚早，姑息治疗专家就可以介入。他们能够帮助控制很多严重疾病的症状，如腹泻、便秘、气短、焦虑、瘙痒以及疼痛。接受姑息治疗数月甚至数年的病人不仅会因此而活得更好，还会在生病期间想要更早进入临终关怀，让生存质量从中受益到最后一刻。

影响病人接纳临终关怀的另一个障碍则在于疾病所带来的情绪起伏。病人每天在情绪和身体状况上的波动，促使他们在心情低落感觉不好的时候想考虑临终关怀，但感觉好些了就会打消这种念头。病人会逐渐适应能力降低的情况，因此更宽泛的病程就会为人所忽略。观

---

1 这里说到的日落综合征（sundowning）是指病人出现谵妄或某种形式的痴呆而表现出迷惑和狂躁的神经现象。很多都与阿尔兹海默症或痴呆有关，多出现在老年病人当中，到傍晚或夜里开始出现一系列的症候行为。为何会有日落综合征，目前尚无明确的医学定论，有一种观点是认为这和人类的昼夜节律失调有关系。——译注

2 姑息治疗经常会和临终关怀联系在一起，但它本身也是一个独立的项目，当人确诊罹患重大疾病的时候，应当去咨询了解姑息治疗的信息。姑息治疗团队可以和其他专科医生（如肿瘤科医生、外科医生、心脏病医生、危重病医生等等）同时管理重大疾病的复杂症状。当人对姑息治疗的医疗优点有所了解，且生命的终点也不断迫近的时候，病人会更有可能同意接受临终关怀。

察一个病人是如何在决定面前踯躅，你会发现这段路走得磕磕绊绊。每每有新的症状出现，病人就会变得沮丧低落，想要接受临终关怀。一旦适应了一个新的更差一些的体能状态，他们就又会变得乐观起来，不情愿接受自己的命运。

照护者和家人也会一时间和病人变得一样乐观，还会将这种感觉放大出来。"哎呀，他还没到临终关怀的时候呢，他可不会在这个时候放弃。"这些行为只会耽误对终将到来那一刻所必须进行的准备。人们不会只为某一天还不错，或出现了长久煎熬后最好的一天而喜不自胜，而是认为这还不错的一天预示着日后能够变得更好。

人总是多变的。疾病也不是理性的。有时候，人们想要接受临终关怀，但也希望能接受一些看似跟临终关怀理念相矛盾的治疗。我父亲就曾想要停止用药。由于他用的药都是标准降压药和降胆固醇的他汀类药，我们不会看到他出现病情突然恶化的情形，但他的意图则是很明确的。他想表达的是，他希望快点走完最后一程。

但与此同时，他还想打流感疫苗。他在选择走完这段路面前并未退缩，但他同时也不想再"生病"了。

虽然看似不一致，但这并不应该成为推迟进入临终关怀、拒绝临终关怀申请或低估临终关怀益处的理由。临终关怀理念是可以很灵活的，任何能够改善病人身心生存质量的轻度治疗，都可以合理化为对病人的一种抚慰。

临终关怀最被低估的好处之一，就是它所具备的可移动性，前面讲过的我母亲去世前参加了我女儿的婚礼就是最好的例子。

临终关怀还有一项不为人知的好处，那就是在非必要的时候不用再去看医生。做过诊断性测试以及可能还需要的跟踪测试，或看诊之后就可以实现了。还是举个我父亲的例子，他曾出现皮肤瘙痒，但并没有生皮疹。他的饮食，用的洗衣粉、肥皂、沐浴露等都是好多个月

第十一章 临终关怀

没有变过的。他在短期内用了苯海拉明和类固醇，但并未能够终止他的症状。他的保健医生并未接受过临终关怀方面的训练，建议我父亲最好到医院去看看。这就意味着，父亲得去验血，可能还得做 X 光检查，医生逐个排查可能导致瘙痒的病症后还要对得出的异常结论进行跟踪检查。

父亲的临终关怀护士代表我们回复说："那可不行！"保健医生当然是出于好意才说的，但这个建议对我们来说并不是个好选择。她不止关注症状，还想要做出诊断。但对我们来说，再来个新诊断并没有什么意义。我们联系了父亲的临终关怀医生，给我们开了高剂量的类固醇来用。

病人在逐渐接纳临终关怀的过程中会有一种紧张感，这种感觉不可避免，但却是可以理解的。紧张的程度也会有很多不同。医生必须和病人保持同样一种紧张的状态，从而发现鼓励病人接受临终关怀的最佳角度。作为医生一定要知道，美国联邦医疗保险同意病人进入临终关怀都有哪些要求。供人们选择的临终关怀机构也必须要明白这些监管上的要求，从而能够依法接受病人的申请。监管者则必须能够分辨哪些临终关怀是合理要求，哪些则是对临终关怀的欺骗性滥用。

和许多医疗卫生服务一样，临终关怀服务也可以分为非营利性和营利性两种。区分这两种类型的机构是十分要紧的。一般来说我更倾向于非营利性的机构。我认为，非营利性的医院、家庭护理服务和临终关怀服务机构，要比营利性的机构多一点使命感。但有一点是毫无疑问的：在这个报销费用越来越少的年代，维持一个非营利性机构要面临的困难，可能会催生出和促使营利性团体为了股东而改变规则类似的误判。你只能自行评估你该选哪家机构提供的临终关怀服务。

临终关怀的服务特性

临终关怀的"关怀服务"可不是无须技能的每日例行护理服务，也不是家庭医疗健康助理服务。除非有紧急情况发生，临终关怀的"关怀服务"几乎是难以察觉的。对于在其最终衰退期的早期阶段就进入临终关怀的病人来说，"关怀服务"是可见的。临终关怀护士会每周到访一次，安排用药，更新评估，并预定下次回访的时间。很多病人家属都会因此而感到失望。他们以为，病人开始接受临终关怀后会有个团队来接手所有事务。他们期望的是家人可以更省心，服务会更多。但事实上，家人仍然需要继续履行他们原本的职责，或者继续请人提供家庭护理。

临终关怀真正提供的是指导、培训、设备、医药用品、临时看护、出行保障、24小时电话咨询、每周数小时的护理援助，以及紧急情况下的专业护理。

我前面讲过，父亲的临终关怀开始后，机构就立即送来了医用病床、氧气瓶和舒缓套组。服务过程中，他们还会一直提供尿片、导尿管等相关用品，以及处方药。随着病人虚弱状况逐渐加重，有些临终关怀服务还会不时提供家庭健康服务，比如帮助病人每周在床上沐浴一至二次。到更后期的时候，如果病人开始"积极离世"，临终关怀护士会更频繁到家中来调整用药，并给家人提出建议。如果各方面都很顺利的话，临终关怀看起来确实好像没给人什么日常的"关怀"。

但是当事情没那么顺利的时候，临终关怀的得力之处就会充分显现出来。在有医疗卫生背景的病人家属看来，由于本身就知道可能会发生什么问题，且力争不让病人在医疗救治中离去，知道有临终关怀的服务在，就是一种巨大的宽慰。

我再举个普通人的例子，直到病人只能卧床之前，在家摔倒的风险是始终都存在的。每一次从床上转移到轮椅或洗面台，然后再回到床上，病人都有可能摔倒受伤；最轻微的情况也是每次移动都有滑倒在地的风险，而病人身边只有一个护理的时候会很难起身。[1] 如果病人摔倒，或者摔倒后受了伤，护理人员无须拨打紧急电话寻求帮助，这种情况发生时，临终关怀是可以积极响应的。舒缓套组可以在这个时候打开，使用其中的止痛药。临终关怀护士和起身服务都会立即到位。他们可以缝合撕裂伤的伤口，并用可移动 X 光在家进行检查。发生骨折也可以先用夹板固定起来。大多数情况下，病人都不用去急诊中心，也能够避免接受过度治疗。

在更为复杂的层次上，护理人员意料之外的并发症发生时，也可交由临终关怀服务来处理。比方说，肺癌病人存在着发生脑转移的风险。脑转移经常会引起痉挛。几乎没有什么能比观察到一个人初次发生痉挛更令人糟心了，在那种情况下，人们会非常想要立即拨打紧急电话请求急救支援。但在临终关怀服务下，舒缓套组中就有抗痉挛栓剂可用，临终关怀护士也会紧急到访。

还有一些难以预料的情形（镇痛、抑制痉挛、静脉注射等等），也会需要专业的护理，这些也是临终关怀会提供的服务，最多可以在一个星期之内每天 24 小时都不间断，从而控制症状，避免送病人去住院治疗。

还有一些很罕见的情形下，病人确实需要被送到急诊，会有临终关怀护士被派过去跟急诊沟通，将激进治疗减至最低。如果病人需要入院治疗，医院的临终关怀部门和姑息治疗团队也会收到告知。

最后，当病人"积极"濒死时，会出现很多令人费解的临床表

---

[1] 在美国大多数地方，如果人摔倒了且没受伤、但无法自行从地上起身的话，可以打电话叫消防员来帮人起身。如果已经在接受临终关怀，那么叫临终关怀服务就可以了。

现，缺乏经验的看护者会感到不安。有临终关怀专家在，病人的大喊大叫、胡言乱语、四肢抽搐、濒死喘息，还有临终喉鸣等等，都能够得到说明、抚慰和处理。

临终关怀：替代性医疗系统

概括地说，临终关怀就是一个替代性的医疗系统，有着能够将病人从终将变成无用治疗的激进治疗中解放出来的潜力。临终关怀的医生和护理人员能够提前着想、预先提供设备和药物，来应对可能出现的问题。它中止了反应性医疗服务的先检查后治疗的操作，免去了费时费力的医院就诊、急诊抢救乃至住院治疗。临终关怀系统能让花在等候室、医生诊室、诊所、放射科、急诊室甚至重症监护室的时间，转化成有生存质量的生命时间。通过专业医疗团队，临终关怀以改善病人生存质量为目标，而不是因为治疗或药物带来的副作用而苦苦挣扎。

是的，人要有钢铁般的决心和对现实的清醒观察，方能放弃激进医疗给出的夸大承诺。但好处是数得出来的。不同于经历激进治疗所挣来的每一天，伴着医疗救治带来的副作用和并发症，临终关怀下的病人却能在家人和朋友的陪伴下，享受平静舒适的时光。

记住并思考

- 考虑临终关怀的时候，要分清楚地点、理念、关怀计划、入选标准、临床收益、财务收益等问题。
- 临终关怀几乎不提供家庭保健服务，且仅在有需要时才提供护理服务。

- 临终关怀是让你避免心肺复苏术和过度治疗的最好保护。
- 及早加入临终关怀能让临床收益最大化。
- 临终关怀服务是可移动、可更新的。
- 如果你在接受临终关怀的六个月之后依然在世,不必为此担心,交给临终关怀机构去安排吧。

第十二章

自愿绝水绝食

> 活着是美好的,死去是平静的。真正困难的是两者之间的过渡。
>
> ——艾萨克·阿西莫夫

我想在这本书里和大家探讨的是人生病的过程,以及发现和接受现实中的关键事件。当人走到了生命中的最后一步,在这个关键点上要面对的现实就是,继续接受医疗救治已经没有必要了,人已经无须再忍受各种各样的症状,以及不断下降的身体状态,告别的一刻终究即将到来。而且这个时候,即便已经没有什么途径能改善人尚存一息的生存质量,死亡也许并不会很快发生。此时的人会感到无能为力,但仍希望能对自己的生命有所掌控,会有一部分人选择让这最后一步走得再快一点。

这一章要说的绝不是自杀,也绝不是协助自杀、医疗协助死亡或临终镇静。[1] 病人只有在

---

1 临终镇静(terminal sedation)就是通过使用麻醉剂或其他药物来控制一些顽难症状(通常是顽固性疼痛),料定但非意图其能加速病人因呼吸抑制或脱水而死亡。医疗(转下页)

医疗协助死亡可行时才能考虑这一途径，但在其他地方，也就是美国的大多数地方，这一途径并不可行的时候，对所有病入膏肓的病人来说，绝水绝食会是有效率且符合伦理的选择。这一行动也非轻而易举，人们就此有很多探讨，但真正去做的则是少数。不过，要想顺利走完最后一程，这个选项值得每个人好好了解。

人应该在什么时候开始考虑这一行动，很难用寥寥数语说清楚。人们总是认为，这不就是"放弃生命"吗？然而，对于一个深思熟虑的高龄病人来说，当其对自己的疾病情况十分了解，且处于临终关怀之下，又感到自己已经无力回天，只能一味依赖他人照顾，那么有意识地不吃不喝就是可以理解的选择了。这样的选择不仅能让病人在当下对自身的情况有所掌控，也显示出自己坚持自主的决心，证明时机已到，且这一决心已经超出了跟需要"自杀药片"协助有关的那种矛盾心理。

用来描述自主脱水以求离开的医学词汇多到令人眼花缭乱。这些词的各式缩写看起来就令人头痛。目前来看，最为常用的说法就是自愿停止进食进水（voluntarily stopping eating and drinking），简称VSED。这一说法对行为做了最为简单直接的描述，其缩写可以读作"VEEsed"。VSED 和其他大多数缩写词组一样，错误地将重点放在了拒绝进食上面。而我之所以不愿意用这些缩写，是因为在这个主动离开的过程中，使其得以实现的是脱水，而非绝食。我更倾向于使用"终结性脱水"和"自主脱水"这样的说法，因为这些说法强调了选择在这当中的分量，以及这个过程的理念所在。

（接上页）协助死亡（在美国仅有六个州——加利福尼亚、科罗拉多、蒙大拿、俄勒冈、维尔蒙特和华盛顿州，以及哥伦比亚特区可以实行）指的是，病人主动寻求，并由医生提供口服药处方及其使用信息，且医生了解病人可能会用其终结自己的生命。

绝水绝食的实操、伦理与法律问题

我得承认，终结性脱水听起来很残忍。至少大多数人都会觉得这个说法让人很不舒服。我的父亲从观念上就无法接受绝食作为主动死亡的一部分，然而事实并非如此。大多数临终关怀护士都会说，绝水绝食是比医疗协助自杀更好的离开方式。[1] 在探讨这个生理过程时我会再详细讲述这一点。

更为重要的是，自主脱水能够避免一些人在协助自杀中所看到的伦理困境，以及主动自杀造成的道德冲突。几十年来，临终绝水绝食是否算是一种自杀的争论始终都存在。但是这些争论已经形成了一个实际的结论，因为美国的国家临终关怀机构已经认可这是一种伦理行为，联邦法庭也拒绝采取反对立场。

重要的还有，当疾病和年事过高都让现实变得难以忍受，脱水死亡就成了有效缓和痛苦的良策，亦能让病人自主决断，让照护者卸下沉重的负担。而所有这些都是善终的特征。

在有顽固性疼痛的情况下，医疗协助死亡或临终镇静也许是更好的选择，而终结性脱水则是能让人安详离开的最好方式，其前提条件就是病人本身生着病，很虚弱，同时有明确意图想要这样做。病人下定决心之初，自信会被激发出来，因为他/她会重新对自己有所掌控。这种自信是短时的情绪高涨之下，由消退的生命热情放大而成的。绝大多数情况下，高涨的情绪都会缓缓转化为模糊的意识、嗜睡和昏迷。

---

1 可以再看一下第七章的尾注，L. Ganzini, *et al.*, "Nurse's Experience with Hospice Patients Who Refuse Food and Fluids to Hasten Death," *New England Journal of Medicine* 349（2003）: 359–365.

脱水是自然死亡的一部分

我开始注意到自主脱水，还是在一个临终关怀董事会任职的时候。当时，我提出的很多原则在医院、养老院和法院仍然存有争议，但那些开明的私立养老院和临终关怀机构都已经在实践这些原则了。作为一名医生，我曾目睹过很多人在医院中离开人世。我所看到的，是这些死亡都伴随着想要摆脱终期绝症的向往，饱含着无谓救治所带来的痛苦与挣扎，病人还要经历相当的肉体与精神上的消耗。在这个将人进一步耗尽的过程中，病人已然无法自主进食，家人为此焦虑忧心，无不发出哀切的恳求："如果我深爱的人已经无法进食，她/他如何才能恢复？"

如果病人或其代表终于明白恢复已经成为不可能，进一步治疗只是徒劳，并接受了停止输液和人工给养（饲管或静脉给养）的建议，且有选择地放开疾病去发展，那么脱水的过程就自然而然开始了。只要停止补水和摄入热量，大多数病人都会在六到十天左右撒手而去，而有85%的人都会在两周之内平静地离开。

在临终关怀条件下，我观察到，如果病人自愿拒绝"最后英勇一搏"，那么谈起终结性脱水这个话题就会更容易一些。我还注意到，跟住院病人相比，这些病人得以避免了绵延多日的苦痛煎熬。

这也正是《新英格兰医学杂志》上的一篇文章让我感受到强烈共鸣的原因（参见第七章）。文章大体描述了临终关怀病人在通过绝水绝食来加速死亡的过程中，护士从正面所观察到的情况。我在看那篇文章时想到的是，在我观察到的住院病人当中，这种做法让自然死亡的过程在不知不觉中有了一种有意和自愿的成分。我亲眼看到很多人在决定绝水绝食之后，在生命的最后篇章中成功启用了这种技术，并夺回了自我的掌控权。

绝水绝食是缓慢死亡必经的一个过程。对缺乏训练的旁观者来说，可能不会觉得这是一个人不知不觉衰弱下去的过程，但在每一个临终病榻前，病人都会有一段时间衰弱到粒米不进，滴水不沾，甚至无力呼吸。死亡来得有意，又来得无心。自主脱水所能改变的只是刚好省去那些不必要的煎熬时间，但也绝不足以变成过早带走人的性命，更谈不上冲动自绝或自杀。

我父亲是如何绝水绝食的

令我很纳闷的是，尽管我父亲已经将自主脱水的意愿包含在了他的生前遗嘱当中，但他其实并不能接受这一行动。在我的建议下，他的生前遗嘱包括了同意他选择不接受他人饲喂的条款，还引用了《新英格兰医学杂志》当中关于护士所观察到的自主脱水的那篇文章。我们时不时就会将其作为一种退出机制说起来。在他真正理解了这种做法之后，他其实并未明确考虑实践。尽管他已经高度失能，他的胃口还是很强健，而且也十分享受吃饭的乐趣，无论如何也不想放弃。

在他开始接受临终关怀一个月后，我跟往常一样去看望他。他当时只能在床和椅子之前来回移动。他接受了自己年迈体弱的状态，并时时哀叹。我刚到他那里，他就跟我说："我真是活太久啦。"

于是我和他提起了退出机制的问题。我把自主脱水跟他那位法学院同学两年前决定停止接受透析的情况做了比较。父亲的思路也转向了他同学的这种"做个了断"的选择。他并没有立即感情用事地将二者联系到一起，但仍希望能像我们说的那样，有一个可操作的选项。然后父亲就转换了话题。

又过了两个月，我和我妻子黛比去和他一起过圣诞节，我再次跟他大概讲了讲绝水绝食这个退出机制。一边说这个一边讨论节日菜单，紧接着又讨论自主脱水，虽然显得尤为不合时宜，但这也是有原因在其中的。这些话题讨论起来都很尴尬，都很难进行。无论怎么说，跟来看他的人相比，病人都是很脆弱无力的，所以探讨什么话题也都是很不对等的。就拿我们的情况来说，我作为一名有经验的医生，能够就退出机制给出多个备选方案，而我的父亲则可能觉得我是在强行推进这件事，这就让我们之间的对话越发不对等。我很希望能够在商讨圣诞节晚餐的时候一起评估自主脱水这个理念，从而向父亲表达出决定权在于他自己、完全可以等我们走了再决定的意思。

父亲和上次一样听我说了，并问了一些和"绝食"有关的问题。我再次告诉他，当一个人觉得开启这一行动的恰当时机到来时，人的胃口就已经不复存在了。就像流感糟糕的时候也会抑制我们的食欲一样，很多晚期病人也会对吃东西失去兴趣。我向他解释说，疾病和失能就已经让病人从摄入与消耗相对应的正常新陈代谢，进入到分解代谢状态（即消耗掉的热量比摄取的多）。我说，在癌症、心力衰竭或肺疾病进入末期的病人身上，热量消耗是不成比例的，食欲也会大大减退。在此时停止进食进水，便能够让人快一点摆脱这一切。

任何饥饿带来的不适感都会快速被禁食产生的欣快与掌控在握的感觉所消解。几天之内，这种欣快通常就会被脱水性嗜睡所取代。继而便是相对平和的昏迷，以及死亡。但是，由于食物仍然能让我的父亲感到愉悦，对他来说就还没有到绝食的时候。我当时想，等再过一段时间也许就会有这种感觉了。

在这次特殊的谈话当中，我的父亲将退出机制的话题转换到了不再服用非缓和性处方药上面。很显然，他还没打算考虑自主脱水这件事。第二天他和准备打道回府的我们告别时说："这就是咱们一起过的最后一个圣诞节啦。"第三天，他停止服用任何药物。他是想要有所行动的，但那就是他当时所能做到的全部了。

停止进水进食的理念

通过停止进食进水来加速死亡并不困难，这当中的理念也很明确。当病人了解原理并想要这样做的时候，就会择时开始拒绝进食进水。断绝脂肪和碳水化合物所产生的热量，就能够在24～48小时内刺激蛋白质代谢的发生，进而促使酮症（酮类物质——一种毒性代谢物在身体中累积）和欣快感产生，并迅速取代几乎所有饥饿感。断绝水的摄取，则使代谢毒素积聚浓缩，并将肾功能不全（肾衰竭）的影响扩大化。若干天后，嗜睡会进一步发展成昏迷，主动死亡的过程由此开始，最终由毫无痛苦的心律紊乱给生命画上句点。这就是脱水性死亡。

相当多的研究都表明，三分之二的病人完全不会抱怨感到饥饿。三分之一的病人会有短暂的饥饿痛苦。一小部分人有持续饥饿症状。这些情况都可以通过麻醉剂和镇静剂来控制。

与此相似的是，三分之一的病人不会感到口渴。还有三分之一的病人会持续干渴，另外三分之一则会通过湿润的棉签或毛巾来缓解口腔干燥的不适感。

脱水本身是不痛苦的。不幸的是，无论是否脱水，自然死亡并不总是平静祥和的；也没有哪种死亡一定会平静祥和。在旁观者看来，自然死亡总是过于不急不缓。自然死亡到来时，呼吸的模式会发生改变；即使人已经陷入昏迷，神经系统仍然时断时续。自然死亡的过程中，即使是医疗卫生专家也可能会有误判和误解。

我父亲的情况是这样的，临终关怀机构派遣来的几位执照护理之一悟性很高，准确地预计到了我父亲会在一个月内离我们而去，但她还是提到了"脱水很痛苦"，让在最后几天里一直陪伴在父亲身边的我姐姐感到很困扰。这里存在着一些误解。护理所说的"脱水很痛苦"其实是指病人在积极濒死的过程中会有的一些匪夷所思、无法理解的躁动行为。

让此种误解变得更加复杂的，是临终症状出现时病人会频频使用吗啡。我们都知道吗啡是用来镇痛的，但它还可用于呼吸窘迫综合征（来减轻肺炎带来的"气短"），增强缓解焦虑药物的效果，以及调节人的情绪。因此，使用吗啡并不一定总是说明病人很痛苦。

不仅如此，临终情境下会发生些什么是很难预测的。有可能很多时候都很平静，有可能病人反复出现谵妄的情况，也有可能因为病人不时出现令人费解的行为而让旁人过度解读。很多病人都会无意识地发出一些声音。移民来的病人可能会说他们几十年都没有讲过的童年时代使用的语言。我姐姐就说，父亲曾呼唤母亲的名字。他那时候在想些什么呢？有的病人会咕哝或抽动。还有人会伸手在空气中乱抓。四肢痉挛；喉咙锁闭；括约肌松弛；大便失禁。这个过程看起来会让人觉得不舒服。这些行为大多都是神经系统"关机"的临床表现。在医院中被家属要求接受静脉输液防止脱水的病人也会出现这些行为。大多数医生都会说，静脉输液只能让死亡的脚步有所延缓，并认同脱水不会带来痛苦的说法。

为防止误解，所有这些令人困惑的症状偶尔也有可能在用药过量造成窒息性死亡时发生，这也是医疗协助死亡中最常出现的。用药过量有可能带来恶心、呕吐、送气、哽咽、窒息，让人的死亡变得没有"尊严"。

我们早已习惯了对这些临终行为进行解读，甚至是过度的解读。但其实没有人能明白它们的起因和意义。能让我们这些支持或实践脱水性死亡的人感到些许欣慰的就是，理解并领会到只有"自然死亡"才是自然的，满身管子连着机器死亡则绝非自然。

终结性脱水的持续时间

病人从开始绝水绝食到最终实现目标所经历的时间各不相同，这是因为开始这个过程时的生理基础也是因人而异的。大多数病人在头一两天都会表现得愉悦兴奋，接着就会间歇性地失去意识。很多人都会在六到十天里告别人世，85%的人会在两个星期内撒手人寰。撑过四个星期的人非常少，六个星期就更寥寥无几了。无论这个过程有多久，四到六天之后，人基本上就完全处于嗜睡和昏迷状态，直到呼出最后一口气。

超出预期临床进程的原因，与病人的营养状况及其潜在疾病过程有关。有充足脂肪储备且营养良好的病人，要比其他人多花一两天才能进入完全的蛋白质分解代谢状态，体内存留的水分也会降低脱水的速度。还有一种情况是，癌症之类的分解代谢疾病，由于消耗的是独立于病人基线代谢的热量，所以会缩短病人最终的过程。因此，营养不良、脱水且瘦弱的癌症病人很可能会在四到六天内离世，而营养良好、水分充足，且有晚期帕金森症和脊柱塌损带来恶劣疼痛的病人，则会成为脱水期超出两星期的那一小部分人。

当我父亲发展到了无法咀嚼食物，也无法安全吞咽液体的终期状态时，他仍然能够一次吐出一个词语来与人保持交流。然而，等到他每一口都会哽住的时候，再加上他已经有了生前遗嘱，照护他的专业人员从经验出发，决定不再对他进行强饲。父亲也没有坚持。他已经到了被动停止进食进水的关头。四天后，他安然长逝。

自主脱水的开启时间

失去进食进水能力，是所有衰老和自然死亡必然会经历的阶段。

当一个终期病人被疾病和治疗彻底掏空，并进入不再能够摄取营养或自愿进食的自然状态，他们便和我父亲一样退回到了被动接受断食断水的状态。对一个了解自主脱水有何益处，并知晓其后果的人来说，这就是自己在变得只能被动接受之前，去开启最后一程可以主动采取的行动。

每个病人开启这一进程的方式都是不同的。这也取决于病人自身的虚弱程度与抱持的决心。所有的慢性疾病到了最终阶段都会让人失去胃口，这是人在濒临死亡的时候自然发生的功能紊乱。更早开始并加速实现终结性脱水，就是让这个过程缩减到更短的积极尝试。但很少有人会在尚未做好充足准备的时候就开始这么做，就算开始了也有可能会临时改变主意。

人们大多都很害怕饥饿会带来痛苦。我相信，健康和不想挨饿的人在被迫忍受饥饿的时候一定是很痛苦的，比如因饥荒、贫穷和虐待而遭受饥饿都会这样。但是在人即将离开人世之前却并非如此。如能理解这一点，人就有可能下定决心，但这份决心和人虚弱状态之前的平衡点会在哪里，并不会因这份理解而改变。如果你觉得这样做很可怕，那就说明你还没有为绝水绝食做好准备。如果你觉得可行，且不想做其他考虑，那就说明，你已经准备好了。

我的父亲从未真正做好放弃进食的准备。有很多人都会像他这样。预立指示中包含了自主脱水这一项的人当中，大多数都没能真正去这样做。

和父亲一起过完圣诞节后的那几个月里，我又去看了他好几次。我们没有再谈起这个话题。来年4月初的时候我去看望他，他看起来不太好。他的小肌肉运动能力已经恶化了。"我从没想过死也会这么难。"这是那次他见到我之后说的第一句话。

"这就是咱们最后一次见面了。"我走的时候，他这样说。

人工喂养的情感与现实

人工喂养并不存在什么美国联邦标准,但每个州的标准确实都有所不同,因此搞清楚你所在的州或司法管辖区的解释很重要。

有些州规定人工喂养属于基本护理,必须提供——尽管从实操上来说不可强迫。还有些州将人工喂养视作维持生命的治疗手段,依据《病人自主法案》(Patient Self-Determination Act),跟其他医疗手段一样是可以拒绝的。如果你所在的地方认为人工喂养是一种维生治疗,那么即使是在有些机构中,它仍然可以不受法律影响地取消或停用。如果你所在的州将其认定为基本护理,那么其含义就是不够明确的。

不仅仅是法律含义,同意对病人自主脱水以加速死亡袖手旁观,和同意在这一过程中停止喂养,当中也有着情感意蕴。在一些文化中,有食物就是有照护,而有些文化则认为食物代表着爱。很多文化会将喂养与(情感层面的)照料和(护理层面的)基本护理结合在一起。到了人临终前的最后一刻,这两种认识都不应该成为主导前提,但究竟什么时候才是到了最后一刻呢?

我们都知道,当人的身体开始停止工作,就意味着人生的最后一站已经启程。人不再有胃口,咀嚼和吞咽也都成了不可能。窒息时有发生,人变得没法吃下任何东西。所有在病榻上弥留的病人都会走到这一刻。在这段时间里,病人无法进食的时间有长有短(几分钟到几个星期),但必定都会经历这一段。然而在很多家庭当中,照护者还是会持续喂养,病人也本能地继续接受。家人给病人喂饭的场面总是让人动容。病人即便已经无法进食,嘴唇仍然会给予响应。这些行动和画面都会促使照护者继续喂养,但对病人来说却已经没有任何意义了。

在人生的最后一刻,过多的人工喂养反倒会让病人受苦。这是因为把食物送到一个做不到有效咀嚼和吞咽的人的嘴里，病人只能让食物囫囵在嘴里徒劳地咀嚼不碎，也咽不下去，然后只好吐出来。这会让人非常焦虑。由此而引发的窒息也会增加吸入性肺炎的风险。我就曾在医院病房和养老院看到这样的状况一再发生。看到这些是让人非常难受的，而最终病人也无法摄入足够的热量来证明这些挣扎和风险的合理性。

积极濒死带来先机

那年4月末的一个星期一，父亲开始"主动地"离我们而去。临终关怀护士每天都会过来，更频繁地调节他的止痛药和镇静药。我的姐姐一直昼夜陪护。我每天都给她打电话，了解父亲的排尿排便情况和呼吸的模式。我尝试着对父亲什么时候离开做出预期判断，以便姐姐也能预先知道将会发生什么。

到了星期二的早上，我们讨论了一下整体情况。我让姐姐问问父亲，是否想要我们停止给他喂饭喂水。姐姐开不了口。她还是希望等到父亲吃不下也喝不下再自然而然地停下来，尽管这可能还需要一些时间。她确实提到说，喂的水也只是勉强能让他保持口腔湿润而已。也许这就是她向我们表达不用那么正式地停止喂水吧。

姐姐对我们很好，因为她一直都在那里。她很坚强，而且她知道这个时候什么都不做才是最好的。但对于缺少经验的非专业人士来说，停止给水给饭真的是太难了。只是我们都很明确地知晓，强饲不是个好选择。如果父亲最终说出他想停止进水进食，姐姐和我已经为此做好了准备，他身边有经验丰富的照护者，在他窒息风险远超出进食益处的时候就会停止给他提供食物和水分。

事实上，才过了几个小时，一个有经验的护理员就对我姐姐说:"他已经吃不下任何东西了,他窒息得太严重了。"我们事先并未和护理人员讨论过具体要怎么做。但经验已经告诉他们,自然死亡即将来临。

从父亲咽下最后一口饭,喝下最后一口水,到最终离我们而去,总共经过了四天的时间。起初,父亲还能说出几个字。但又过了两天,直到他完全无法与外界有任何交流,他都没有再表示半点吃喝的愿望。

父亲曾坚决拒绝停止进食。直到最后几天,他都很享受吃饭的时间。他不想启动自己预立指示当中的自愿绝水绝食条款。他需要退出机制,但并不是这个机制。直到最后他都吃得很香。在他出现咀嚼困难的前一天,他还对自己最爱的英式橘子酱赞不绝口。他需要等到自己因为微卒中或代谢变化影响了他的心理状态,从而食欲下降、味觉受到抑制,甚至阻碍了他进行吞咽的那一天。

我坚信,如果他在那之前一个星期或一个月就自愿停止进食进水,他就能不受任何罪地加速自己的死亡。但这样能达到什么目的呢?此时,他已经做好自然离世的准备两年了;无痛感染这种特定的离开机会并未在这两年里出现。他只是在主动死亡的过程开始时,根本没有准备好要停止进食而已。

疼痛与加速死亡

影响父亲做决定的更重要因素可能在于,他并没有什么难以忍受的症状在身,而这类症状最为显著的例子就是顽固性疼痛。在他最后六个月的人生时光中,他从没遭受过剧烈的疼痛。也就是说,疼痛并没有占据他的生命。他的确是有痛症的。他还会间歇性地疼痛。他会定期服用含有可待因的对乙酰氨基酚片(即泰勒诺 3 号,

Tylenol 3）。用药充分有效地控制了他的疼痛，因此他的生活并不难熬。如果他未对自己的轻度疼痛加以控制，或者他的疼痛影响到了他的生活质量，那么他在弥留之际加速死亡的决定可能就会有所不同了。

当然，缓解疼痛也是临终关怀的重点所在。疼痛会尽可能地通过药物来进行控制。需要的时候，吗啡作为一种同时能影响食欲和抑制恐惧的药物，会经常用到。疼痛会降低人的生存欲望，而吗啡则会降低人的进食欲望。口渴和饥饿的感觉会因为这些致力于止痛的药物而变得模糊。受顽固性疼痛困扰的病人在弥留之际会比没有疼痛折磨的病人更想要通过脱水来实现死亡的目的。当疼痛战胜了恐惧，当失能变得无法忍受，当终点明明就在眼前却迟迟够不到终点线，自愿绝水绝食就会成为符合伦理的、有效且可行的选择。

自主脱水：重拾掌控感

这一章的目标并不在于品评任何退出机制孰优孰劣，尤其也不是要对加速死亡的技术加以评论。并不是所有人都会选择终止维生医疗（比如胰岛素）或撤下医疗辅助设备（比如除颤器、血液透析或左心室辅助装置）。尚有条件的情况下，垂危时的医疗救护也是很重要的一个选项。同样重要的是，我们能够理解绝水绝食是普遍可行、相对舒适的，而且能够让病人自己来掌握这个进程。

何时启用终结性脱水才是合适的时机，并没有正确答案，想要这样做却没能付诸实施的人也不是由于软弱。倒不如说，可总结的教训就是自主脱水是一个能让人在无法控制的事物面前多少有所掌控的工具。当人们乐于接受死亡的自然进程，也接受了日益的衰弱和失能，终点已然就在眼前，那么对早已年迈的病人来说，他们可能会觉得没有必要特意去加速这个进程了。但如果还是想早一点结束的话，自愿脱水就会是一个没有痛苦的好选择。

记住并思考

- 人在临终的时候，绝食绝水是快马加鞭走向终点的可行、符合伦理且合法的途径。
- 绝食绝水会让人最终因脱水而去世。
- 脱水是没有痛苦的。

结语：关于死亡的反思与建议

Reflections and a Road Map

> 人们离去，并不意味着他们被取代。他们留下的空白难以填补，因为这就是命运——遗传与神经的命运——每一个人都是独一无二的个体，每一个人都要寻找自己的路径，度过属于自己的人生，走向自己的终点。
>
> ——奥利弗·萨克斯，医学博士[1]

要想描述医疗手段给人带来的痛苦究竟有多大，是不可能的。在第一章和第五章的描述中，重症监护病房和经过复苏术后的场景，再现的只是现代医学在致力于应对疾病的过程中让病人遭受到什么的一个微小示例。当疾病严重紧急时，我们若能快速发现解决方案，医疗救治就是激动人心的。当治疗方法踯躅不前，疾病转向慢性发展，激进治疗一再延长，医疗救治就会令人日渐枯竭。然而，当这些过激的技术手段被强加于身患疾病的高龄孱弱人群，本已不再有长期存活机会的他们所遭受的痛苦就会令人不忍直视。

当我还在医生岗位的时候，每每看到高龄

---

[1] 奥利佛·萨克斯（Oliver Sacks，1933—2015），英国神经学家、作家、医生，曾创作多部畅销书，记述自己的从医经历和对病人的观察与感悟，部分已推出中文版。——译注

病人要去接受激进的检查或是治疗，我都会好好看看别人提议他们要做的治疗是否能够通过我称为"母亲检测"的标准：我会让自己的母亲（或父亲）去接受它吗？我的答案经常是"不会"。如果病人能够理解这一推论背后的原则，他们一般都会心怀感激地接受我的建议。第三章里，我就讲到了自己坚持这一原则的一个实例，我曾建议一位虚弱的老妇人不要对肠道里的一处扁平息肉做太多处理。

这本书所针对的对象是65岁以上的老年人，以及照顾他们的家人和朋友。我没有在书中自作主张地告诉人们什么时候可以离去，我也没有假装认为每个病人都能够对自己的生死有所掌控。我没有有意去告诉读者要去看什么医生。我更没有要告诉人们应该接受什么样的治疗。

最最重要的是，我没有建议老年病人武断地拒绝接受激进治疗。我们都知道，有些病人虽已是高龄，但在优异的治疗和手术后也能大大受益。不幸的是，这些人只是一些特例，而我们在膜拜这些成功案例的同时，却忽略了那些明明做出尝试却没能受益，以及遭受并发症或在抗争过程中与世长辞的人们。所以请听我一言，如果你年事已高，仍然想要尝试一种复杂的治疗手段，一定要时刻保持清醒的观察，及时了解进展，并对万一发生不好结果所面临的被动处境有所准备。

我想告诉各位读者的，就是我在某个既定情形下会对我母亲说的话。我想要通过这些来帮助你们从另一个角度理清思绪。我想要建议你们，任何住院治疗，任何医疗手段，都存在一定程度的非故意后果，而这些干预手段所造成的伤害程度会随着年龄的增长而增高，与此同时病人受益的程度则会相应地下降。更重要的是，如果你将自己生命临近终点时刻的掌控权交到一般医生手中，你很可能会接受到超出能让你真正受益程度的更多治疗。

每个生命都会在某一时刻走到终点。当一个人活到了90岁，当一个人活到了自己所在人群的平均预期寿命，当一个人发现自己的身体状态已经在衰退，当一个人意识到自己的病已经有了明确可测的预后，人们就能更容易地描画出那不可知的终焉时刻。

如果各位有幸能够预见未来的终点将会如何，或者能够理解自己终会为疾病或失能所征服，这本书就能够带来帮助，帮你接受现实，帮你迎面应对过度治疗，并把那些该掌控在自己手中的好好握住。

"新思路"：言过其实，核实现实

只要一篇医疗卫生文章的标题以"新思路"为开头，你就应该明白，结尾肯定是无上的乐观。假设你看到了类似《癌症治疗的新思路》《心脏护理的进展》《阿尔兹海默症研究的全新思考》等标题，人们会认为相关研究项目有所进展，文中展望的可能性也会被理解为该疾病已经能被治愈。美国的读者们倾向于相信，药到病除是指日可待、触手可及的，只要再坚持一下，病痛就能烟消云散了。

我们所需要的新思路其实是对现状进行核实。我们需要对自己的期望进行硬性重置。过去的一百年，医学取得的进步是巨大的。这一点毋庸置疑。然而，人们跟以前一样忽略了其他的事实。医学在当前所取得的进展是递增式的，也是极其昂贵的。在电视上大做广告的肺癌新疗法就是例证，信誓旦旦地承诺这是"延长寿命的一线生机"，却对其高昂的费用、严重的副作用以及有限的收益避重就轻。[1]不仅如此，未来要取得任何进步，所要付出的代价将是指数级的递增，危

---

1 根据美国药剂师协会2015年12月18日的简报，使用耐昔妥珠单抗（Portrazza）的生物疗法，每个月的费用高达11430美元，可延长6周的寿命（预期寿命从38周延长到44周）。再举一个例子，纳武单抗（Opdivo）可使寿命延长三个月，但有一半的病人都会有严重的副作用。初始治疗方案的费用逼近150000美元，每个月还要额外付出14000美元。（Michael Wilkes, MD, PhD, U.C. Davis in *Health News Review*, December 16, 2015, at healthnewsreview.org.）

险性则愈发难以预期。所以说，当你看到医学研究前沿在终期疾病、高龄病患以及延长预期寿命等方面的"承诺"，或看到基因操作和遗传研究掌握着取得巨大飞跃的关键时，不妨三思。

商业化：与临终关怀背道而驰

只要病人已是高龄，医生就必须时刻提醒自己，医疗护理是一种使命，而非商业活动。但并非所有医生都会发自内心地以全局利益为重。有些医生，即使知道病人过后无法完全复原，依然会给病人进行关节替换。有时候病人已经虚弱到无法康复，一些心脏病医生依然会建议做心脏瓣膜植入。还有些胃肠道科医生，明明病人的癌症已经扩散，任何支架也不过是让其在病床上多撑几个小时到几天，还是会为了"争取一点时间"，用这些支架去扩张病人那因癌症而变得狭窄的消化道。对于这类医生来说，置换一个新关节，植入一个新瓣膜、新支架，显然比去探讨不这样做的诸多理由更为容易也更有利可图，如果他们不是病人的住院医生，就更会如此选择。

医生推广一个他们能够从中获得经济利益的临床试验或医疗设备的时候，不太可能给出不加修饰的治疗建议。研究角度上，他们希望自己的试验能够成功。而他们也希望能够获得财务上的回报。当临床试验受到利益的驱使，其试验结果很有可能显示为出奇的好，但绝不可能被复制。

我对医疗商业化的看法可能过于严厉了。商业化是很多技术和医学进步的推动力。但医学技术的应用绝不应该不加选择，更不应该对恢复并从中受益程度都非常有限的老年人应用这些治疗手段。

我们所需要的新思路并不是技术上的，而是精神上、情绪上或理智上的。我们不应该被动地相信奇迹。我们必须要明白，无止境的奇迹是不可能存在的。我们不能盲目认为，对年轻人有帮助的手段能使老年人也同样从中受益。当年龄本身就是身体的负累，治疗只会是一场零和博弈。修复了这一边只会让其他方面变得更加窘迫。"争取一点时间"的意味，也不过是让人住院的时间多一点，而由此带来的副作用反倒有可能让人再度失去这一点时间，与在家享受一点相对舒适时光的机会失之交臂。

何为善终

凯伦·凯尔曾总结过，善终应当包括（按照主次顺序）有所掌控、感觉舒适、有完成感、有尊严、信任照护者、认识到自己大限将至、尊重信仰、减轻负担、改善关系、适当对技术善加利用、留下遗产、接受家人的关怀。

这十二个方面，大多数都是要提前规划的。尽管研究显示，确认自己大限将至在重要性排名中处于第七位，但若是没有这种走向终途的意识的话，人就无法做出规划，而没有规划就意味着有所掌控、有完成感、有尊严、尊重信仰乃至改善关系等都将无法实现。

在我看来，这些都是善终所应具备的情感属性。而舒适、适当对技术善加利用、接受家人的关怀等身体属性也同等重要，并且同样需要提前做好规划且怀有愿景。十二个属性中的第八个，减轻负担，既可以是从情感角度出发，也可以是财务上的考量，我不会就这一点发表什么意见。而第十一项，留下遗产，同样也需要提前做好计划，但这是人一辈子都应该考虑的事，并非临终命题。

关于善终所具备的十二项属性当中，有九项都需要充分地提前规划，你才能够获得掌控、舒适、完成感、自尊、信任，信仰得到尊重，有所选择并得到家人的照顾，而且我认为，了解并接受自己所患的疾病，且对临终将至有一个预期，是最终获得善终的核心所在。

如果我们能够接受前面所说的善终的十二种属性，那么糟糕的死亡就是失去掌控（即与期望相悖，没有选择余地，旷日持久的挣扎，依赖他人生存，遭受难言的创伤），煎熬（被疼痛与悲苦折磨，认知受损，恐惧，愤怒），措手不及，得不到恰当的照顾，对即将到来的死亡缺乏认识，成为家庭的负累，孤苦伶仃，甚至英年早逝。除了最终仍将面对的死亡，这种糟糕也意味着你会在重症监护室或养老机构里黯然离去。

详解如何获得掌控

成为这本书的读者，你就已经在有前瞻意识地思考这个问题了。也许你是一位高龄病人，也许是正在或即将照顾高龄病人的人。或许此刻你正回想起最近失去亲朋好友的经历，思考什么才是更好的。不管怎样，即便当下并未真正身处其中，大多数读者都会对这里列出的问题有所思考，对于这一点我确信不疑。

如果你是一个人生活，买这本书来看也并非怀着需要任何帮助的想法，你很可能不会觉得自己会在某一天去履行我接下来要讲的任何一个具体步骤，当然明确预立指示这一点除外。如果你已经有此类预立指示，你可能会觉得自己该做的都已经完成了，但事实并非如此。如果你希望提升善终的可能性，你还有很多事情可以做。

而如果你已经身处高龄，那么年龄因素就必须作为医疗决定的重要因素来考量。

调整生活方式，提升安全系数。要认真对待你身体上存在的毛病，且避免那些于此不利的生活方式。要有未雨绸缪的意识。保护自己不要摔倒，接受使用拐杖或代步机。不去做那些不安全的运动。

了解在家就能获得的资源。你有选择、途径或资源，让自己最后能在家中去世吗？好好了解一下现如今飞速发展的各种家庭医疗和看护选择。有各种各样的机构或社会服务可以提供居家护理、上门护士等，帮助老年人实现所谓"在家养老"。多了解一些吧！

考虑生活辅助和看护等服务。了解这些服务在自然死亡和自主脱水方面的政策，找个你觉得和你的想法相一致的机构。看看他们的居家医疗护理顾问服务都有哪些选择，确定你的选择与自己的需求相符合。

考虑提前做好护理计划。不妨与亲朋好友一起商讨，和多个机构建立联系，以防万一在某个关键时刻你首选的机构难以提供帮助。

弄懂你的临终决定在司法管辖权范围内有哪些选择。美国的大多数州都有或正在拟定类似拒绝心肺复苏术这样面向严重疾病或虚弱病人在治疗抉择上的拓展条款。通常它们被称为"维持生命治疗医嘱"（Physician Orders for Life-Sustaining Treatment，简称POLST）决议，通常会作为预立指示的附录一出现。你所在的地方对于拒绝心肺复苏术手环有什么限制吗？当地是否有成熟的维持生命治疗医嘱程序？有关于死亡权利的法律法规吗？

为自己选定一个开启保守决策的年龄。首先你要表明自己的看法，即人到一定年纪后，医疗干预的效果会变得十分有限，收益也很不明显。以西结·伊曼纽尔认为这个年龄应该是75岁。这是个博人眼球的说法，而且武断地给出了言之过早的结论。但这至少表明，考虑好这个年龄究竟为何是有其意义的。想一想，你要从何时开始慎重看待激进治疗和效用有限的影像筛查。如果你到80岁甚至90岁的时候都没什么慢性疾病，或者七八十岁的时候仅有一种主要慢性疾病，不妨考量一下自己的状态。这也许是个开始拒绝非缓和性医疗干预的时间点。

咨询老年病科医生。和医生谈谈你的病症和身体情况，以及用药治疗、预后状况，了解筛查和预防的局限性。谈谈那些与年龄和决策相关的敏感话题。如果你正处在你所属人群的平均预期寿命的节点上，结肠镜检查、胸片、心电图、尿检等等，这些检查尤其可能会夸大你能从中收获的益处，但对你最关注的方面很可能并无帮助。还是考虑让你的老年病科医生成为你的主治医生吧。

审视你的临床诊断。要对自己即将面临死亡有所设想。你想在什么环境下告别人世——在家里，还是在医院或者养老院？你能预想终焉将会如何降临吗？——是肺炎、脱水还是心脏病发作？当那一刻来临，你能否通过拒绝治疗或用药、拒绝进水进食等手段来影响自己离去的时间呢？

审视你的预后。你的慢性疾病处于哪一阶段？你个人的疾病轨迹是怎样的？你了解自己会在何时将要面对死亡吗？你会因此而制定好自己的退出机制吗？你能预见到哪些退出选择？把这些都写进你的预立指示里面吧。

审视你的体力状态。你是否觉得没有精神？家务上需要其他人帮忙吗？这方面需要的帮助越多，就意味着你的体能在每况愈下。仔细观察你的体能变化情况，如果你发现在年龄或疾病作用下，你的每日行动愈发受限，连洗澡和上厕所，下床落座乃至吃饭都有困难，必须要他人帮助的话，你就应该考虑一下消极的医疗护理方式了。

审视你的疾病轨迹。你的治疗过程中，是否存在治疗强度不断上升，效果却不断下降的情况？你的医生是否一直在以"观察＋尝试"的方法来制订治疗计划？过去的一年里，如果你住了四次医院，或者做了好几期化疗，抑或因为跌倒进了好几次急救室，甚至慢性病症始终得不到控制，你需要的是咨询一下姑息治疗的信息。

和主治医生探讨拒绝心肺复苏术和维持生命治疗医嘱的相关事宜。

对年高体弱的人来说，心肺复苏术的意义微乎其微。对于65岁以上且患有慢性疾病的人来说同样如此。所以你一定要考虑好，在什么情况下拒绝心肺复苏术。[1]如果你所在的地方有条件实现，也建议你和主治医生探讨一下维持生命治疗医嘱的事情，而且一定要尽量在可能需要执行的情况出现之前预先做好决定。这些都是专门作为生前遗嘱的补充而存在的，因此要让两个相关文件形成协调配合。如果不能并列执行，那么后生效的文件则享有优先权。

在疾病晚期阶段尽早做好临终关怀的打算。对当地可接触到的临终关怀服务做一些功课吧。如果你选定了付费临终关怀服务，一定要选一个能够提供高质量服务，且愿意在病人达到联邦政府资格要求前就能够接收的机构。如果你没有条件自费获取临终关怀，那就尽早找到在联邦政府指导标准上执行得较为宽松的关怀机构吧。临终关怀可以提供一些必要服务，让你不必在非必要的情况下接受急救、过度诊断或过度治疗。后续的临终关怀过程中还要考虑你都要用到哪些药。把那些仅用来延长生命的药物划掉吧，再就是那些带来难熬副作用的，把能让你舒服一些、好受一些的药留下来。记住哪些药物有可能让你陷入昏迷或心律失常，到了最后一刻，它们可以帮助你启动退出策略。

跟你的家人和代理把所有决定都好好过一遍。跟家人聊聊你的期待，预想一下到时候的情形。你要记住，此时此刻你尚且神志清醒，身体强健。但到了未来的某个时刻，你可能就不再拥有这样的状态了。到时候你面对的很可能是急诊医生或重症监护医生。在那些情形

---

[1] 一个特例情况下，不应拒绝心肺复苏术，即病人处于慢性心力衰竭过程初期，心脏骤停更有可能是由可逆性心律紊乱（心室颤动）引起的。在此种罕见情况下，适当施以心肺复苏术并尽早进行心脏复律的话，成功率要比我之前在其他地方提到的平均有效数据高上一点。

下,或许你的意识还算清醒,但疾病、用药和虚弱的状态会让你什么都想不清楚。到时候你会需要且希望有人能代表你和医生好好沟通,让你当下以及之前所期待的要求都能够付诸实行。

你的代理人除了需要知晓你的预立指示,也应该了解老年病学上的咨询建议、年龄相关的医学决策、拒绝心肺复苏术的前期状态、维持生命治疗医嘱指令、提早进入临终关怀,以及对自然死亡的尊重,因为自然死亡才是把遭受痛苦却徒劳的医疗救治的可能性降到最低的不二准则。

这不是放弃

或许现在就为最后的时刻做准备为时尚早,但对于一个已经成年的人来说,为这最后一步做出打算永远都可以再早一点。如果读到这里,你依然觉得有些困惑,那么对你来说可能还需要一些时间才能迈出这一步。等到了恰当的时机,你自然就会明白了。

即使病人自己已经接受了自身的疾病或失能的状态,并不意味着他们就放弃了。因为只有对自己所处的病程有真正的了解,才能开始做出切实的计划。病人对治疗方法做出判断和选择,无论消极还是积极,他们都在试图对自己有所掌控。但如果病人选择结果难以预料的治疗方法,那么他们恐怕就是把自己的部分或全部的命运交由他人掌握了。

医生提供治疗。外科医生给人做手术。内科医生开出药方。肾病医生给人透析。肺科医生让呼吸道通畅。心脏病医生为人植入起搏器和除颤器。肠胃科医生通过内镜观察并撑开狭窄的肠道。癌症医生开出化疗方案。介入性放射科医生打开狭窄的血管或撑开脆弱的血管。所有的治疗方法都需要特定的时间与位置作为前提条件,而对于高龄且临近生命终点的人来说，所有这些方法都需要仔细地评估、分析、质疑，并尽可能地避免。

在生命的终点前，所有这些治疗方法都是可以考虑的。当终末期疾病将人带上最后一程，当疾病推着病人进入临终状态，这些治疗方法或许仍然可以考虑。但是在某一时刻，年龄、身体状态和疾病交织在一起的综合状态，会让这些治疗方法变得不宜选择。在这样的时刻，这些治疗方法所能带来的最好效果就是能让人"多活几天"，最糟的情况则是带来并发症让人"少活几天"。这里没有唯一的结论，没有绝对正确或错误的解决方案。但面对那些过于缥缈的可能性，我们最好不要抱有太多幻想。

我母亲的尿脓毒症经历

在去世前的最后几个月，我的母亲经受了一次尿脓毒症的侵扰。那期病症正好验证了诸多事项的重要性，即让家人知晓自己的愿景，有坚决且知情的人代表自己表达意愿，以及接受临终关怀绝不意味着"放弃"。

我的女儿举行婚礼前一个月，我曾去看望我的父母。有一天早上，母亲醒来的时候变得神志不清。在我的要求下，她住进了医院并被确诊为败血症引起的"迷惑症"。当时她并没有什么痛苦。负责她的医生对我的母亲并不够了解，他知道我母亲不想接受激进治疗，但却忘了她当时很希望能撑到参加孙女婚礼的那一天。医生没有给她静脉注射抗生素，"因为她有拒绝心肺复苏术声明且已登记在家接受临终关怀"。这是对我们接受她肺癌晚期诊断的一个糟糕的误读。当时我们并没有和他讨论通过败血症作为退出方案的可能性。如果当时我们不想用抗生素的话，一开始就不会带她去医院了。拒绝心肺复苏术声明或临终关怀准入，并不等同于仅接受舒适护理——那是再往后才需要的。在病人仍有明确生存目标的时候，某些治疗手段是应予考虑的，比如抗生素。我的母亲因为疾病陷入沉睡，无法表达自己的意见，而我的父亲则因为这一系列突发情况而晕头转向，没能注意到医生没给母亲用抗生素。幸好在我跟负责的医生责问这一情况之后，他们就立刻采取措施让我母亲醒转了过来。她一直希望能在参加孙女的婚礼后在自己家中离开人世。她还不想因为这次感染就告别一切。而且我是很清楚她的这些想法的，因此才能够向他人表达她的意愿。

接受不等于放弃

在我双亲告别人世前的最后时刻，他们并没有变得很低落，当然他们也并不想离开人世。他们从未想要轻易放手，他们没有期望奇迹发生。他们也没有想服下药片干脆结束。

但他们也并不想让自己承受痛苦。他们并不想在衰退与老朽中挣扎。我的母亲通过了解自己的终末诊断来避免这样的境地。父亲则是在让自己的动脉瘤稳定下来后过了三年好日子。但为了避开面对退出策略，他也承受了长达两年的衰退，最终进入了一息尚存的状态。不过他还是通过终止进一步治疗、接受临终关怀和停止常规用药，很明智地将这个状态的持续时间缩到了最短。

他们都明白，死亡终将到来。他们并非单纯从认知上理解这一命题，而是发自心底地知晓这一事实。本能告诉他们，拼命活下去只能意味着在医疗救治中死亡，而其过程远比遵从自然规律要残酷许多。他们知道，为最后一程做好规划，就能让自己保有哪怕一点点自主和尊严。

死亡是不可避免的，接受这一点便是迈向善终的第一步。在恰当的时刻让死亡为自己画上句点,则是善终的基础。对死亡有所准备、接受死亡,都不意味着人想死——当然当人承受越来越多的痛苦,是会萌生出希望这一切早点结束的念头。我父亲临终前一个月的时候就是这样,当时他已经离不开他人的照顾了,这让他觉得很痛苦,也因此下定决心不再接受非姑息治疗。

我之前并没有料到,他们俩会想这么多。我也没想到,他们在死亡靠近之时就已经做好了准备。难道是因为我给他们讲过我学医和执业过程中的种种经历和思考吗?有可能,但或许也并非如此。那么是他们把通过探望弥留的友邻而生发的对死亡的理解教给了我吗?毫无疑问,这才是答案。

他们懂得,死亡就是终焉将至之时,不必徒劳在虚幻的生存中苦苦挣扎。

他们懂得,人生的终点前,最为重要的不是与死亡抗争到底,而是让自己好好活到最后一刻。

简略年表：母亲与父亲最后的日子

Mom and Dad's Decline

  2007 年，我的双亲虽然都已是耄耋老人，但身体尚且康健。那一年，母亲 82 岁，父亲 86 岁。他们住在一个老旧的中档公寓里，那里既安静又宽敞，还能远远眺望密尔沃基的市中心和密歇根湖西岸。

  在他那个年纪的人里，父亲算是很健康的，这都要归功于他年轻时不仅坚持锻炼，还能有所节制。

  母亲则是比较体弱的。那几年，她因为骨质疏松骨折了好几次，几乎无法做任何锻炼。她乘飞机出行必须要使用轮椅，而且当时也已有一点老年痴呆。她说话的时候会发现很多事情想不起来，于是就不停地转换话题来试图掩饰。虽然她几乎只能一直坐着，但给自己安排的活动却很多，去美发啦，去购物啦，家庭聚会，等等。

2007年1月的时候,母亲去二女儿家期间开始咳嗽,随后确诊为肺炎。治疗过程中发现,母亲罹患肺癌,这在肺炎病患当中也不算罕见。3月,她就开始在家接受临终关怀了。4月,她又因为肾脏感染住院了一阵子。5月,她参加了我女儿的婚礼。9月,她在家中悄然离世。

我的父亲则继续坚持着。他仍然住在他们之前的公寓里。他会一个人出门,像从前两个人的时候一样去孩子们的家里看看。冬天的时候他会回到温暖的加州,跟二女儿的一大家子住在一起,受他们的照料。春天的时候他会来我所在的华盛顿州,还会去弗吉尼亚的小女儿那里。夏天的时候,他会飞到新英格兰缅因那边去,对80多岁的人来说可谓了不起。他还自己去了两趟欧洲,参加了好几次家族聚会和晚辈的毕业典礼。

2009年,他做了稳定他的腹部主动脉瘤的门诊手术。2010年春天,他迎来了自己的第一个曾孙辈。

当时,年龄的负担就已经越发沉重地压在他的身上。他雇了大学生来陪同他每天去参加合唱团的活动。我们也给他找了门诊看护服务监督他的健康情况、配药和陪他去看医生等等。

2010年到2013年这几年里,他的出行有所减少。他最后一次去缅因州是2011年,90岁,穿了纸尿裤(以备万一),在机场坐上了轮椅,并带了拐杖。最后一次去佛罗里达和加州则分别是2012年和2013年。那时他必须要有人陪同才行,我的姊妹们承担了这一重任。

2013年到2014年期间,他的社交活动也缩减了。只有家人来看他的时候,他才会和大家一起外出就餐。短途步行的时候他要用到步行器,去更远的地方则用代步轮椅。他雇来的年轻人会在早晚帮助他上下床。提供看护服务的女士则每周来一次,帮他做一顿热乎乎的新鲜餐食供他和一两个来客食用。她还会做好六餐的量冻到冰箱里,年轻人来的时候帮他在微波炉里热一热。

2014年8月，他在床边摔倒了三次，倒是都不严重，但却让他进入了24小时有专人看护的状态。9月，他在公寓里活动也要靠轮椅了。10月，他开始接受临终关怀。

2014年12月，父亲决定停止常规用药。2015年1月，他已经必须完全依靠外力才能从床上转移到轮椅里。3月的时候，他最后一次去了剧院。等到4月里，他要借助两个人和起吊机的力量才能起床到椅子里。4月14日那一天，他拒绝使用起吊机，留在了床上。4月21日，他停止进食进水。2015年4月25日，他静静地告别了人世。

附录一：预立指示

Advance Directives

> 为什么我要去修正那些我希望是由它们把我带走的问题呢？
>
> ——约翰·哈灵顿，与本书作者聊天时说的话

为什么预立医疗自主计划很关键？因为如果没有先做好这一步，你的临终看护权就会割让给专业医疗机构，而它们会不计一切代价对你施以治疗。这些情形下，你很有可能会接受一些无效的救治，不仅带给你痛苦，还会让你接触不到自己的朋友与亲人。

尽管在口头上对家人朋友加以引导很有可能是在实现预立医疗自主计划过程中最为重要的，但这一章的目的会集中在书面文件及其在临终关怀过程中的特殊作用上面。这部分内容都是极其枯燥的干货，所以我们还是赶紧切入正题吧。

关系到预立医疗自主计划的书面文件有三个作用。首先，你口头说过的话会通过形成文件的过程转化为书面表达，可以随时向你的代理人提示你的指示。第二，当一些治疗指令

（比如拒绝心肺复苏术指令）写入指示当中的时候，医生可以以此为明确参照来施以治疗。第三点虽然不太可能用到，但如果不幸发生法律纠纷，法官也可以参考这个文件。

现在，我们先来看一些简化了的定义吧。

预立指示的相关定义

订立预立指示的合法性创造出了诸多流传广泛的术语，比如生前遗嘱、委托指示、个人指示、医疗委托、代理人、医疗永久授权书、拒绝心肺复苏术指令、维持生命治疗医嘱等等。在指导护理的术语和法规中有许多司法管辖权上的差异。[1] 就这一章而言，预立指示指的是作为预立医疗自主计划的一部分并表达了临终愿望的任何书面或口头要求。"预立指示"是一个几乎普遍适用的术语，是结合了"生前遗嘱"和"医疗永久授权书"的一份特殊文件，它代表的是病人自己。

因此在这一章里，我将通过介绍如下定义，来给出简单、易懂和好接受的涵盖性术语。

预立医疗自主计划中的术语

预立指示：可能包含了生前遗嘱和医疗永久授权书等可能独立存在的法律文件的文件。

生前遗嘱：预立指示的一部分，表明了病人的心愿、目标、观点，以及最重要的临终愿望。

医疗永久授权书：预立指示的一部分，赋予某人（委托人或代理

---

1 通过网站 estate.findlaw.com，可以查找美国各州关于预立指示的法律章程。

人）代表病人（授权人）的医疗决策权。所谓"永久"是指该授权在授权人丧失行为能力后持续有效。

代理人：在医疗永久授权书中被指定代表病人的人（可为一人或多人）。

拒绝心肺复苏术：病人的医院记录中最为常见的医嘱，如果病人发生心肺活动中止，不使用电击、胸部挤压或人工通气来让心脏恢复搏动或刺激呼吸。拒绝心肺复苏术（DNR）在英文中的同义词是 No CPR 或 No Code。DNR 是 Do Not Resuscitate 的首字母缩写，有些医院会表达为 AND（allow natural death），即"同意自然死亡"之意。

拒绝心肺复苏术指令也可以作为医院之外的随身法律文件。如果这样使用，则需要医生在上面签字，并说明此种合法选择系病人的个人选择，在发生任何心搏意外停止的情况下，救护者（医生、护士、医务人员或急救工作人员等）都应在其管辖权范围内尊重这一选择。通常来说，除了这个文件之外，病人还会佩戴一个通过官方注册的手环或颈链。拒绝心肺复苏术指令是预立指示的形式之一，但在很多司法管辖区里，它是可以作为独立于生前遗嘱的文件而存在的。

维持生命治疗医嘱：记录病人与其主治医生沟通内容的一套随身医嘱。在急救中，这套医嘱可以作为急救人员、急诊医生、主诊医生及养老院护理人员等的行动方案参考。

维持生命治疗医嘱类似于拒绝心肺复苏术指令的扩展，给出了罹患重病或虚弱的病人通用的治疗决定，还包含安宁措施、营养支持及抗生素使用方面的指导建议。维持生命治疗医嘱将病人的意愿通过医嘱的形式标准化地呈现为一种随身医疗方案。这些医嘱印在醒目的粉红色或绿色的纸上，放置在病人的冰箱门上或养老院病床上。病人被送到医院或急诊室时也会带上这一文件。如果急救人员忽视了这些医嘱，没和病人一起带到医院去，那它们的价值就无法实现了。

在美国的很多司法管辖区，维持生命治疗医嘱都是不适用的。尽管有很多州正在推进维持生命治疗医嘱的相关方案，仍然只有一小部分地方能够良好执行。在该程序执行得较为成熟的州，所有急救人员都会主动去找到医嘱，医生也会推动和尊重这些指令。而没有相应法案的地方，这些指令通常就被忽略或无视了。

必须要注意，生前遗嘱里面概括出的愿望跟拒绝心肺复苏术和维持生命治疗医嘱中明文写出的指令是有区别的。在临床环境下，"愿望"要求治疗医生给出解释，而"指令"——首先必须有保健医生的签字——则是需要治疗医生无条件执行的。接下来我会举例来说明认清这一区别的重要性。

文件如何交互重叠

永久授权书

在订立预立指示的时候，病人必须要先填写医疗永久授权书才能继续填写表格。这个表格很简单，就是要明确将会代表病人执行指示的代理人（有多名代理人更好）。当病人没有行为能力时，代理人将会成为行为人。但是当病人感到疲惫或生病的任何时刻，代理人同样可以代表病人（预约或安排检查、接收信息等）。代理人通常是病人家属（配偶、兄弟姐妹、子女）或好友，也可以是病人的保健医生或律师。[1]要记住，在和医生咨询的过程中，大多数家庭实际上都充当了委员会的角色，而代理人担当的则更像是委员会主席或最终裁定人。有些家人可能并不赞同生前遗嘱中列出的治疗期望。如果他们意图违背当事人的意愿，作为病人或其代理人应该考虑，无论是出于预

---

[1] 医疗永久授权书与财务永久授权书是不同的，但在有些情况下，可能授予同一个人或代理。

立指示的规定，还是作为重要临床决策时的临时指令，都不让这些成员参与相关讨论。尽管有些情况下是出于必要，但将家人排除在外必然会带来摩擦，所以事先一定要三思，且尽量避免为上。

生前遗嘱

生前遗嘱是预立指示的一部分，是对人的临终愿望的概述。它的内容可以很宽泛，也可以很具体。举例来说，在我现在居住的地方，州提供的文件模板就十分宽泛，表格要求病人勾选如下方框：

☐ 我选择不继续接受维持生命：

如果我的医生确定以下任何一项属实，则我将不接受维持生命治疗；

i) 我所患的疾病无法缓和或痊愈，且会使我在近期内死亡（有时称为终末阶段），或

ii) 我不再有意识（即失去意识）且很有可能无法再恢复意识（有时指永久植物人状态）。

☐ 我选择继续接受维持生命：

即使我已处于终末阶段或永久植物人状态，我仍想在医疗标准条件允许的情况下尽可能地延续生命。

注意，该预立指示表里还包含其他几个具体问题，还有一些空白处可以让填写者写一些个人想法和愿望。但并非所有问题都是必答的，你只要把上面两个选项的空格选上一项，这份文件就具有了法律效力。

更重要的一点是，要注意急诊医生所要求的解释程度。当他们看到这份文件时，他们面前是一位无人照看（也没有代理人在场）的高

龄病人，意识不清、心率衰弱、血压降低，正在落向死亡的边缘。就算病人勾选的是上面两个方格中的第一个，由于医生并不了解病人潜在的诊断（比如看起来是脓毒症，但可能是更难以处置的情况），且不了解病人近期关于激进治疗是否有心态变化，他们很可能会选择更为激进的诊断和治疗方案。这种情形下，他们做出此种选择是无可厚非的。后文所讲的维持生命治疗医嘱也应该会有此动态改变。

拒绝心肺复苏术

更进一步的预立指示就是拒绝心肺复苏术了。在绝大多数司法管辖区内，拒绝心肺复苏术指令都是独立于预立指示存在的。拒绝心肺复苏术指令是可以独立于维持生命治疗医嘱和临终关怀状态就确立的，也可以早于它们存在。正因如此，病人可以在被接收为临终关怀病人之前很早就从医生那里取得拒绝心肺复苏术确认。

对于任何高龄病人来说，就算他们仍然能够独立生活，他们都可以考虑拒绝心肺复苏术，因为心肺复苏——不同于大众认知或媒体表述的——是能造成严重创伤且缺乏效率的手段，在老年人和身体虚弱的人群上使用的成功率不足 8%。[1]

但是，戴上拒绝心肺复苏术手环并不能保证你就一定能避免心肺复苏术。如果眼前的陌生病人看起来还挺健康，只是刚遭受了原因不明的心肺中止，医务人员还是会略过你的拒绝心肺复苏术手环／颈链，对你施以复苏手段的。在这种压力下，维持生命治疗医嘱和临终关怀状态则更有可能受到重视。

---

[1] 关于高龄体弱病人接受心肺复苏术的相关内容可参看第一章。一定要记住，几乎所有经历心肺复苏术后活下来的人，都会有肋骨骨折、心脏擦伤、内出血，并需要长时间接受重症监护。而这当中极少数活下来的老年人则几乎不可能再出院回家，更可能是在身体和神经能力双双受损减弱的情况下进入养老院接受照看。

维持生命治疗医嘱

维持生命治疗医嘱是在急救情况下，把生前遗嘱中表达的愿望变换为医嘱的一种尝试。这些医嘱细致地表达了虚弱或慢性疾病缠身的病人在临终治疗方面的复杂选择，以及提前跟保健医生讨论过的，如果罹患重病，病人是否接受某些激进治疗等内容。是否接受心肺复苏、不同程度的人工辅助呼吸、血液透析、抗生素、输血、人工营养、人工水化等很多内容，都可以根据情况包含在维持生命治疗医嘱当中。由于这些接受或拒绝某些治疗手段的要求都是由主治医生以书面形式给出的预先医嘱，急救人员和急救医生应对其中的要求予以尊重。

我举一个维持生命治疗医嘱得到恰当执行的例子。假设有一位85岁高龄的女士，半独立地住在有辅助服务的居所里。由于亲眼目睹了自己的丈夫在养老院中艰难离去，她决心不让自己也这样终老。如果她发生了严重的中风被送到当地急救中心，随身携带的维持生命治疗医嘱将会确保她不接受心肺复苏术，不上呼吸机，也不接受胃管喂食或人工给水，如此一来她就能避免激进治疗手段，并进入临终关怀。

生前遗嘱示例

我的代理人应以我的一般原则为指导，即比起死亡本身，我更惧怕病情恶化、失去自主和无望的痛苦。举例来说，如果我因无药可救的伤痛或病入膏肓，且没有能够获救或取得显著恢复的合理可能；如果我处于昏迷或永久植物人状态，且大脑认知功能几乎不可能获得任何有意义的恢复；又如果我甚至同时还饱受严重降低我生存质量的非绝症（如阻碍我进食的帕金森症、带来严重骨痛的骨质疏松症，和/或影响我交流能力的脑卒中等等）折磨，我要求我的代理人拒绝或中止那些仅能延缓我的死亡，或延续我的不可逆性昏迷或持续植物人状态的所有医疗救治。

在上述情况下，我不接受心肺复苏、辅助呼吸、透析、抗生素、静脉注射或水化、管饲，或由他人用汤匙、杯子或吸管帮助我进食进水——除非这不会成为我在可预见的未来获得给养的唯一方式。

我相信，自愿拒绝肠内营养（食物）和水分（液体）来加速死亡是没有痛苦且道德的。我进一步要求我的代理人以及我的专业护理人员在照顾我的过程中参考 2003 年 7 月 24 日出版的第四期《新英格兰医学杂志》总第 349 期 325–326 页以及 359–365 页（*New England Journal of Medicine*，Vol. 349，July 24，2003，No. 4，at pages 325–326 and 359–365）的内容，以其作为我在本段中所表达的观点的依据。[1]

我还相信，同时罹患两种或两种以上非终期疾病会严重降低我的生存质量，因此我想要通过自主脱水来加速不可避免的死亡，且如果我无法实现有效沟通，我指定我的代理人代表我拒绝或中止相应的治疗手段。

但是，即使止痛药物或手段可能会对我造成永久伤害或成瘾，或让我更快离世，我仍然想要最大限度地减轻疼痛。

以上示例不应解释为对本段所述一般原则的限制。此外，我指定我的代理人做出与我可能通过口头或书面形式向我的代理人陈述的任何其他原则、指令及愿望相一致的决定。在没有此类陈述的情况下，我的代理人可以为我做出其认为与我的利益最相符合的决定。

上面这些文字来自我父母的生前遗嘱，作为一个良好的示例，清晰地展现了延长死亡进程、人工辅助给养、自主脱水以及充分的止痛药物等在临终关怀过程中各种常见的绊脚石所带来的问题。

---

1 参看第七章注释提到的《拒绝进食进水以加快死亡的临终关怀病人的护理经验》（"Nurses' Experience with Hospice Patients Who Refuse Food and Fluids to Hasten Death，"），对拒绝进食进水、自主脱水的病人的特点、断食断水的时间进程以及经此离世的状态都有细致的研究和良好的描述。因此，我也希望我父母的生前遗嘱能够反映出他们对这一过程的期许。

如果还有机会对这些内容加以更新，我会做出几处修改。

首先，我会就老年痴呆增补一个具体的条款[1]，以及一个转移条款。[2]第二，我可能会把"退出选项"或"退出策略"利用起来。这样做的意图是让我的代理人以及看到生前遗嘱的人能了解，我认为引入这样一个机制是恰当的。第三，我会对如何使用抗生素做出详细说明，并补充指出，辅以止痛和消除焦虑的药物在脓毒症下离世，可以作为一个明确目标和具体退出选项。就像在第五章中指出的，脓毒症死亡通常来得很快，而且比较舒服。我还会增加一个关于文书的特殊条款，并口头指示我的代理人，脓毒症应被视为精神状态发生改变的原因，因此尤其应避免对其施以任何治疗。

订立预立指示

预立指示的目标是要把自己在生命末尾将要如何接受照顾的原则列举出来。而这篇附录的目标则是希望帮助读者将最适合自己需要的有效预立指示恰当地表达出来。

一份有法律约束力且医学上也恰当的预立指示并不需要找律师或医生来为你完成。将你所在地方提供的表格模板仔细填好就足矣，必要的话还需要有人见证和进行公证。但是，如果你还想增添一些明确的细节以形成一份更加全面和有约束力的文件，你就会需要专业人士

---

1 关于老年痴呆条款的示例：我的预立指示表明了我在绝症和无意识状态下的特殊愿望。这一条款将指明，如果我仍有意识，但疾病进一步发展并可能变得致命，且被判定为不可逆，我也无法再与人交流、照顾自己、辨识我的家人乃至安全吞咽食物或液体（比如阿尔兹海默症），我将要求以我已经失去意识的状态来实施我全部的特殊愿望。

2 关于转移条款的示例：我理解，由于我无法掌控的情况，我可能会获准进入医疗机构，且该机构的政策是拒绝遵守与其宗教或道德守则相违背的我的预立指示。我指示，如果我作为病人所处的该医疗机构拒绝实施我预立指示中列举的愿望，我可以及时转移到同意遵照我的指示的医院、养老院或其他机构。

来帮你避免出现矛盾表达，确保其符合法规，并帮助你对你的选择所包含的医学含义有更充分的了解。

有很多机构能够为你想研究的问题提供建议。我来介绍两个此类机构，一个叫作 Caring Connections（美国国家临终关怀与姑息治疗组织下属的一个项目），另一个是 Compassion & Choices（前身是铁杉协会[1]，如今则着力于促进临终医疗补助），二者都有广泛涉及临终事项的专门网站。无论你访问哪一个网站（caringinfo.org 和 compassionandchoices.org），你都能在其引导下找到你所在州的预立指示相关建议，也能帮你创建自己的预立指示。

Compassion & Choices[2] 确实在力促临终医疗救护（从前他们的说法是"医生协助自杀"或"有尊严地死去"），他们的主页上也满是鼓舞这些行动的内容，并展现了诸多意图激发你去思考这类问题的假想情境。

Aging With Dignity（意为"有尊严地变老"，网站 agingwithdignity.org）则希望从更单纯的角度着眼，致力于推动人在高龄垂暮之时仍能保有作为人的尊严。他们提供了一种简单易用，更少从医疗角度出发的预立指示，叫作"五个遗愿"。这份文书通过直白的语言令人动容地从精神和情感角度描述了人的临终进程，出色的广泛适用性能够满足美国 42 个州在预立指示方面的要求。文书使用的语言朴素简单，相较于繁复的书面语，更像是清楚明白的口头表达。即便你还准备了另一份预立指示，你仍可以将"五个遗愿"作为一项工具，来应对你的家人会就临终事项问你的那些最为关键的问题。

---

[1] 铁杉协会（Hemlock Society）是美国的一个主张死亡权利和协助自杀的协会，1980—2003 年期间活动，2007 年与 Compassion In Dying Federation 合并组成 Compassion & Choices，一个旨在改善病人权利和临终选择的非营利性组织。——译注

[2] 中文意为"同情与选择"。——译注

最后，预立指示起草完毕，你需要跟你的代理人、家人和保健医生再共同审读一下全部内容——他们没有参与起草过程的话就更应如此。越多的人了解和赞同你的预立指示的内容越好。

有限治疗与姑息治疗

某些预立指示当中会传递出一种试图将激进治疗与姑息治疗相妥协的概念，通常会以在一段时间内尝试某些疗法来实现——并希望恢复效果能高于预期。比如说在大面积中风后尝试接受管饲若干星期。

这也是病人的临终病榻前，没有做好充分准备的代理人和家人试图与主治医生或重症监护医生达成妥协时经常会讨论到的点。比如，外婆临终之际，家人不想她就这么撒手人寰，也不忍心她的肺炎那么严重就不再用抗生素了，因此他们说："请不要再给她上呼吸机了，要不先用三天抗生素试试，如果她没能好转，我们再真的放手。"

在我的临床经验中，这些妥协最终都没能取得任何好的效果。它们不过是徒增了做决定的时间，对病人来说这只意味着更漫长的煎熬，而且由于是出于妥协，而不是调集所有可用的资源，从本质上来说就已经决定了最终失败的结果。我并不认为确定一个尝试期有什么帮助，真的到了那个时候，做出最终的决定才是最重要的。生命最终时刻所进行的任何治疗，要么是全力以赴，要么就彻底放手。

活下去的心愿

如果觉得我给出的主动消极与退出策略的观念很难接受，这是很正常的。那么你就应该在自己的预立指示当中把这些问题阐明。如果你逐渐丧失行为能力，要依赖各种医疗器械的支持，且持续的植物人状态不断发展，你仍然希望尽可能积极治疗所有急性或慢性疾病的话，你就应该把所有明确指令都包含在你的生前遗嘱当中，这对你的家人来说也会十分有帮助。

所有家庭成员在临终治疗上持有的看法完全一致的情况是十分罕见的。有些家庭当中，有的人认为病人应该克服万难，坚持与病魔斗争到底；也有人会倾向于接受即将到来的现实。当病人处于植物人状态，或依靠呼吸机艰难维持生命，会让后一类人感到十分痛苦。只有通过口头和书面的坚决要求，即你本人希望"在普遍接受的医疗标准下尽可能地延长存活时间"，你才能避免他们对这一进程造成干扰。

如果你抱有这样的想法，那么你应该用一段话把你从宗教信仰、相信奇迹或信赖科学进步等方面对这些问题的看法说清楚。

你还可以做一条转移条款，要求将自己从给你的家庭施压以中止维持生命的机构转移到愿意持续为你延续生命的机构。

订立指示的时机

接下来我将会介绍这些文件应以什么样的顺序来完成，以及在什么时候完成这些文件是合适的。

每个成年社会人都应订立一份预立指示。青壮年至少应该在这样一份文件中说明，如果进入疾病晚期或植物人状态，自己是否希望维持生命，以及想要采用或拒绝的治疗手段（心肺复苏、呼吸机、血液透析、人工给养或人工水合等等）。在这里，如果代理人不是父母或配偶，还应明确说明代理人的身份。

随着年龄的增长，预立指示也应随之做出修订。各种相关代理人都应该确定下来。不同离世情境都应该考虑到并加入其中。修订中还应将新确诊的疾病以及与本人所有慢性疾病相关的临终情况都包括进去。

如果在年龄和疾病的双重因素下，五年的存活预期也较难实现，那么病人可以争取获得拒绝心肺复苏术的资格以强化预立指示的作用。

如果病人和医生认为预计存活期可能仅有一到两年，那么维持生命治疗医嘱就应该准备起来了，且内容应与明确疾病相挂钩。

最后，假设病人仅有半年多的预期寿命，那么就应该考虑接受临终关怀了。到了这个时候，预立指示、拒绝心肺复苏术指令、维持生命治疗医嘱都应一并纳入临终关怀的理念当中，并作为日常决策的基础，而日常决策的执行则通过前面这些指示得以强化。

口头指示和书面指示

关于预立指示最重要的是要记住，书面指示是作为与代理人和家人的一种沟通工具存在的，同时也是让有关部门了解病人的意图，更是病人个人意愿的表达。当医生做出急救决定的时候，很少会去查看书面指示，也不会仔细去解读其中的内容。

临终时的绝大多数决定都是当时以口头沟通的形式，在病人、医生、代理人和家人之间产生的。所以，回顾生前遗嘱的内容、预习预立医疗自主计划的概念就显得尤为关键。只要病人还有自主意识，任何临床决定都应遵从其口头指示的要求。而当病人已经意识模糊，甚至失去意识，了解病人所有预立指示的代理人将会带领一家人，就治疗方案给出指令。此种情况下，医生是不会要求看病人的生前遗嘱的。

不过，出于急救方面的压力，再加上病人家属意见不一，一旦出现两名血亲表示"尽一切可能救治"的情况，医生很有可能置代理人说的"不要治疗"于不顾。若是发生了这种情况，只要医生还没看到病人的生前遗嘱，病人将会面临不必要的痛苦治疗。

只有在最为特殊的情境下，人们才会对预立指示加以细致解读。

通常这些情境都会涉及一些法律情况，两方（比如医院方和病人家属）发生了利益冲突，病人又没有能力进行自我表达。一旦发生了这种情况，法律文件的重要性就凸显出来，额外条款和临床情境就会显得尤为关键。

预立指示与退出策略

病人的预立指示必须仅与其内心的真实愿望相一致。如果你的目标是无论代价或生存质量如何都尽可能地延长生命，那么就几乎不必考虑治疗的底线问题。但你需要把自己的意图明确陈述清楚，这样也能让看着你在漫长过程中苦苦挣扎的人们不至于太难过。

如果你希望能够自然死亡，那就在生前遗嘱中讲明这一点，即生存质量对你来说，要比生存时长更有分量。你立下生前遗嘱的时候也要说清楚，你惧怕不断恶化、无法独立生存、无望的病痛给人的尊严造成的伤害，甚至超出了你对死亡本身的恐惧。

如果你的目的是"善终"，即本书中描述的自然死亡，那么你在预立指示中就应该着重表达这一点。这也将成为你退出策略的一部分。

记住并思考

- 你的书面预立指示将会成为你的代理人的行动指导，并让法律系统获知你的愿望。
- 与代理人和家人共同的愿景能让他们了解你的想法。
- 你或你的代理人的口头指示，可以取代之前的书面指示。
- 临终病榻前，家人意见一致会让做决定更加容易，意见分裂则会让决定的过程陷入僵局，甚至有可能违背预立指示。

附录二：老年痴呆

Dementia

> 我真的真的很想念我的母亲。她还有一部分仍是她自己。坐在她对面的时候，我无比想念她。
>
> ——凯蒂·克劳利，CNN 通讯记者

人们会把一些糊涂健忘的情形误认为是痴呆。而这当中的某些情形是可治疗甚至可逆的。[1] 但是，人们对真正的痴呆尚无有效的治疗方法。这一章，我想讲一讲那些更为常见的老年痴呆情况，这些情况通常是持续进展而且致命的。我会交替使用阿尔兹海默症和痴呆这两种说法。

痴呆是临终治疗当中会遇到的一个特殊问题。这种在身体变差之前精神变差的独特逆转状态会带来两个问题。首先是当一个人已经无法掌控自己的意志，神智不再的时候，如何能让个人意志在临终事宜上实现。另一个问题则更为

---

1 最容易和痴呆混淆的就是甲状腺疾病、维生素 B 缺乏症、重金属中毒、慢性感染（比如梅毒和 HIV 相关失调症）。如果确诊无疑，这些病症是可以治的。颅压异常看起来也很像痴呆，但要少见一些，有时还会响应痴呆治疗

严峻。如果一个人罹患其他慢性疾病，这本书想要教给你的是，如何避免那些"为时已晚"的医疗性死亡。而面对阿尔兹海默症，一个人（及其代理人）又如何避免让人煎熬太久，但又不"过早"地死亡呢？

阿尔兹海默症有一个比其他任何慢性病都要可预测的病程。在没有其他慢性疾病作用的条件下，阿尔兹海默症会经历可识别的各个阶段。早期阶段时，人的生活能力和生活质量会受到影响。接下来生活变得不能自理，无法参加社会活动，病人逐渐进入到失能状态，生活质量也会糟糕到令人难以承受的地步。到了晚期阶段，人格改变可能先于身体障碍出现。到了最后，当这种疾病已经使人完全痴呆，病人仍然没有因其他严重疾病离世，那么接下来就只有持续卧床了，且很可能会延续数年，病人才能因为吸入性肺炎或其他一些很难预见的感染而脱离苦海。

一般来说，这是因为在任何功能层级上，有痴呆症状的病人会比处于同样功能水平但罹患其他慢性疾病的病人存活得更久。事实上，根据卡氏评分量表，患有癌症、心脏病或其他慢性疾病的病人，衰退程度下降70%，就应进入临终关怀。而同样衰退程度下仅患有阿尔兹海默症的病人，则会被简单描述为严重残疾或者必须卧床，但生存中位数仍然有16个月之久——在美国联邦医疗保险标准下，这个时间对于获得临终关怀许可来说就太长了。

如果病人不能有效表达意见，放弃治疗这一选项在情感上是非常难以接受的。因而在执行病人的预立医疗自主计划里列出的最终愿望之前的许多年，代理人和家属就要做出许多与治疗相关的决定。

痴呆带来的使命偏离

在一位痴呆病人可能认识到自己已经该走了，且在能力健全的情况下指示医生及其代理人不要再进行任何激进治疗之前,代理人很可能已经为病人确立了一种治疗模式。

举例来说,病人在长时间里身体比较康健,但认知已经受损,代理人可能已经给病人治疗了尿路感染,这是因为看护人员注意到了病人不仅频繁排尿,还会抱怨抽筋或灼痛。代理人可能还同意了给病人服用抗生素来治疗吸入性肺炎。他们可能还同意为应对心房颤动的间歇性发展而给病人使用血液稀释剂,进而又用了比最初打算的更多的药物。代理人几乎一定会带病人治疗因摔倒而造成的创伤,而这种摔倒是必定会在痴呆患者身上发生的,同时代理人还会让病人接受更多治疗和后续处理,且超出一个认知正常的人能接受的程度。治疗模式一旦形成,再停下来是很困难的。

从我个人的经历来说,要代表一位虽已痴呆但依旧矍铄的病人拒绝继续治疗,比让一位已经十分脆弱但仍能表达出"不要"的病人继续接受治疗,要难得多。结果就是,如果病人神智失常但身体尚健,各种各样的医疗问题就都会冒出来,各种各样的治疗都会跟上,而各种各样的妥协也都会摆到眼前。这就会让意图限制治疗的终期看护计划失去了发声的机会。

等到痴呆病人无法吞咽食物或喝水的时候,他们就会进入长时期的卧床状态。他们可能还会认不出多年的朋友和亲人。就连他们的人格都可能发生很大变化。当然,他们也会变得无法再次确认之前在预立医疗自主计划中列举的种种意向。在最终确认环节,代理人、医生和相关专家(医学和法律事务方面的)都会争相对痴呆病人的临终愿望施加影响,即使本人当初立下指示的时候认知尚未受损也依旧会如此。

这在道德、伦理和法律的层面上都是一种窘境,而且会一直存在。但是,当医生肩负的双重责任——维持生命与解除痛苦——发生矛盾的时候,我们必须把病人的选择——根据我们的理解——放在首位。因此,如果一个负责任的家庭做出跟病人之前声明和书面提出的要求相近似的选择,且这些要求并不违背当地法律,大多数的临终服务者都会尊重这些决定。

痴呆晚期的治疗之痛

进入痴呆晚期病程的人,已经从根本上发生了变化。他们已经不再是从前的自己了。他们的认知能力已经在极大程度上缩水。他们会频繁生发出新的不同的人格来。他们可能会连自己的亲人都认不出来。他们无法区分白天和夜晚。他们不仅丧失了智力,也无法照顾自己(无法自己做饭、洗澡和上厕所),而他们的身体状况却让他们仍有能力对自己造成伤害(四处闲逛、摔倒、吞食不安全的食物和液体)。照顾他们的人给他们穿衣服、洗澡,但他们却总是理解不了人们在干什么。

阿尔兹海默症晚期患者永远都不会明白医疗干预,而且会主动抗拒医疗护理。在医院和养老院里,他们会拔掉输液管、排液管、饲管和导尿管。这些行为都会给他们造成伤害。

随着痴呆症状的进展,病人也会渐渐与社会脱离。严重痴呆所带来的身体衰退会让病人渐渐离不开病床。到这个时候,即使养老院能提供最无微不至的照料,四肢收缩和僵硬还是会让病人像木乃伊一般动弹不得,而褥疮始终都会是一个令人头痛的存在。当初如果没有立下一些指示,这些病人就会反复到医院用抗生素治疗尿路感染和肺炎。而那些尚未对此习以为常的医疗和看护人员,每每想方设法拉直病人的胳膊或腿想要找个地方插输液管的时候,就会听见病人无力地轻声恳求着:"求求你,别对我这么做。"

严重痴呆病人要承受更长时间的功能丧失，并最终丧失行为能力卧床不起，这是大多数人都想要避免的，也使之成为了预立指示中更为重要的、与个人息息相关的内容。这就是为何痴呆病人的代理人尤其要在主导拒绝意见的时候保持敏锐，并对其间发生的疾病时刻留意。

痴呆病人的预立医疗自主计划

更为精细的预立医疗自主计划可以让痴呆所带来的特殊情况从中受益。在关于预立指示的章节当中，我就建议每个人的生前遗嘱中都应包含与痴呆相关的条款。其内容可以是一个一般声明，即假如生前遗嘱的订立者因晚期痴呆而丧失行为能力，那么他/她可以要求其代理人将此情形与终末期疾病和昏迷状态，甚至永久植物人状态等同视之，将医疗救治限定在本人要求的程度之内。

当然，会有一些读者觉得从中度痴呆到重度痴呆持续数年的持续衰弱是难以忍受的。[1] 这时候，就可以考虑做渐进预立指示了。渐进指示的意思就是，随着疾病的发展，人的愿望也会发生改变。要知道，有一半的中度痴呆病人会在发展成重度痴呆前罹患至少一次肺炎，渐进预立指示的最简单示例就是，如果你已是中度痴呆，那么把拒绝使用抗生素治疗肺炎或脓毒症的要求书面表达出来；如果你已是重度痴呆，则书面要求拒绝人工喂养。

下一步，你要更具体地去考量功能基准。以下这个关于痴呆加重条款的例子将有助于你的理解：

---

1 大多数因晚期癌症、心脏或肺部疾病住院，又没有对激进治疗加以限制的60岁以上病人，都会对采访者说他们宁肯早点离世，也不想再忍受总是失禁、开放式机械通气、管饲或持续卧床被人照顾的状态。

如果我被诊断为早期痴呆，我希望生成一份更新的生前遗嘱以呈现如下内容：

如果我有轻度痴呆，没有能力根据季节或场合选择相应的穿着，我要求我的代理人明确拒绝心肺复苏；如果我已出现中度痴呆，无人协助即无法独立穿衣或解手，我要求我的代理人中止常规用药或复诊，不用抗生素应对感染症状，且停止一切延长生命的干预手段；我要求在我出现重度痴呆迹象（大小便失禁、不能独立行走、一天只能说几句话的失语状态，或无法认出直系家属）的第一时间，就为尽快进入临终关怀做好准备，并要求我的家人仅将食物放置在我的面前，但不再人工喂食（除非我明确要求），并接受我自然衰弱和死亡。

如果病人尚在痴呆早期，仍有自理能力，可以明确协助进食为强制医疗手段（在美国大多数州，从法律上说，病人也有权利拒绝）；如果病人明确要求只把食物和水摆放在他们面前（从而使他们可以根据自身意愿或在身体条件范围内自行摄入），这就属于基础护理；同时病人也可以对有进食但非喂养情况下发生的自然死亡做出自主定义。

我认为，这种渐进预立指示是有推进意义的，但一定会在部分看护者和许多机构中遇到阻碍。这就是为何只有家庭参与和进入开明的机构，才能使痴呆相关的渐进指示能够始终得以执行。但是，如果没有这样的预立指示，要想避免令很多人都唯恐避之不及的长期卧床的残喘之状，就会变得困难重重。

痴呆与自然死亡

尽管现如今想要获得濒死协助已经变得不那么困难，但要想彻底避免痴呆状态下长年卧床还是很难保证的。就算美国的一些州有死亡权利相关的法律，但当事人如果心智不健全，则会被排除在权利人范围之外。不光这样，重度痴呆在临终照护上呈现出的窘状也使得至少有四个州都立法禁止照护者撤销人工喂养。[1]

就像前面说的，通过强化你的预立医疗自主计划，你就能够最大限度地提高自然死亡的机会。为了加强诸位这方面的决心，我要再次强调一些要点。

第一点，人只要活到足以患上痴呆的年龄，就一定会有死于痴呆并发症的情况发生。死于痴呆是很自然的。

第二点，1990年《患者自决法案》规定病人有拒绝、停止或撤销医疗救治的合法权利。

第三点，尽管要撤销正在进行中的治疗，比拒绝开始新治疗方案从情感上让人更加难以接受，但任何撤销、停止治疗的行为在道德、伦理和法律上都是等效的。

第四点，人工给养和补水都属于医疗手段。并且，在美国的大多数州，人工喂养都被视为医疗手段，只在少数几个州被作为基础护理。

第五点，美国医学会道德和司法事务委员会（Council on Ethical and Judicial Affairs of the American Medical Association）规定，如果病人自身已经不能自理，在其代理人认为是呵护病人最佳利益的前提下，停止或撤销包括人工给养和补水在内的医疗手段都是合乎法律以及道德的。[2]

最后一点，对大多数人来说，人有一定程度上的痴呆也能生活，

---

[1] 明尼苏达、新罕布什尔、纽约和威斯康星这四个州禁止拒绝人工喂养。

[2] Opinion 2. 20—"Withholding or Withdrawing Life-Sustaining Medical Treatment," *AMA Journal of Ethics*, Virtual Mentor 15, no. 12 (2013): 1038–40.

可能还少些烦恼。就算罹患痴呆,过早的离世才是真正让人心痛的事情。但对许许多多严重痴呆甚至痴呆晚期的人来说,活着就是一种煎熬。在煎熬中多活一天,人也就更加不幸。

如果病人在认知完整时即确定了拒绝普通给养和补水的指示,要求在他/她失去生活能力后就停止给水给食,这个问题在法律上还没有在各个州得到解决。但是从医疗角度来说,道德和伦理层面上已经是说得通的了。因此,如果你想要在进入重度痴呆时,也像进入植物人状态那样拒绝普通给养和补水,就需要将其列入生前遗嘱,并相信你的代理人可以为你争取到最佳的结果。

"争取时间"与自然死亡

在痴呆症的治疗中,没有什么比自然死亡的概念更为重要了。任何其他慢性疾病都会让人一看就是在生病的样子。人们在病中一步步走近死亡,这一切看起来很自然。但对大多数阿尔兹海默症患者来说,情况却并非如此。中度痴呆没有诸如胸痛、气短、咳嗽、发烧、骨痛、体重急剧下降或中风等明显症状,看起来并不像生病。在痴呆病人变得没有行为能力后的许多年里,直至他们发展到卧床状态,痴呆患者都会看起来很健康,死亡反倒显得不那么自然。但事实上,这才是痴呆的自然表现。

阿尔兹海默症和肌萎缩性脊髓侧索硬化症一样,都是一种绝症,从长期来看跟心肌梗死同样致命。我们必须始终牢记这一点,并且提醒自己,偶尔好转的迹象并不意味着命运发生逆转,而只是夹杂在困惑和绝望中的短暂喘息。在现代医学出现之前,老年患者会因与痴呆症相关的诸如感染、创伤和自身造成的毒素等疾病自然死亡,现在我们则能够逆转这些疾病。我们能够治疗肺炎或脓毒症,但我们并不需要这样做。因为对晚期痴呆病人的感染加以治疗，只是延缓死亡的时间，就像用化疗"再争取点时间"来延长晚期癌症患者的死亡一样，都是令人痛苦的。

记住并思考

- 照护痴呆病人会发生使命偏离。
- 痴呆病人是很痛苦的。
- 痴呆病人看起来很健康，但痴呆就是一种绝症。
- 停止治疗和撤销治疗在道德上是对等的。
- 在美国的大多数州，病人都可以拒绝、停止或撤销强制喂养。

致　谢

我要感谢我的几位姐妹：Betsy Moore，Hannah Graziano 和 Jane Coble，是她们造就了我创作这本书的基础，是她们的共同努力让两位老人得到了近乎完美的居家照护环境。

我和三个姐妹协调确保经常有人去看望我们的父母。我们经常互相请教。总的来说，我们认同父母的看法，就算在细节上有些不同，我们也会相互达成一致。但由于我只是从我自己的角度去回述这段经历，如有任何对于父母的不准确表述也都是我个人的责任。

我还想感谢我的妻子 Debbie Weil，她对文字的监督勘误、深入的洞见，以及她为编辑我当初发表在博客上的这些内容所付出的时间与精力，都让我写下的文字变得更好。

我的家人对我写这本书提供了巨大的支持与帮助。我的女儿，医学博士 Eliza H. Myers，也是一位新生儿学专家和艺术家,绘制了书中的图表;我的儿子 Timothy Harrington 则以他作为律师的精准态度给我诸多启发;我的女儿,医学博士 Amanda Weil Harrington,从外科角度给出了建议;我的女婿 Minor Myers Ⅲ 让我有机会使用布鲁克林法学院图书馆,我在那里花了无数时间完成了本书的写作和反复修改;我的儿媳 Jessica R. Harrington 自始至终都支持我做这件事;而我的岳父岳母 Denie 和 Frank Weil 也不断鼓励我,给我意见和建议。

我要感谢的还有我的写作指导 Deborah Reber,我的朋友兼文学代理人 Elizabeth Wales 及她的助理 Neal Swain;Frederick Courtright 帮助我获得必要的授权和许可;制图师 Mónica Miranda 把图表制作成数字图像;感谢 Hachette Book Group/Grand Central Life & Style 的整个团队——尤其是我的编辑 Karen Murgolo 及她的助理 Morgan Hedden;制作编辑 Jeff Holt,公关专员 Linda Duggins。

我还要感谢从过去到现在我所遇到的许多人,是你们塑造了本书的内容,并传播了其中的观点。医学博士 Mary Therese O'Donnell,以及 Richard Davis 和 Andrea Mitchell 作为本书最早的读者,给我提供了有益的反馈和支持;医学博士 Susan Ostertag 和医学博士 Elizabeth Zentz 读过书稿后也给我提出了十分关键的意见;Dale Russakoff 也阅读了书稿,并将我介绍给了后来成为我在《华盛顿邮报》编辑的 Margaret Shapiro。

感谢 Catherine Hirsch、Jill Hoy、Alyson Hoggart、Judith Jerome、Katy Rinehart、Sally Richardson、Tom 与 Mary Kay Ricks、Tremaine Smith、Deborah Demille Wagman 的支持与贡献;感谢 Blue Hill Public Library,我的许多修改时间都是在这里度过的。

也感谢我之前从医时的伙伴,医学博士 Nicholas Christopher 和医学博士 Thomas M. Loughney,还有我在 Sibley Memorial Hospital 的前

同事们，我在从业 31 年间诊治过的几千位病人，很荣幸能够给你们提供医疗上的帮助，也正是你们启发和促使我写下了这本书。

最后，我要感谢曾经照顾过我父亲的所有看护人员，你们给我的家人带来了太多的帮助。我在本子上记下了每一位照顾过他的人的名字，是你们帮助他度过了人生最后两年的历程——护理员：Helen，Gabi，Meagan，Roger，Gayle，Devin，Ann，Connie，Rhonda，还有 Jackie。护士：Deb 和 Kit。临终关怀护理：Holly，Julie 和 Laura。

新知
文库

01 《证据：历史上最具争议的法医学案例》[美] 科林·埃文斯 著　毕小青 译
02 《香料传奇：一部由诱惑衍生的历史》[澳] 杰克·特纳 著　周子平 译
03 《查理曼大帝的桌布：一部开胃的宴会史》[英] 尼科拉·弗莱彻 著　李响 译
04 《改变西方世界的 26 个字母》[英] 约翰·曼 著　江正文 译
05 《破解古埃及：一场激烈的智力竞争》[英] 莱斯利·罗伊·亚京斯 著　黄中宪 译
06 《狗智慧：它们在想什么》[加] 斯坦利·科伦 著　江天帆、马云霏 译
07 《狗故事：人类历史上狗的爪印》[加] 斯坦利·科伦 著　江天帆 译
08 《血液的故事》[美] 比尔·海斯 著　郎可华 译　张铁梅 校
09 《君主制的历史》[美] 布伦达·拉尔夫·刘易斯 著　荣予、方力维 译
10 《人类基因的历史地图》[美] 史蒂夫·奥尔森 著　霍达文 译
11 《隐疾：名人与人格障碍》[德] 博尔温·班德洛 著　麦湛雄 译
12 《逼近的瘟疫》[美] 劳里·加勒特 著　杨岐鸣、杨宁 译
13 《颜色的故事》[英] 维多利亚·芬利 著　姚芸竹 译
14 《我不是杀人犯》[法] 弗雷德里克·肖索依 著　孟晖 译
15 《说谎：揭穿商业、政治与婚姻中的骗局》[美] 保罗·埃克曼 著　邓伯宸 译　徐国强 校
16 《蛛丝马迹：犯罪现场专家讲述的故事》[美] 康妮·弗莱彻 著　毕小青 译
17 《战争的果实：军事冲突如何加速科技创新》[美] 迈克尔·怀特 著　卢欣渝 译
18 《最早发现北美洲的中国移民》[加] 保罗·夏亚松 著　暴永宁 译
19 《私密的神话：梦之解析》[英] 安东尼·史蒂文斯 著　薛绚 译
20 《生物武器：从国家赞助的研制计划到当代生物恐怖活动》[美] 珍妮·吉耶曼 著　周子平 译
21 《疯狂实验史》[瑞士] 雷托·U. 施奈德 著　许阳 译
22 《智商测试：一段闪光的历史，一个失色的点子》[美] 斯蒂芬·默多克 著　卢欣渝 译
23 《第三帝国的艺术博物馆：希特勒与"林茨特别任务"》[德] 哈恩斯－克里斯蒂安·罗尔 著　孙书柱、刘英兰 译
24 《茶：嗜好、开拓与帝国》[英] 罗伊·莫克塞姆 著　毕小青 译
25 《路西法效应：好人是如何变成恶魔的》[美] 菲利普·津巴多 著　孙佩妏、陈雅馨 译

26　《阿司匹林传奇》[英]迪尔米德·杰弗里斯 著　暴永宁、王惠 译

27　《美味欺诈：食品造假与打假的历史》[英]比·威尔逊 著　周继岚 译

28　《英国人的言行潜规则》[英]凯特·福克斯 著　姚芸竹 译

29　《战争的文化》[以]马丁·范克勒韦尔德 著　李阳 译

30　《大背叛：科学中的欺诈》[美]霍勒斯·弗里兰·贾德森 著　张铁梅、徐国强 译

31　《多重宇宙：一个世界太少了？》[德]托比阿斯·胡阿特、马克斯·劳讷 著　车云 译

32　《现代医学的偶然发现》[美]默顿·迈耶斯 著　周子平 译

33　《咖啡机中的间谍：个人隐私的终结》[英]吉隆·奥哈拉、奈杰尔·沙德博尔特 著　毕小青 译

34　《洞穴奇案》[美]彼得·萨伯 著　陈福勇、张世泰 译

35　《权力的餐桌：从古希腊宴会到爱丽舍宫》[法]让-马克·阿尔贝 著　刘可有、刘惠杰 译

36　《致命元素：毒药的历史》[英]约翰·埃姆斯利 著　毕小青 译

37　《神祇、陵墓与学者：考古学传奇》[德]C.W.策拉姆 著　张芸、孟薇 译

38　《谋杀手段：用刑侦科学破解致命罪案》[德]马克·贝内克 著　李响 译

39　《为什么不杀光？种族大屠杀的反思》[美]丹尼尔·希罗、克拉克·麦考利 著　薛绚 译

40　《伊索尔德的魔汤：春药的文化史》[德]克劳迪娅·米勒-埃贝林、克里斯蒂安·拉奇 著　王泰智、沈惠珠 译

41　《错引耶稣：〈圣经〉传抄、更改的内幕》[美]巴特·埃尔曼 著　黄恩邻 译

42　《百变小红帽：一则童话中的性、道德及演变》[美]凯瑟琳·奥兰丝汀 著　杨淑智 译

43　《穆斯林发现欧洲：天下大国的视野转换》[英]伯纳德·刘易斯 著　李中文 译

44　《烟火撩人：香烟的历史》[法]迪迪埃·努里松 著　陈睿、李欣 译

45　《菜单中的秘密：爱丽舍宫的飨宴》[日]西川惠 著　尤可欣 译

46　《气候创造历史》[瑞士]许靖华 著　甘锡安 译

47　《特权：哈佛与统治阶层的教育》[美]罗斯·格雷戈里·多塞特 著　珍栎 译

48　《死亡晚餐派对：真实医学探案故事集》[美]乔纳森·埃德罗 著　江孟蓉 译

49　《重返人类演化现场》[美]奇普·沃尔特 著　蔡承志 译

50　《破窗效应：失序世界的关键影响力》[美]乔治·凯林、凯瑟琳·科尔斯 著　陈智文 译

51　《违童之愿：冷战时期美国儿童医学实验秘史》[美]艾伦·M.霍恩布鲁姆、朱迪斯·L.纽曼、格雷戈里·J.多贝尔 著　丁立松 译

52　《活着有多久：关于死亡的科学和哲学》[加]理查德·贝利沃、丹尼斯·金格拉斯 著　白紫阳 译

53	《疯狂实验史Ⅱ》[瑞士]雷托·U.施奈德 著　郭鑫、姚敏多 译	
54	《猿形毕露：从猩猩看人类的权力、暴力、爱与性》[美]弗朗斯·德瓦尔 著　陈信宏 译	
55	《正常的另一面：美貌、信任与养育的生物学》[美]乔丹·斯莫勒 著　郑嬿 译	
56	《奇妙的尘埃》[美]汉娜·霍姆斯 著　陈芝仪 译	
57	《卡路里与束身衣：跨越两千年的节食史》[英]路易丝·福克斯克罗夫特 著　王以勤 译	
58	《哈希的故事：世界上最具暴利的毒品业内幕》[英]温斯利·克拉克森 著　珍栎 译	
59	《黑色盛宴：嗜血动物的奇异生活》[美]比尔·舒特 著　帕特里曼·J.温 绘图　赵越 译	
60	《城市的故事》[美]约翰·里德 著　郝笑丛 译	
61	《树荫的温柔：亘古人类激情之源》[法]阿兰·科尔班 著　苜蓿 译	
62	《水果猎人：关于自然、冒险、商业与痴迷的故事》[加]亚当·李斯·格尔纳 著　于是 译	
63	《囚徒、情人与间谍：古今隐形墨水的故事》[美]克里斯蒂·马克拉奇斯 著　张哲、师小涵 译	
64	《欧洲王室另类史》[美]迈克尔·法夸尔 著　康怡 译	
65	《致命药瘾：让人沉迷的食品和药物》[美]辛西娅·库恩等 著　林慧珍、关莹 译	
66	《拉丁文帝国》[法]弗朗索瓦·瓦克 著　陈绮文 译	
67	《欲望之石：权力、谎言与爱情交织的钻石梦》[美]汤姆·佐尔纳 著　麦慧芬 译	
68	《女人的起源》[英]伊莲·摩根 著　刘筠 译	
69	《蒙娜丽莎传奇：新发现破解终极谜团》[美]让-皮埃尔·伊斯鲍茨、克里斯托弗·希斯·布朗 著　陈薇薇 译	
70	《无人读过的书：哥白尼〈天体运行论〉追寻记》[美]欧文·金格里奇 著　王今、徐国强 译	
71	《人类时代：被我们改变的世界》[美]黛安娜·阿克曼 著　伍秋玉、澄影、王丹 译	
72	《大气：万物的起源》[英]加布里埃尔·沃克 著　蔡承志 译	
73	《碳时代：文明与毁灭》[美]埃里克·罗斯顿 著　吴妍仪 译	
74	《一念之差：关于风险的故事与数字》[英]迈克尔·布拉斯兰德、戴维·施皮格哈尔特 著　威治 译	
75	《脂肪：文化与物质性》[美]克里斯托弗·E.福思、艾莉森·利奇 编著　李黎、丁立松 译	
76	《笑的科学：解开笑与幽默感背后的大脑谜团》[美]斯科特·威姆斯 著　刘书维 译	
77	《黑丝路：从里海到伦敦的石油溯源之旅》[英]詹姆斯·马里奥特、米卡·米尼奥-帕卢埃洛 著　黄煜文 译	
78	《通向世界尽头：跨西伯利亚大铁路的故事》[英]克里斯蒂安·沃尔玛 著　李阳 译	

79 《生命的关键决定：从医生做主到患者赋权》[美] 彼得·于贝尔 著　张琼懿 译
80 《艺术侦探：找寻失踪艺术瑰宝的故事》[英] 菲利普·莫尔德 著　李欣 译
81 《共病时代：动物疾病与人类健康的惊人联系》[美] 芭芭拉·纳特森－霍洛威茨、凯瑟琳·鲍尔斯 著　陈筱婉 译
82 《巴黎浪漫吗？——关于法国人的传闻与真相》[英] 皮乌·玛丽·伊特韦尔 著　李阳 译
83 《时尚与恋物主义：紧身褡、束腰术及其他体形塑造法》[美] 戴维·孔兹 著　珍栎 译
84 《上穷碧落：热气球的故事》[英] 理查德·霍姆斯 著　暴永宁 译
85 《贵族：历史与传承》[法] 埃里克·芒雄－里高 著　彭禄娴 译
86 《纸影寻踪：旷世发明的传奇之旅》[英] 亚历山大·门罗 著　史先涛 译
87 《吃的大冒险：烹饪猎人笔记》[美] 罗布·沃乐什 著　薛绚 译
88 《南极洲：一片神秘的大陆》[英] 加布里埃尔·沃克 著　蒋功艳、岳玉庆 译
89 《民间传说与日本人的心灵》[日] 河合隼雄 著　范作申 译
90 《象牙维京人：刘易斯棋中的北欧历史与神话》[美] 南希·玛丽·布朗 著　赵越 译
91 《食物的心机：过敏的历史》[英] 马修·史密斯 著　伊玉岩 译
92 《当世界又老又穷：全球老龄化大冲击》[美] 泰德·菲什曼 著　黄煜文 译
93 《神话与日本人的心灵》[日] 河合隼雄 著　王华 译
94 《度量世界：探索绝对度量衡体系的历史》[美] 罗伯特·P.克里斯 著　卢欣渝 译
95 《绿色宝藏：英国皇家植物园史话》[英] 凯茜·威利斯、卡罗琳·弗里 著　珍栎 译
96 《牛顿与伪币制造者：科学巨匠鲜为人知的侦探生涯》[美] 托马斯·利文森 著　周子平 译
97 《音乐如何可能？》[法] 弗朗西斯·沃尔夫 著　白紫阳 译
98 《改变世界的七种花》[英] 詹妮弗·波特 著　赵丽洁、刘佳 译
99 《伦敦的崛起：五个人重塑一座城》[英] 利奥·霍利斯 著　宋美莹 译
100 《来自中国的礼物：大熊猫与人类相遇的一百年》[英] 亨利·尼科尔斯 著　黄建强 译
101 《筷子：饮食与文化》[美] 王晴佳 著　汪精玲 译
102 《天生恶魔？：纽伦堡审判与罗夏墨迹测验》[美] 乔尔·迪姆斯代尔 著　史先涛 译
103 《告别伊甸园：多偶制怎样改变了我们的生活》[美] 戴维·巴拉什 著　吴宝沛 译
104 《第一口：饮食习惯的真相》[英] 比·威尔逊 著　唐海娇 译
105 《蜂房：蜜蜂与人类的故事》[英] 比·威尔逊 著　暴永宁 译
106 《过敏大流行：微生物的消失与免疫系统的永恒之战》[美] 莫伊塞斯·贝拉斯克斯－曼诺夫 著　李黎、丁立松 译

107 《饭局的起源：我们为什么喜欢分享食物》[英]马丁·琼斯 著　陈雪香 译　方辉 审校

108 《金钱的智慧》[法]帕斯卡尔·布吕克内 著　张叶 陈雪乔 译　张新木 校

109 《杀人执照：情报机构的暗杀行动》[德]埃格蒙特·科赫 著　张芸、孔令逊 译

110 《圣安布罗焦的修女们：一个真实的故事》[德]胡贝特·沃尔夫 著　徐逸群 译

111 《细菌》[德]汉诺·夏里修斯 里夏德·弗里贝 著　许嫚红 译

112 《千丝万缕：头发的隐秘生活》[英]爱玛·塔罗 著　郑嬿 译

113 《香水史诗》[法]伊丽莎白·德·费多 著　彭禄娴 译

114 《微生物改变命运：人类超级有机体的健康革命》[美]罗德尼·迪塔特 著　李秦川 译

115 《离开荒野：狗猫牛马的驯养史》[美]加文·艾林格 著　赵越 译

116 《不生不熟：发酵食物的文明史》[法]玛丽－克莱尔·弗雷德里克 著　冷碧莹 译

117 《好奇年代：英国科学浪漫史》[英]理查德·霍姆斯 著　暴永宁 译

118 《极度深寒：地球最冷地域的极限冒险》[英]雷纳夫·法恩斯 著　蒋功艳、岳玉庆 译

119 《时尚的精髓：法国路易十四时代的优雅品位及奢侈生活》[美]琼·德让 著　杨冀 译

120 《地狱与良伴：西班牙内战及其造就的世界》[美]理查德·罗兹 著　李阳 译

121 《骗局：历史上的骗子、赝品和诡计》[美]迈克尔·法夸尔 著　康怡 译

122 《丛林：澳大利亚内陆文明之旅》[澳]唐·沃森 著　李景艳 译

123 《书的大历史：六千年的演化与变迁》[英]基思·休斯敦 著　伊玉岩、邵慧敏 译

124 《战疫：传染病能否根除？》[美]南希·丽思·斯特潘 著　郭骏、赵谊 译

125 《伦敦的石头：十二座建筑塑名城》[英]利奥·霍利斯 著　罗隽、何晓昕、鲍捷 译

126 《自愈之路：开创癌症免疫疗法的科学家们》[美]尼尔·卡纳万 著　贾颋 译

127 《智能简史》[韩]李大烈 著　张之昊 译

128 《家的起源：西方居所五百年》[英]朱迪丝·弗兰德斯 著　珍栎 译

129 《深解地球》[英]马丁·拉德威克 著　史先涛 译

130 《丘吉尔的原子弹：一部科学、战争与政治的秘史》[英]格雷厄姆·法米罗 著　刘晓 译

131 《亲历纳粹：见证战争的孩子们》[英]尼古拉斯·斯塔加特 著　卢欣渝 译

132 《尼罗河：穿越埃及古今的旅程》[英]托比·威尔金森 著　罗静 译

133 《大侦探：福尔摩斯的惊人崛起和不朽生命》[美]扎克·邓达斯 著　肖洁茹 译

134 《世界新奇迹：在20座建筑中穿越历史》[德]贝恩德·英玛尔·古特贝勒特 著　孟薇、张芸 译

135 《毛奇家族：一部战争史》[德]奥拉夫·耶森 著　蔡玳燕、孟薇、张芸 译

136 《万有感官：听觉塑造心智》[美] 塞思·霍罗威茨 著 蒋雨蒙 译 葛鉴桥 审校

137 《教堂音乐的历史》[德] 约翰·欣里希·克劳森 著 王泰智 译

138 《世界七大奇迹：西方现代意象的流变》[英] 约翰·罗谟、伊丽莎白·罗谟 著 徐剑梅 译

139 《茶的真实历史》[美] 梅维恒、[瑞典] 郝也麟 著 高文海 译 徐文堪 校译

140 《谁是德古拉：吸血鬼小说的人物原型》[英] 吉姆·斯塔迈尔 著 刘芳 译

141 《童话的心理分析》[瑞士] 维蕾娜·卡斯特 著 林敏雅 译 陈瑛 修订

142 《海洋全球史》[德] 米夏埃尔·诺尔特 著 夏嬗、魏子扬 译

143 《病毒：是敌人，更是朋友》[德] 卡琳·莫林 著 孙薇娜、孙娜薇、游辛田 译

144 《疫苗：医学史上最伟大的救星及其争议》[美] 阿瑟·艾伦 著 徐宵寒、邹梦廉 译 刘火雄 审校

145 《为什么人们轻信奇谈怪论》[美] 迈克尔·舍默 著 卢明君 译

146 《肤色的迷局：生物机制、健康影响与社会后果》[美] 尼娜·雅布隆斯基 著 李欣 译

147 《走私：七个世纪的非法携运》[挪] 西蒙·哈维 著 李阳 译

148 《雨林里的消亡：一种语言和生活方式在巴布亚新几内亚的终结》[瑞典] 唐·库里克 著 沈河西 译

149 《如果不得不离开：关于衰老、死亡与安宁》[美] 萨缪尔·哈灵顿 著 丁立松 译